Werner Wiater

Wissensmanagement

Werner Wiater

Wissens-
management

Eine Einführung
für Pädagogen

VS VERLAG FÜR SOZIALWISSENSCHAFTEN

Bibliografische Information Der Deutschen Nationalbibliothek
Die Deutsche Nationalbibliothek verzeichnet diese Publikation in der
Deutschen Nationalbibliografie; detaillierte bibliografische Daten sind im Internet über
<http://dnb.d-nb.de> abrufbar.

1. Auflage Januar 2007

Alle Rechte vorbehalten
© VS Verlag für Sozialwissenschaften | GWV Fachverlage GmbH, Wiesbaden 2007

Lektorat: Stefanie Laux

Der VS Verlag für Sozialwissenschaften ist ein Unternehmen von Springer Science+Business Media.
www.vs-verlag.de

Umschlaggestaltung: KünkelLopka Medienentwicklung, Heidelberg
Druck und buchbinderische Verarbeitung: Krips b.v., Meppel
Gedruckt auf säurefreiem und chlorfrei gebleichtem Papier

ISBN 978-3-531-14884-7

**Wissen ist die einzige Ressource,
die sich durch Gebrauch vermehrt!**

Inhalt

Vorwort

Das vorliegende Buch befasst sich mit einem Thema und einem Begriff, die erst seit einigen Jahren von den Sozialwissenschaften rezipiert sind. Ihr Ursprung liegt in der Wirtschaftswissenschaft, speziell der Betriebswirtschaft, von wo aus sie in andere Wissenschaften und Fachdisziplinen ausgestrahlt sind. Das ist leicht verständlich. Denn Wissen gibt es nicht nur in allen Wissenschaften, sondern auch in allen Berufen und in allen Alltagssituationen. Die Ubiquität von Wissen, das zu jeder Zeit an jedem Ort anzutreffen ist, macht eindeutige, allgemeine und in allen Verwendungssituationen gültige Aussagen darüber schwer, was Wissen denn genau ist. Soll Wissen auch noch „gemanagt" werden, potenziert sich diese Schwierigkeit. Allzu verschieden sind die Rahmenbedingungen, die Verwendungszusammenhänge und die Modalitäten von Wissenserwerb, Wissensaustausch und Wissensnutzung in den vielfältigen gesellschaftlichen Handlungsfeldern.

Die Facetten des Wissensbegriffs und die unterschiedlichen gesellschaftlichen Orte, an denen Wissen erworben und verwendet wird, machen es nötig, zu differenzieren. Wissensmanagement nimmt jeweils andere Formen an, je nachdem wo es praktiziert wird. Das gilt für Profit- und Nonprofit-Unternehmen gleichermaßen.

Der Betrieb als Wirtschaftseinheit zur Produktion von Gütern oder Erstellung von (Dienst-)Leistungen weist wirtschaftliche, organisatorische, technische und personale Aspekte auf. Geht es um das Wissensmanagement in ihm, so wird er als Ort des Wissens betrachtet, bei dem Produktionsleistungen erhöht und effektivere Ergebnisse erlangt werden sollen.

Anders die pädagogischen Handlungsfelder. Ihr Anliegen ist das Lernen, die Erziehung und die Bildung von Menschen. Ihr Bildungsangebot umfasst Unterricht, Fördermaßnahmen und Kurse, die die persönliche, gesellschaftliche, politische, schul- oder berufsbezogene Bildung der Erwachsenen vertiefen, erneuern und erweitern. Um es mit den Worten des Deutschen Ausschusses für das Erziehungs- und Bildungswesen (1966, S. 178) zu sagen, geht es um die ständige Bemühung, „die Welt und sich selbst zu verstehen und diesem Verständnis gemäß zu handeln". Die Entwicklung von Sachkompetenz, Selbstkompetenz und Sozialkompetenz steht im Vordergrund und die schulischen,sozialpädagogischen, sonderschulischen oder erwachsenenpädagogischen Institutionen verstehen sich als Lernorte für eine lebensbegleitende Kompetenzentwicklung (Dohmen 1998).

Kinder, Jugendliche und Erwachsene sollen dabei in die kulturellen Lebensformen der Gesellschaft, in der sie leben, eingeführt und befähigt werden, diese verantwortlich weiterzuentwickeln. Dazu vermitteln Pädagogen mit professioneller Kompetenz Informationswissen und Handlungswissen an „Schüler/Schülerinnen" zum Verstehen der Welt, zum Selbst- und Fremdverstehen und zur selbstverantwortlichen Weltgestaltung.

Wissen ist neben Haltungen/Einstellungen und Verhaltensweisen ein zentraler Bestandteil der Bildung. Es wird durch Lernen erworben und soll bildende Effekte auslösen. Pädagogen können diese Aufgabe nur auf Dauer erfolgreich bewältigen, wenn sie ihr Professionswissen weiterentwickeln.

Der „subjektive Faktor Mensch" (Nipkow 1994) bleibt immer im Blick, seine Entwicklung zur Individualität, seine Verarbeitung kritischer Lebensereignisse, seine Selbstreflexion sowie sein individuell verarbeitetes Informations- und Handlungswissen. Wenn es in pädagogischen Handlungsfeldern immer auch um persönliches Wachstum geht, so heißt das doch nicht, dass Aspekte des Fachwissens und der Organisation oder der Technik unerheblich wären.

Denn deren Lernen spielt sich in organisierten Institutionen der Gesellschaft ab und wirkt auf die Erziehungs- und Bildungsarbeit ebenso ein wie auf das Selbst des Adressaten. Dabei geht es immer auch um Wissen: Basiswissen und Fachwissen, lebenspraktisches Wissen, aber auch um Wissen als Element der Persönlichkeitsentfaltung.

Das vorliegende Buch versucht, bei einem so komplexen Thema wie „Wissensmanagement" gewissermaßen „Schneisen zu schlagen", indem es zuerst die Komplexität erkennen lässt und dann in folgenden Hinsichten reduziert:

1. Der sehr heterogen definierte und verstandene Wissensbegriff wird auf zwei Grundformen reduziert, auf Informationswissen und auf Handlungswissen. „Informationswissen" ist gewissermaßen „das Wissen im Kopf", und „Handlungswissen" soll als „das Wissen in Aktion" verstanden werden. Innerhalb dieser Kategorien werden dann noch Differenzierungen angebracht. Auf eine dritte Kategorie, das „Emotionswissen", das zur Bezeichnung für das Wissen über eigene und fremde emotionale Handlungen und Ausdrucksformen verwendet wird, ist verzichtet worden; als Wissen würde es sich den beiden genannten Kategorien zuordnen lassen und stünde damit auch deren Management-Möglichkeiten offen gegenüber; als zu managende

Emotion wiederum müsste es einer erzieherischen Verhaltensmodifikation zugewiesen werden, von der hier nicht die Rede sein wird.

2. Im Sinne eines Transfers wird das betriebswirtschaftliche Thema „Wissensmanagement" auf pädagogische Handlungsfelder angewendet. Dabei ist keine allumfassende Darstellung aller pädagogischen Institutionen angestrebt, sondern eine Typisierung: Schule, Erwachsenenbildung. Dabei steht bei der Erwachsenenbildung das Umgehen des Menschen mit seinem Wissen über sich und seine Persönlichkeit im Vordergrund und bei der Schule das Umgehen von Lehrern und Schülern mit dem eigenen Professionswissen bzw. dem eigenen Fachwissen.

3. Die Lektüre des Buches soll Wissen kumulieren. Das heißt: Das Wissen, das die Leser in den einzelnen Kapiteln und bei den beiden exemplarischen Handlungsfeldern (Erwachsenenbildung, Schule) erwerben, sollen sie nicht als in sich abgeschlossenen Wissensbereich betrachten, sondern wechselweise auf das jeweils andere Handlungsfeld beziehen und dessen Aspekte um die jeweils anderen ergänzen. Denn in allen gesellschaftlichen Handlungsfeldern geht es um Menschen, Organisationen und technisch-mediale Möglichkeiten.

Kaleidoskopartig setzt sich auf diese Weise das Mosaikbild dessen zusammen, was Wissensmanagement meint, ist und bezwecken will.

Augsburg 2006

13

1 Das Wissen und die Wissensgesellschaft

1.1 Wissen

1.1.1 Daten – Informationen – Wissen

„Wissen" muss zunächst in Abgrenzung zu „Daten" und „Informationen" bestimmt werden. Unter „Daten" versteht man heute (lediglich) eine „geregelte Folge von Zeichen" (Buchstaben, Zahlen, Symbole), durch Beobachtung zustande gekommen und in Zahlenreihen, Texten oder Bildern kodiert, ohne eigene Bedeutung oder Hinweise auf ihre Verwendbarkeit bzw. Brauchbarkeit. 1789, 25 qcm, 34 % Abiturienten, 14 Milliarden Euro... sind Daten. Für sich allein sagen sie nichts aus, wenngleich mit ihrer Hilfe Bedeutung konstruiert werden kann; sie sind auf Grund von Konventionen interpretierbar (z. B. bedeutet die Zahlen-Symbolen-Reihe 14.7.1789 einen bestimmten Tag in einem bestimmten Jahr).

Daten bilden gewissermaßen den Rohstoff für „Informationen". „Informationen" sind Daten, die in einen Bedeutungs- und Problemkontext gestellt sind und dadurch über einen Sachverhalt aufklären; Informationen stehen also immer im Kontext von Relevanzen, die ihrerseits systemabhängig sind. So wird aus der Datenreihe 14.7.1789 im Zusammenhang der europäischen Gechichtsschreibung die Information „Sturm auf die Bastille in Paris, Ausbruch der Französischen Revolution".

Damit aus Informationen „Wissen" entsteht, muss der Mensch sie in seinen Erfahrungskontext, seine Denk-, Gefühls-, Handlungs- und Wollensstruktur aufnehmen. Dabei wählt er sie aus, bewertet und vergleicht sie mit im Gedächtnis abgespeichertem Wissen und vernetzt sie damit. Um mit „1789" und „Französische Revolution" etwas anfangen zu können, muss er um die französische Gesellschaft im 18. Jh. und um andere Ursachen der Revolution sowie um die Folgen der Revolution für Europa insgesamt wissen. Die Bedeutung von 25 qcm kann einschätzen, wer beispielsweise den Satz des Pythagoras und die Besonderheiten des rechtwinkligen Dreiecks kennt; die 34 % Abiturienten sagen ihm etwas anderes, wenn er selbst kein Abitur gemacht hat als wenn er sich

für akademische Berufe interessiert. Flutopfer, denen im Sommer 2002 ihr Hab-
und Gut zerstört wurde, verbinden mit der Milliardenzahl konkrete Reparatur-
und Neukauf-Beträge usw. So werden Informationen Bestandteil persönlichen
Wissens.

Wissen ist also nicht gleichzusetzen mit verfügbaren Informationen, sondern erst mit der Fähigkeit des einzelnen Menschen gegeben, geordnete Aussagen über Fakten und Ideen herstellen, übermitteln und in bewusstes Handeln
umsetzen zu können. Vom Wissen spricht man im Unterschied zu Daten oder
Informationen erst, wenn Daten und Informationen Eingang in die Denkstruktur
des Menschen gefunden haben und Bedeutungen, Werteinsichten, Beziehungen
und Impulse zum Weiterdenken und zum Handeln davon ausgehen. Die individuelle Verfügbarkeit von Wissen ist demnach ein entscheidendes Kriterium (in
Differenz zur Information), ein anderes dessen Nutzen für Reflexion, Verständigung, Problemlösung und Veränderung. Allerdings ist darauf hinzuweisen,
dass Daten, Informationen und Wissen nicht als aufeinander folgende Stufen zu
betrachten sind. Denn Informationen sind aus Wissensbeständen entnommen
worden und sind deren verdichtete bzw. reduzierte Form. „Information reduziert Komplexität insofern, als sie eine Selektion bekannt gibt und damit Möglichkeiten ausschließt" (Luhmann 1984: 103f.) Nur müssen diese wieder im
Rezipienten Bedeutung bekommen. Umgekehrt ist das Wissen ein „synergeti-
sches Mehr" als die Summe aller aufgenommenen Informationen.

> „Wissen ist das Ergebnis eines Verstehensprozesses, der sich durch die Einordnung
> von Informationen in einen Kontext auf Basis individueller Erfahrungen vollzieht."
> (Klein 2001a, S. 73)

> „Wissen umfasst die Fähigkeit zum sozialen Handeln und die Möglichkeit, etwas in
> Gang zu setzen." (Stehr 1994, S. 12)

> „Wissen entsteht durch Vernetzung unterschiedlicher Informationen, die ihrerseits
> als bedeutungshaltige Datenkomplexe auf der Basis verschiedener Zeichen aufge-
> fasst werden können. Je nach Perspektive steht dabei der Modellcharakter, das
> zweckbezogene Moment, der Verwendungszusammenhang oder der Mitteilungs-
> charakter des Wissens im Vordergrund.." (Hug/Heinze, 2003, S. 43)

> „Wissen entsteht als streng kontextgebundene Verknüpfung von Informationen (die
> innerhalb des Koordinatennetzes eines bestimmten Systems als relevant betrachtet
> werden), mit ‚Erfahrungen' des Systems, d. h. mit geeigneten Momenten seiner Ge-
> schichte, seiner semantischen und kognitiven Strukturen und seiner Identität."
> (Willke 1996, S. 265 f.)

prozessorientiert	kognitiv	kontext- und beziehungsspezifisch
organisatorisch	*Daten, Informationen*	individuell
zweck- und lösungsorientiert		subjektiv
handlungsorientiert	interaktiv	an Menschen gebunden

Abbildung 1:   10 Komponenten des Wissens (nach Minder 2001, S. 55)

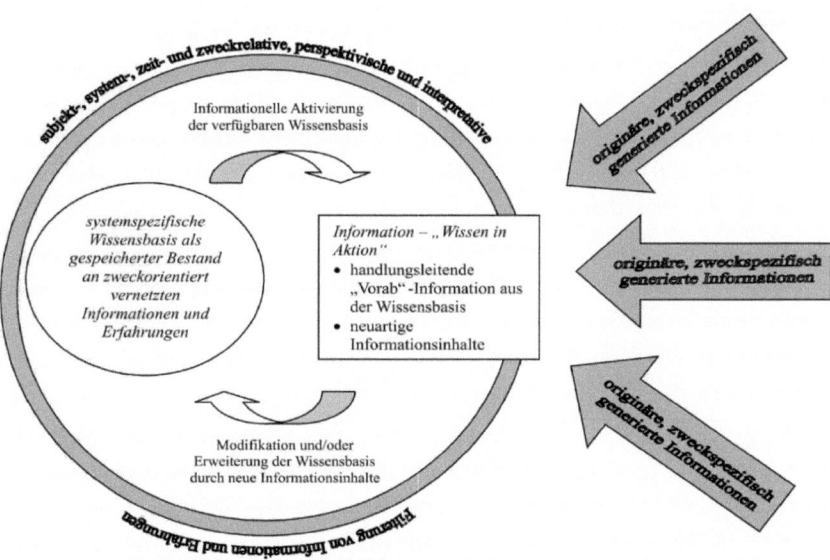

Abbildung 2:   Der Prozess der Erweiterung der Wissensbasis durch neue Informationen (nach Klimecki/Thomae 2002)

1.1.2 Wissen – ein mehrdeutiger Begriff

Der Wissensbegriff, Leitbegriff für die Wissensgesellschaft und das in ihr notwendig gewordene Wissensmanagement, ist im Deutschen recht unterschiedlich konnotiert. Je nachdem in welcher Wissenschaft er verwendet wird, weist er verschiedene Bedeutungen auf, wird unterschiedlich ausdifferenziert, hat eine nicht gleichwertige Qualität. Mit ihm werden uneinheitliche Aufgaben und Funktionen umschrieben. Noch anders ist es, wenn von Wissen alltagssprachlich oder in nicht-wissenschaftlichen publizistischen Zusammenhängen die Rede ist. Von beidem abzugrenzen sind alle Aussagen, die den Wissenserwerb und die Wissensweitergabe betreffen. Es bestehen also nebeneinander verschiedene Bedeutungen, Inhaltsbestimmungen, Arten und Formen von Wissen.

1.1.2.1   Wissen im Wissens-Delphi

Bevor auf genauere Differenzierungen des Wissensbegriffs eingegangen wird, soll das Verständnis von Experten aus Wissenschaft, Unternehmen, Verwaltungen und Journalismus dazu kurz dargelegt werden. Auf Veranlassung des Bundesministeriums für Bildung, Wissenschaft, Forschung und Technologie wurde nämlich zwischen 1996 und 1998 in einem großen sozialwissenschaftlichen Forschungsprojekt deren Meinung zum Thema „Wissen in der Wissensgesellschaft" mit Hilfe der (leicht modifizierten) Delphi-Befragungsmethode („Wissens-Delphi") ermittelt. Aus den mehr als 500 Antworten auf die gestellten 450 Einzelfragen, die analysiert und in zusätzlichen Workshops ausgewertet wurden, ergibt sich eine hohe Wertschätzung von Spezial- und Systemwissen (angesichts der neuen technischen Entwicklungen), das fachnah und fächerübergreifend zur Problemlösung und zur Gewinnung neuer Erkenntnisse interdisziplinär vernetzt werden müsse; gleichzeitig sahen überraschenderweise die Experten hohe Anforderungen der zukünftigen Gesellschaft an das Allgemeinwissen der Gesellschaftsmitglieder. Das Allgemeinwissen hat dabei die Funktionen, die Aneignung von Spezialwissen zu ermöglichen, die Verständigung zwischen den verschiedenen Experten sicherzustellen und Orientierungshilfe in der Informationsflut zu leisten. Inhaltlich soll dieses Allgemeinwissen umfassen:

- persönliche Fähigkeiten im Umgang mit Wissen (z. B. Neugier, Offenheit, Strukturierung, Planung, Organisation, Entscheidung, Selbstmanagement)

- kommunikative und soziale Kompetenzen (z. B. Ausdrucksfähigkeit, Teamfähigkeit, Moderationsfähigkeit, prosoziales Verhalten, persönlicher Umgang in Beziehungen)
- Fähigkeit zur Orientierung in gesellschaftlichen und ethischen Fragen (z. B. Verantwortungsübernahme, Solidarität, Toleranz, Rücksicht, interkulturelle und intergenerationelle Empathie)
- allgemeine methodische (instrumentelle) Kompetenzen (z. B. Kulturtechniken, Kreativtechniken, Fremdsprachenkenntnisse, logisches Denken, Umgang mit den Informationstechniken)
- inhaltliches Basiswissen (Grundlagen- und Problemwissen) (z. B. Geschichte, Naturwissenschaften, Wirtschaft, Philosophie, Literatur, Technik, Pädagogik, Ideengeschichte usw. in Verbindung mit aktuellen Problemen wie Ökologie, europäische Integration, Globalisierung, Bildung, Beruf usw.) (Stock u. a. 1998, Wolff 1999).

„Alle diese Fähigkeiten und Kompetenzen im Rahmen des Allgemeinwissens haben den Nachteil, dass sie allein für sich genommen nur begrenzt handlungsfähig machen. Im konkreten Fall müssen Spezialkenntnisse im einen oder anderen Bereich hinzukommen. Insofern sind sie nur die Basis für die Fähigkeit, sich zusätzliche Informationen nutzbar zu machen, zu lernen. Gleichzeitig aber ist das Allgemeinwissen auch die Basis für die Kommunikation und Verknüpfung zwischen den vielfältigen Formen des Spezialwissens." (Wolff 1999, S. 16)

Im Wissens-Delphi wurde zwischen Spezialwissen, Allgemeinwissen und Grundwissen (Basiswissen) unterschieden; weitere Unterscheidungen und Differenzierungen bringt der Blick in den Alltags- und Wissenschaftsgebrauch des Begriffs „Wissen".

1.1.2.2   Wissen im Alltagsverständnis

Jeder Mensch verfügt tagtäglich über Wissen, um seinen Lebensalltag überhaupt bewältigen zu können; er hat einen Wissensvorrat, auf den er je nach Situation automatisch zurückgreift. Es handelt sich dabei um „Gebrauchswissen", situationsbezogenes „Orientierungswissen" oder „Rezeptwissen", das eng mit Fertigkeiten verbunden ist. Kann er mit dem ihm vertrauten Vorrat eine Situation nicht bewältigen, muss er neue Wissenselemente erwerben oder vorhandene auf einer höheren Stufe klären. Dem Gebrauchs- und Rezeptwissen verwandt ist das sogenannte „Instantwissen" (instant knowledge), das „Sofortwissen", das stark vereinfacht, kurz und bündig, plausibel und allgemein verständlich präsentiert wird. Es ist das Abfragewissen der Talkshows, ein

Massenwissen, ein Wissen auf den ersten Blick, das assertorisch geäußert wird, das kontextlos global einsetzbar ist, das unterhaltend und zugleich trivial wirkt. (Hug/Heinze 2003, S. 47ff)

Das Alltagsverständnis von Wissen lässt sich am besten in Gegenüberstellung zum Wissenschaftswissen inhaltlich präzisieren.

Alltagswissen/Erlebniswissen	Wissenschaftswissen
nach subjektiven Bedeutsamkeiten geordnetes Wissen	nach begründeten Kriterien geordnet
nicht-systematisiert	systematisiert
routiniertes Handeln	reflektiert methodisches Handeln
nicht organisierte Erkenntnis	organisierte Erkenntnis
Wirklichkeit als „Realität" akzeptiert	Wirklichkeit auf die Bedingungen ihrer Möglichkeit befragt
Vermeidung des Zweifels	Systematisierung des Zweifels
Sicherung des Erkannten	Zweifel am Erkannten
Vermeidung von Alternativen	Suche nach Alternativen
Eindeutigkeit	Mehrdeutigkeit
Unmittelbarkeit der Praxis	Distanz zur Praxis
Bezug zur unmittelbar gegebenen Realität	Hyothesen zur möglichen Realität
Bewältigung der Praxis als konkrete erfahrungsorientierte Sprache	abstrakte Sprache
meist in mündlicher Form zugänglich	meist in schriftlicher Form zugänglich
individuell erlebte Erfahrung/Erkenntnis	intersubjektiv überprüfbare Erfahrung/Erkenntnis

Tabelle 1:   (nach Hierdeis/Hug 1997, S. 60 f)

1.1.2.3   Wissen in der Wissenschaftssprache

Die Wissenschaftssprache hat eine Reihe von Differenzierungen vorgenommen, die in allen Disziplinen Berücksichtigung finden. Es sind das z. B.

Unterscheidung nach dem Träger des Wissens

Man unterscheidet
- individuelles Wissen als Wissensbestand des Einzelnen
- kollektives Wissen als gesellschaftliches, kulturelles und medial vermitteltes Konstrukt einer Gesamtmenge des zu einer bestimmten Zeit in einem bestimmten geografischen Raum vorfindlichen Wissens
- organisationales Wissen als Erfahrungs- und Reflexionswissen, das Abläufe, Regeln, Gewohnheiten oder Strukturen von Organisationen und Institutionen zugrunde liegt, ohne dass die dort agierenden Individuen sich dessen bewusst sein müssten

Unterscheidung nach Arten des Wissens

Man unterscheidet in
- deklaratives Wissen (*knowing what, Sachwissen, Informationswissen*) als das *Was* des Wissens (Inhalte, Fakten, Prinzipien); hierunter wird manchmal auch *terminologisches Wissen* oder *propositionales Wissen* (als Wissen über die Bedeutung und den Gebrauch von Begriffen) gezählt
- prozedurales Wissen (*knowing how, Handlungswissen*) als das Wissen, wie man etwas macht (Fertigkeiten, Verfahren...)
- *episodisches Wissen* als Wissen über Ereignisse, die persönlich belangvoll sind, *assertorisches Wissen* als Behaupten von Sachverhalten sowie *analogisches Wissen* als eine Art bildhafter, metaphorischer Vorstellung
- konditionales Wissen, als Wissen, wo und wie etwas angewendet/verwendet werden kann (Bedingungen abschätzen, Strategien finden)
- reflexives Wissen (*metakognitives Wissen*) als das Wissen um das eigene Wissen und dessen Einschätzung.

Wissenschaftswissen ist Langzeitwissen, beruht auf Theorien, Experimenten und Konzeptionen und ist semantisch verfügbar.

1.1.2.4 Wissen in einzelnen Fachwissenschaften

Jede Fachwissenschaft setzt beim Wissensbegriff und bei den Formen des Wissens eigene Akzente. Im Folgenden sei deshalb kurz auf solche eingegangen, die für die Themenstellung von Belang sind.

Wissen im Verständnis der Erziehungswissenschaften

Die *Psychologie* unterteilt naturgemäß nach dem Bewusstheitsgrad Wissen in vollbewusstes Wissen, unterbewusstes Wissen, nichtbewusstes Wissen und unbewusstes Wissen.

Für den hier zu behandelnden Zusammenhang bedeutsamer ist die Einteilung in die drei folgenden Wissensarten; denn sie ist fester Bestandteil heutiger Diskussionen um das Wissen in vielen anderen Wissenschaften (z. B. auch den Wirtschaftswissenschaften) geworden:

implizites Wissen (tacit knowledge)	explizites Wissen (externalized knowledge, declarative knowledge)	träges Wissen (inert knowledge)
kontextspezifisches Erfahrungswissen analoges Erfahrungswissen personbezogenes Erfahrungswissen praktisches Problemlösewissen	abrufbares Expertenwissen transparente Kompetenz geäußerte Kenntnisse	in bestimmten Institutionen erworbenes Wissen, das nur dort, nicht aber in anderen Zusammenhängen verfügbar ist
schwer zu formalisieren	präsent	nicht transferierbar
schwer zu kommunizieren	artikulierbar, kommunizierbar	

Tabelle 2: Implizites, explizites und träges Wissen

In der *Allgemeinen Pädagogik* hat sich in einer gewissen Nähe zur Psychologie die Unterscheidung von folgenden Wissensformen weitgehend durchgesetzt:

- Wissen über Sachverhalte oder Wissen über komplexe Gegebenheiten und Zusammenhänge (deklaratives Wissen), abspeichert im semantischen und im episodischen Gedächtnis
- Wissen, das psychomotorischen und kognitiven Fertigkeiten zugrunde liegt und den Ablauf komplexer Handlungsfolgen steuert (prozedurales Wissen)
- Wissen über Strategien des Problemlösens sowohl bereichsspezifisch als auch allgemein (methodisches Wissen)
- metakognitives Wissen und metakognitive Kontrollprozesse als Wissen über das eigene (Nicht-)Wissen und Nachdenken über das eigene Denken

Die *Schulpädagogik* rezipiert die obige Wissensklassifikation, fragt aber in zwei Richtigen weiter: Sie fragt erstens danach, wie Wissen beim Schüler/bei der Schülerin organisiert werden kann und zweitens wie Wissen über Kompetenzen zur Allgemeinbildung werden kann, sowie welchen Anteil Wissen an der Allgemeinbildung hat. Dazu die beiden folgenden Übersichten:

a.   Die Organisation des Wissens

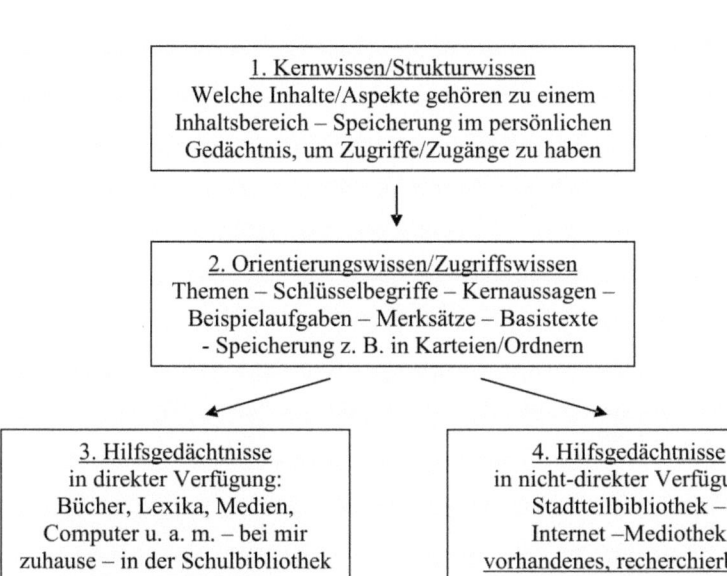

Abbildung 3:   (nach Bönsch 2002, S. 126)

b.   Wissen als Teil der Bildung

Das folgende Schema demonstriert den Zusammenhang zwischen Wissen und Bildung; dabei wird ein Begriff von Wissen zugrundegelegt, wie ihn auch die *Allgemeine Pädagogik* definiert.

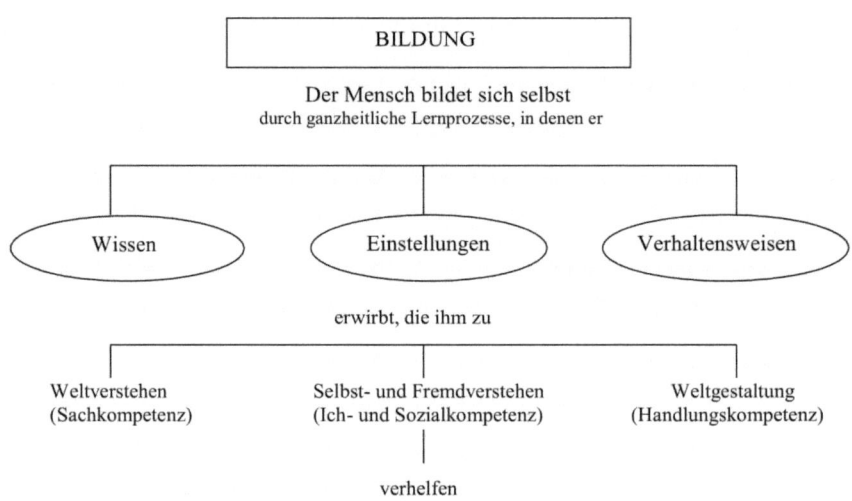

Abbildung 4:   (Wiater 2006, S. 123)

c.   Wissen in strukturgenetischer Sicht

In Anlehnung an J. Piagets (gest. 1980) strukturgenetische Theorie der Intelligenzentwicklung des Menschen, derzufolge sich dessen Denken durch individuelle Umweltinteraktionen (Assimilation, Akkomodation und Äquilibration) in hierarchischen Stufen aufbaut, ausdifferenziert und komplexer wird, unterscheidet Th. B. Seiler:

- personales, ideosynkratisches Wissen, das aus dem handelnden Umgang beim Menschen zu bewusstem oder unbewusstem Wissen führt, und
- öffentliches, objektiviertes Wissen, das in Zeichen (vor allem in der Sprache) materialisiert vorliegt, das aus personalem Wissen entstanden ist, mitgeteilt werden kann und sich daher auch permanent weiterentwickelt.

Beim Erkenntnisvorgang wird das öffentliche Wissen im Menschen zu personalen kognitiven Strukturen materialisiert; es wird individuell rekonstruiert, wobei der Körper des Menschen und seine Organe daran beteiligt sind. Personales Wissen ist deshalb immer ganzheitliches Wissen und in die Kultur und Geschichte eingebunden. (Seiler 2004, S. 302ff)

Wissen im Verständnis der Wirtschaftswissenschaften

Die Wirtschaftswissenschaften schließen sich im wesentlichen der wissenschaftlichen Sprachregelung an, setzen dabei aber besondere Prioritäten. In der Betriebswirtschaft, (die hier vorrangig von Interesse ist), werden derzeit die folgenden Aspekte des Wissensbegriffs in den Fokus gerückt:

1. Die Unterscheidung von „implizitem" und „explizitem Wissen", wobei der erstgenannten besondere Aufmerksamkeit gewidmet wird; das „implizite Wissen" birgt nämlich große Potenziale, die zur Produktionssteigerung im Unternehmen noch besser genutzt werden könnten.
2. Die Unterscheidung von „personalem Wissen" und „organisationalem Wissen". Mit dem personalen Wissen ist das Wissen der Mitarbeiter des Unternehmens gemeint, das als implizites Wissen (tacit knowledge) oder als explizites Wissen (externalized knowledge) vorliegen kann und aus Beobachtungskompetenzen, Relevanzmustern und Erfahrungen besteht (individuelle Expertise). Das organisationale Wissen, auch systemische Expertise genannt, ist in intelligenten Operationsweisen und Organisationsstrukturen enthalten. Es bewirkt dort die „Intelligenz des Systems", die entscheidungsfähig und interaktiv Problemlösungen findet. Konnte Wissen in Organisationen bisher nur über Personen aktiviert werden, so wird sich dies in absehbarer Zeit zugunsten von elektronischen Systemen ändern; es kommt dann zu einer „systemischen Autonomisierung der Verwendung des Wissens". (Willke 1997, S. 13.298) Statt Kapital, natürlichen Ressourcen und Arbeitskraft wird Wissen auf diese Weise zum Produktionsmittel. Im Zusammenhang mit der Diskussion um „den Betrieb als lernende Organisation" kommt es auch zu einer Ergänzung dieser beiden Wissensformen um eine dritte, die „soziales Wissen" genannt wird. So geht D. Baecker (1999, S. 70 ff.) davon aus, dass Wissen im Betrieb nicht mehr in erster Linie persönliches Wissen ist, sondern eben auch soziales Wissen, das in den Verhältnissen steckt. Im einzelnen unterscheidet er dabei als dessen Teilaspekte:

    ▪ Produktwissen: das Wissen darum, zu welcher Problemlösung ein Produkt beiträgt

- gesellschaftliches Wissen: das Wissen um die Rahmenbedingungen, unter denen eine Organisation arbeitet und nach denen sie funktioniert
- Führungswissen: das Wissen um die hierarchischen Strukturen einer Organisation, um die erwartbare Disziplin, um die Motivationsweisen, Kooperationsformen und Karriereerwartungen der Mitarbeiter
- Expertenwissen: das Wissen über Möglichkeiten der Produktion, des Absatzes, der Organisation, der Kontrolle, der Strategien und des Einsatzes von Personal im Betrieb
- Milieuwissen: das Wissen über Interna des Betriebs, was welchen Mitarbeitern zugemutet werden kann, wie Kontrolle wirkt, wie mit welchen Mitarbeitern kommuniziert werden kann
3. Die Betriebswirtschaft legt ferner Wert auf die Unterscheidung zwischen verteiltem Wissen (distributed cognition) und gemeinsamem Wissen (shared cognition) sowie zwischen öffentlichem Wissen und proprietärem Wissen, das als internes Betriebswissen der Geheimhaltung unterliegt.

Für ein erfolgreiches Arbeiten des Betriebs/Unternehmens kommt alles darauf an, das wissensbasierte Operieren von Personen und Organisationen nutzbringend zu verbinden. Die folgende Grafik stellt die betriebswirtschaftlichen Merkmale der Ressource Wissen zusammen:

Merkmale	implizites Wissen	explizites Wissen	öffentliches Wissen	proprietäres Wissen
Kontextbindung	gebunden an sensorische Erfahrung	gebunden an intellektuelle Erfahrung	gemeinsame Praxis	organisationsgeschützte Praxis
Übertragung	gemeinsame Anwendung von Wissen	Kommunikation von Wissen	Wertsteigerung durch Verbreitung	Wertminderung durch Verbreitung
Explizierung	aufwendiger Prozess der Externalisierung	Dokumentation in 1. Zahlen 2. Texte 3. Bilder	setzt gemeinsame „Sprache" voraus	setzt gemeinsame Interessen voraus
Aneignung	durch gemeinsame Praxis	durch gemeinsames Lernen	durch geteilte Öffentlichkeit	durch geteilte Geheimhaltung oder Eigentumsrechte

Tabelle 3: (Willke 2001, S. 67)

Die aufgeführten Begriffsverständnisse haben sich zum Teil weit vom ursprünglichen Begriff „Wissen", wie er aus der traditionellen Philosophie bekannt ist, entfernt. Zum Vergleich sei deshalb aus philosophischen Wörterbüchern (Müller/Halder 1987, S. 211; Körner 1998, S. 106) zitiert:

Wissen (griech. episteme, lat. scientia), jene Erkenntnis, die der Wahrheit ihres Gegenstandes (Sachverhaltes) gewiss ist, indem sie dessen Tatsächlichkeit feststellt und sich der natürl.-einsicht. Gründe seines Da- u. Soseins versichert. Ggs. zum W. ist das bloße Meinen u. Annehmen (griech. doxa, lat. sententia), welche bezweifelt werden u. auch irrig sein können. Zum W. gehört wesentl. die Evidenz, die nicht nur ein Hinsehen auf etwas, sondern immer auch ein Einsehen der Begründung ist, v. der her allein das Erkannte sein wirkliches Sein u. das Erkennen die sichere Wahrheit hat.

„Wissen heißt Erfahrungen und Einsichten haben, die subjektiv und objektiv gewiss sind und aus denen Urteile und Schlüsse gebildet werden können, die ebenfalls sicher genug erscheinen, um als Wissen gelten zu können."

Diesen Definitionen nach kann erst von Wissen gesprochen werden, wenn durch Akte des rationalen Verstehens der Wahrheitskern einer Sache/eines Sachverhalts erkannt oder als plausibel anerkannt wird. Wissen eignet eine gewisse Sicherheit und Unverbrüchlichkeit an, bloßes Meinen oder zufälliges „Erfahrenswissens" sind davon ebenso abzugrenzen wie das „Heilswissen" von Erlösungs- und Weisheitslehrern.

Die Unterscheidung zwischen theoretischem Wissen und praktischem Wissen, die auf Aristoteles zurückgeht, hat sich in der abendländischen Wissenschaftsgeschichte durchgesetzt. Wissen kommt durch reflektierte Erfahrung und durch Theoretisieren zustande; es erhält seine Gesichertheit und Allgemeingültigkeit auf Grund der angewandten Methoden der Empirie und der logischen Analyse.

1.1.2.5   Der Wert des Nicht-Wissens

In der aktuellen Diskussion um die Wissensgesellschaft und das Wissensmanagement wird neuerdings auf die Bedeutung von „Nicht-Wissen", von „entlerntem (statt gelerntem) Wissen" und von „Nicht-genau-Wissen" eingegangen, wobei alle drei Begriffe positiv konnotiert sind. „Entlernen von Wissen" im

Sinne von Vergessen bisherigen Wissens wird als wichtige Zukunfts-Kompetenz gepriesen, das „Nicht-Wissen" und das „Nicht-genau-Wissen" als wichtig für Innovationen angesehen. Dies ist allerdings nur dann der Fall, wenn der Einzelne das Wissen um sein Nichtwissen und sein Nicht-genau-Wissen reflektiert und kommuniziert und dann daraus eine Motivation zum Wissen-Wollen entnimmt.

> „Nichtwissen ist die Voraussetzung, um Dinge erkennen und die Welt rational verstehen zu können. Es ist der Zweifel über die Richtigkeit und Vollständigkeit des Wissens. Da nicht gewusst werden kann, ob es prinzipiell etwas nicht Wissbares gibt, führt das Nichtwissen in einen unendlichen Rekurs, unbegrenzt neues Wissen zu generieren. Wissen klingt gut, Nichtwissen dagegen ungewohnt und hölzern. Wissen taucht in der Regel im Doppelpack mit ‚Gesellschaft' oder ‚Management' auf und wird als erstrebenswert und zukunftsgerichtet bewertet. Nichtwissen wird mit Nichtkönnen und Inkompetenz assoziiert. Wissen und Nichtwissen bedingen sich aber gegenseitig. Ihr Wechselspiel ist Motor von Innovation und Wissenschaft." (Klein 2001, S. 73)

In demselben Maße, in dem das Wissen wächst, wächst auch das Nichtwissen. Darin ist ein Problem der Wissensgesellschaft zu sehen. Denn jedes Wissen eröffnet neue Zusammenhänge und lässt neue Fragen und Zweifel entstehen, die wiederum der Klärung und Überführung in sicheres Wissen bedürfen.

1.1.2.6   Fazit

In der Gegenwart hat der Wissensbegriff seine Eindeutigkeit verloren und wird in verschiedensten sozialen, kulturellen, diskursiven und wissenschaftlichen Kontexten ganz unterschiedlich definiert. So lässt sich (mit Hug/Heinze 2003, S. 40) zusammenfassen:

> „Wissen" stellt einen Sammelbegriff für verschiedene Auffassungen und Bestimmungen von Wissen dar, die sich auf unterschiedliche Bereiche, Kontexte und Qualitäten beziehen können. Es steht also nicht nur wissenschaftliches Sonderwissen zur Debatte ... sondern auch jenes Wissen, das wir bei alltäglichen Anlässen produzieren und verwenden, das in beruflichen oder schulischen Zusammenhängen bedeutsam ist, und das dann zur Geltung kommt, wenn wir Meinungen austauschen, Medienangebote konsumieren, Gespräche führen oder Kenntnisse und Fertigkeiten aneignen.

Die These, dass Wissen in sehr unterschiedlicher Weise modelliert werden kann, bringt das Erfordernis der Unterscheidung von Wissensarten mit sich. Wenn wir von Wissen zunächst als einem Sammelbegriff gesprochen haben, so hilft uns das, voreilige Beschränkungen und Blickverkürzungen zu vermeiden. Ein Wissensbegriff, der alles umfasst und damit am Ende nichts mehr meint, ist aber für eine differenzierte Auseinandersetzung mit der Wirklichkeit des Wissens nicht geeignet. Wir benötigen explizite Umschreibungen, um die Reichweite und Brauchbarkeit der einzelnen Wissensbegriffe abschätzen zu können."

Für die Wissensgesellschaft sind solche schlussfolgernden Überlegungen zentral. Sie müssen noch um zwei Hinweise ergänzt werden:

- Im heutigen Verständnis von Wissen ist dessen Bindung an Personen aufgegeben. Wissen ist sowohl ein Ergebnis denkerischer Bemühungen von Menschen als auch Inhalt von Produkten und Dienstleistungen.
- Wissen ist von vorübergehender Natur (vgl. Popper), es ist offener und flüchtiger geworden auf Grund neuer Informationen und taugt immer weniger als „Herrschaftswissen" (vgl. M. Scheler), da es auf Grund der 4 Informations- und Kommunikations-Techniken allgemein zugänglich ist. Der Wissensbegriff ist egalitär geworden und hat an Kontur verloren.

Übungsaufgabe
Stellen Sie sich vor, sie müssen ein Medikament einnehmen und würden zuerst den in der Medikamentenpackung liegenden Informationszettel lesen. Identifizieren Sie daran die Komponenten des Wissens, wie sie in der Psychologie unterschieden werden (deklaratives Wissen, prozedurales Wissen, ggf. episodisches Wissen, konditionales Wissen und reflexives Wissen)!

1.2 Wissensgesellschaft

Die Gesellschaft befindet sich seit Mitte des 20. Jahrhunderts in einem rasanten Wandel. Schlagworte wie Risikogesellschaft, Erlebnisgesellschaft, Non-stop-Gesellschaft, Multioptionsgesellschaft, Mediengesellschaft, Gewaltgesellschaft und multikulturelle Gesellschaft belegen das eindringlich. Die Industriegesellschaft erfuhr zunächst durch die Automatisierung in der Zeit nach dem Zweiten Weltkrieg eine „zweite industrielle Revolution" und wenige Jahrzehnte später durch die Entwicklung der Mikroprozessoren noch eine „dritte industrielle Revolution" – beide Revolutionen mit gravierenden Konsequenzen für die beruflichen und privaten Verhaltensweisen der Gesellschaftsmitglieder. Mittlerweile bewegt sich dank der technischen, administrativen und wirtschaftlichen Möglichkeiten, die durch die Informations- und Kommunikationstechnologie eröffnet wurden, die Gesellschaft zur Wissensgesellschaft weiter. (Vgl. Stehr 1994; Böhm 1997) Dabei hat der Begriff „Wissensgesellschaft" den anfangs auch verwendeten Begriff „Informationsgesellschaft" weitgehend verdrängt. Wissensgesellschaft meint dabei allerdings etwas anderes als zu Zeiten der 1960er und 1970er Jahre bei P. F. Duncker, A. Entzioni und D. Bell, die den Begriff einführten und auf die verstärkte Erforschung und Entwicklung von Wissenschaftswissen durch Akademiker in der Gesellschaft bezogen. Heute fasst der Begriff Wissensgesellschaft nach Heidenreich (2002, S. 335 ff) die Faktoren Informations- und Kommunikationstechnologie, wirtschaftliches Wachstum aufgrund von Innovationen durch Wissen, Verstärkung von Bildung in der Gesellschaft sowie Ausweitung wissensbasierter Tätigkeiten zu Lasten von Güterproduktion im industriellen Bereich.

„Wir stehen derzeit an der Schwelle eines Transitionsprozesses, in welchem die industrielle Ära verlassen und der Weg zu einer wissensbasierten Gesellschaft eingeschlagen wird. Kennzeichen dafür sind die vielfältigen, derzeit zu beobachtenden Umwälzungen, welche durch die wachsenden Einflüsse der Informations- und Kommunikationstechnologie ausgelöst werden. ...

Dies erfordert zugleich das Arbeiten mit Managementmodellen in weltweitem Verbund sowie die Auflösung von hierarchischen Ordnungen, welche die bisherigen industriellen Produktionsprozesse charakterisieren. Eine solche Entwicklung kann mit dem Übergang von der Agrar- zur Industriegesellschaft, welche etwa 50 bis 150 Jahre dauerte, verglichen werden. Die Landwirtschaft ist dabei nicht verschwunden, es ging vielmehr um die Einführung von industriellen Prozessen bei der Bereitstellung von Agrarprodukten, so dass heute mit 5 % der Erwerbsbevölkerung eine ausreichende Ernährung der Bevölkerung sichergestellt werden kann, eine Aufgabe, die früher von 65 % der Erwerbsbevölkerung zu bewältigen war." (Graf 2001, S. 11)

„Im Zentrum der heutigen Arbeitsgesellschaft steht nicht mehr die arbeitsteilige, hierarchisch organisierte, technisch unterstützte Fertigung größerer Stückzahlen von Sachgütern durch lohnabhängige Beschäftigte. Immer bedeutsamer wird die Organisation sozialer Beziehungen – vor allem durch wissens- und kommunikationsintensive Dienstleistungen. Deshalb begreifen zahlreiche Autoren die Gegenwartsgesellschaft als Informations-, Kommunikations- oder Wissensgesellschaft" (Heidenreich 2000, S. 107)

Wissenschaft und Technik haben in den letzten zwei Jahrzehnten sogar zu immer schnelleren Veränderungen in allen Lebensbereichen des Menschen geführt und tun es unaufhaltsam und in immer kürzeren Zeitabständen. Die Auswirkungen auf Arbeit und Wirtschaft, Kultur und Politik sind unverkennbar, ebenso der daraus entstehende Verlust vieler Arbeitsplätze in ehemals bedeutsamen Industriebereichen, die gestiegene Bedeutung des Dienstleistungssektors, die Veränderung der gesamten Arbeitsorganisation und der Produktion in globalen Dimensionen sowie das dauerhafte Entstehen neuer Anforderungen an fachliche, soziale und methodische Kompetenzen der Beschäftigten. Wir befinden uns in einer „Welt der Sofortinformation rund um die Uhr" (Ch. Jenk), und die Zahl der Menschen, die mit der Produktion und Verbreitung von Informationen beschäftigt sind, nimmt permanent zu. Auf allen Gebieten expandiert und veraltet das Wissen ungeheuer schnell, in manchen Gebieten verdoppelt es sich im Zweijahresrhythmus, in anderen (wie z. B. der Bedienung von Maschinen) wird das Fachwissen innerhalb von fünf Jahren unbrauchbar. In Physik, Biologie, Chemie und Technik ist die Wissensexplosion besonders groß und hat Auswirkungen auf alle anderen Wissenschaften. Wissen und Know-how sind in Zukunft die entscheidenden Konkurrenzfaktoren unter den Staaten und Gesellschaften und Garant für wirtschaftliche Entwicklung und Wohlstand.

1.2.1 Merkmale der Wissensgesellschaft

Die modernen entwickelten Gesellschaften sind also auf dem Weg, sich zu Wissensgesellschaften zu verändern. Daran hat einerseits der Zusammenbruch des Sozialismus und die Dominanz des Modells westlich-kapitalistischer Demokratien Anteil, andererseits wird diese gesellschaftliche Veränderung durch die Leistungsfähigkeit der globalen digitalen Datennetze beschleunigt. In der nachindustriellen, nachkapitalistischen Gesellschaft erfolgt die Produktion mehr und mehr wissensbasiert; Maschinen funktionieren (agieren und reagieren) wissensgetrieben, und Expertenwissen wird zum eigenständigen Produkt (wie z. B. in Beratungsfirmen). Wissensbasierung ist ein erstes Merkmal der Wissensgesellschaft.

Die Wissensarbeit gewinnt Oberhand gegenüber vielen Formen einfacher Arbeitstätigkeit. Diese werden in Zukunft entweder von Maschinen ausgeführt oder durch „Outsourcing" aus Billiglohnländern eingekauft. Die Steuerungsressourcen der modernen entwickelten Gesellschaften sind infolgedessen Macht, Geld und Wissen, zu Lasten des Faktors Arbeit. Die Entwicklungsgeschwindigkeit bringt es mit sich, dass Wissen und Expertise hier kontinuierlich überprüft werden und die Gesellschaften sich permanent innovieren müssen.

Der Systemtheoretiker Helmut Willke definiert wie folgt:

„Von einer Wissensgesellschaft oder einer wissensbasierten Gesellschaft lässt sich sprechen, wenn zum einen die Strukturen und Prozesse der materiellen und symbolischen Reproduktion einer Gesellschaft so von wissensabhängigen Operationen durchdrungen sind, dass Informationsverarbeitung, symbolische Analyse und Expertensysteme gegenüber anderen Faktoren der Reproduktion vorrangig werden. Eine entscheidende zusätzliche Voraussetzung der Wissensgesellschaft ist, dass Wissen und Expertise einem Prozess der kontinuierlichen Revision unterworfen sind und damit Innovationen zum alltäglichen Bestandteil der Wissensarbeit werden. In diesem Moment unterscheidet sich die Wissensarbeit neuen Stils von der Wissensarbeit der Handwerker, Experten, Professionellen, Künstler, Magier oder weisen Frauen früherer Epochen. Sie bauten ihr Wissen in einem lange währenden Prozess auf, aber dieses Wissen galt ein Leben lang und verlosch mit dem Leben oder wurde an ausgewählte einzelne Schüler weitergegeben. Heute hat professionelles Wissen eine grob geschätzte Halbwertzeit von drei bis fünf Jahren, in vielen Hochtechnologiebereichen und hochprofessionellen Dienstleistungsbereichen (wie Management, Beratung oder Finanzanalyse) eine deutlich kürzere. Während sich noch für den späten Husserl die Wissenschaft von der Lebenswelt als etwas Künstliches absondert, durchdringen in der Wissensgesellschaft die Regelsysteme der kontinuierlich revidierten Expertise und Wissensbasierung jeden Winkel der Lebenswelt in genau derselben Weise, wie heute bereits die normativen Regeln der Rechtssysteme dies tun." (2001, S. 291)

Wissensgesellschaft meint nicht Wissenschaftsgesellschaft. Nicht die Wissenschaft bestimmt die gesellschaftliche Entwicklung, sondern die Wissensbasierung der Produktionsformen und die Wissensarbeit in den Organisationen.

Dass Immaterielles wichtiger wird als physische Ressourcen, dass virtuelle Netzwerke mehr und mehr eingesetzt werden, dass Wissen vorwiegend Problemlösungswissen ist und dass kognitive Arbeitsteilung sowie das Humankapital insgesamt größere Bedeutung bekommen, charakterisiert diese Wissensbasierung. Für die Wissensgesellschaft ist die Suche nach neuem Wissen und die ständige Verbesserung des Wissens ihrer Mitglieder und ihrer Organisation oberstes Prinzip. Ihr Humankapital muss ständig weiterlernen und auch ihre sozialen Systeme müssen weiter lernen. Deshalb ist das kontinuierliche Lernen ein zweites Merkmal der Wissensgesellschaft. Der Mensch muss die Bereitschaft und Fähigkeit haben oder erlernen, dauerhaft zu lernen, bereits Gelerntes wieder zu ändern oder als nicht mehr relevant abzulegen (zu vergessen). Lernen wird eine dauerhafte Forderung an das Verhalten des Menschen und steht unter einem hohen Innovationsdruck, denn in der Wissensgesellschaft erfolgt die gesellschaftliche Positionierung des Einzelnen über das Wissen, das er zu deren

Modernisierung, Wettbewerb und Weiterentwicklung einbringen kann. Dieses Wissen erwirbt er allerdings nicht mehr nur in isoliert agierenden Bildungsinstitutionen (Schule, Betrieb/Unternehmen, Erwachsenenbildung), sondern es ist zu großen Teilen seinem Selbstmanagement anheim gestellt, was traditionelle Vorstellungen von Beruflichkeit radikal verändert.

„Die in der jüngeren Vergangenheit auch in Deutschland zu beobachtende allmähliche Auflösung tradierter sozialer Muster von Berufs- und Arbeitswegen (die schlagwortartig im ‚Lebensberuf‘ bzw. in der ‚Normalarbeitsbiografie‘ zusammengefasst waren) führt dazu, dass die Individuen stärker in die eigene Verantwortung für die Gestaltung *ihres* – vermutlich zunehmend weniger gradlinigen – Berufswegs gesetzt werden. Für deren Bewältigung ist ein Bündel von Kompetenzen erforderlich, das mit *Selbstmanagement* bezeichnet werden könnte, und zwar fortschreitend für *alle* – und nicht mehr nur für das Segment der schon bislang besonders Mobilen." (Kruse 2002, S. 22 f.)

Selbstorganisiertes Lernen kann in der Wissensgesellschaft aber nicht mehr nur auf die berufliche Aus- und Weiterbildung beschränkt sein. Da Arbeit hier in hohem Maße geistige Arbeit ist, mit der sich der Einzelne auf dem Arbeitsmarkt selbst präsentiert und anbietet, umfasst das Lernen außer fachlichen Kompetenzen auch persönliche Kompetenzen wie die Fähigkeit zur Dokumentation und Präsentation von Informationen, zur Kommunikation, zum Vermarkten der eigenen Arbeitskraft, zur Kreativität, zum Zeitmanagement, zur eigenen psychosozialen Hygiene und manche Fähigkeiten mehr. Des weiteren ist das geforderte Selbstmanagement nicht allein autodidaktisch möglich. Vielmehr braucht es in der Wissensgesellschaft Lernnetzwerke und Lernkooperationen. Akteure unterschiedlicher Bereiche müssen kooperieren können, um ihre eigenen Fach- und Selbstkompetenzen weiterentwickeln zu können. Dazu bedarf es wiederum der Fähigkeit und Bereitschaft zur vorurteilsfreien Kommunikation, zur Präsentation des eigenen Wissens sowie zur Einsicht in die Notwendigkeiten und Möglichkeiten des Weiterlernens, um den Innovations- und Modernitätsdruck bewältigen zu können.

Klar erkennbar ist aber auch, dass in der Wissensgesellschaft nicht nur die Individuen kontinuierlich lernen müssen, sondern auch die Organisationen müssen sich den wandelnden gesellschaftlichen Gegebenheiten anpassen und dazulernen (vgl. die „lernende Organisation").

„Qualitative Weiterentwicklungen der jeweiligen Wissensbestände und innovative Ideen entstehen künftig weniger innerhalb einzelner Systeme, Organisationen, Institutionen, sondern im ‚Dazwischen' der Netzwerke." (Howaldt 2002, S. 49)

In solchen Netzwerken treffen Vertreter aus Unternehmen mit solchen von Weiterbildungs- und Beratungseinrichtungen, von Industrie- und Handelskammern, von Wirtschaftsförderungsinstitutionen, von Verbänden, Gewerkschaften und der Wissenschaften zusammen und arbeiten mit diesen heterarchisch an Entwicklungsproblemen. So wird unterschiedliche Kompetenz gebündelt und werden Ressourcen optimal genutzt. Ein solches Netzwerklernen ist keineswegs auf Unternehmen begrenzt, sondern eignet sich für Organisationen und Institutionen allgemein. Dabei erweist sich das „Einweben von Lernprozessen in konkrete Arbeitsvorhaben und Verbundaktivitäten .... (als) die zentrale Voraussetzung für erfolgreiche Lernprozesse." (Howaldt 2002, S. 57). Dazu müssen Kommunkationskanäle eingerichtet und Informationsflüsse koordiniert werden, d. h. benötigt wird ein Wissensmanagement.

Anzumerken ist allerdings, dass individuelles Lernen und organisationales Lernen in der Wissensgesellschaft begrifflich zwar gleich benannt sind, in der Praxis aber unterschiedliche Lernformen, Vorgehensweisen, Techniken und Methoden bedingen.

Aus den Überlegungen zum Lernen in der Wissensgesellschaft ergibt sich ein weiteres Merkmal, nämlich flexible Strukturen. In der Wissensgesellschaft müssen die bestehenden Strukturen und die Kulturen der jeweiligen Institutionen auf ihre Leistungsfähigkeit überprüft werden. An die Stelle bürokratischer und zentraler Regulierung müssen Strategien und Strukturen autonom vorgehender und kooperativ gestalteter Interaktionen treten, die bisherige Über- und Unterordnungsverhältnisse aussetzen. Die Kultur der Institution benötigt dementsprechend eine Veränderung in Richtung auf Vertrauen, Zutrauen und Offenheit. Die Dynamik der Wissensgesellschaft verlangt das; die notwendige Weiterentwicklung des Wissens ist an diesen Institutionen auf andere Weise nicht sicherzustellen. Strategische Allianzen werden geschlossen werden müssen, um das Know-how zu vergrößern und die eigenen Ressourcen besser nutzen und einsetzen zu können.

„Ein derartiger Übergang zu *neuartigen Organisations- und Führungsformen, die weniger die technische als die kognitive Arbeitsteilung betonen,* setzt eine Entwertung der traditionellen, sich abschottenden Organisationsmuster und die spontane Entwicklung offener dezentraler Netzwerke voraus: Je kleiner und ausgekoppelter die agierende Einheit, um so besser die Entscheidungsgeschwindigkeit und Innovation (Kelly). Dies führt auf der Suche nach einer fortschrittsfähigen Allokation und

Erschließung von Kompetenz zu projekthaften, grenzüberwindenden, netzwerkartigen Strukturen." (Bleicher 2002, S. 77)

Großstrukturen brauchen in der Regel einen hohen Organisations- und Zeitaufwand für Initiativen, ihre Umsetzung und ihre Evaluation. Der in der Wissensgesellschaft vorhandene Veränderungsdruck und die damit verbundene Aktions- und Reaktionsgeschwindigkeit sprechen daher für Verbindungen von Experten auf Zeit, die für jeweils neue Projektlösungen ihr Wissen, ihre Fähigkeiten und ihre Erfahrungen einbringen. Solche Teams können real oder auch virtuell zusammenarbeiten. Flexible Organisationsformen haben gegenüber traditionellen Organisationsformen drei Besonderheiten: Sie bilden sich anlässlich inhaltlich und zeitlich präzise definierter Aufgabenstellungen und weisen eine hohe Spontaneität auf. Sie leben – zweitens – vom vernetzten Austausch von Ideen und Informationen und erfordern bei den Beteiligten ein hohes Beziehungs- und Verständigungspotenzial. Sie führen – drittens - nicht zu generellen und standardisierbaren Problemlösungen, sondern sind fallbezogen und konkret. (vgl. Bleicher 2002, S. 79)

Zeitlich begrenzte und zielspezifisch organisierte Zusammenarbeit kann nur bei Vorhandensein einer förderlichen und akzeptierenden Kultur des Miteinanderumgehens gelingen. Der Wille zur Verständigung, die Bereitschaft zu einer (wenn auch strategischen) Beziehung zu den Kooperationspartnern und das operative Knowhow von Kommunikation und Konfliktregulierung, die erforderlich sind, stellen nicht nur hohe Anforderungen an jeden Einzelnen, sondern müssen auch durch die Organisationskultur unterstützt werden. K. Bleicher nennt eine solche Organisationskultur eine „identifikationsfördernde Vertrauenskultur" und verdeutlicht das, was damit gemeint ist, mit einem Beispiel aus dem Unternehmensbereich:

„Die sich daraus ergebenden Kulturen lassen sich bisher weniger in Großorganisationen, als vielmehr in jungen Start-up-Unternehmen finden, aber hier dann eher in einzelnen subkulturellen Inseln, die unternehmerisch autonom, klientenbezogen vernetzt, innovativ und hochflexibel mit einer primär motivierten Berufung zur Leistung agieren

Statt einer Mißtrauensorganisation und – kultur Controlling-orientierter Manager, die an nichts zu glauben scheinen, was sich nicht messen, wägen und zählen lässt, wird das Vertrauen in sich selbst, in das eigene Wissen und die eigene Kraft zur innovativen Leistungserstellung und das Schaffen eines Nutzens für die Gemeinschaft zur Grundlage eines neuen Wertbewußtseins." (Bleicher 2002, S. 80)

1.2.2 Wissensgesellschaft als ökonomisch-politische Wirklichkeit

Die Wissensgesellschaft hat bisher ungeahnte Folgen für die Ökonomie und die politische Steuerung der Gesellschaft.

Die Arbeit hat sich im letzten Jahrzehnt in der modernen Gesellschaft deutlich verändert. Der Anteil produzierender Tätigkeiten halbierte sich auf 20 %, stattdessen wuchsen der Sektor Dienstleistungen und der Sektor Wissensarbeit (Angebote von Expertisen, Problemlösungen, Beratung). Letztere, derzeit etwa 20 % der beruflichen Tätigkeiten, werden am zukünftigen Arbeitsmarkt etwa 40 % ausmachen. Ihnen stehen dann circa 40 – 50 % Beschäftigte mit Facharbeiter- oder Fachhochschulqualifikation gegenüber, die das bisherige Arbeitsmarktfeld zwecks Erstellung person- und ortsgebundener Güter abdecken. Die verbleibenden Arbeitskräfte finden mangels geeigneter Qualifizierung schließlich kaum oder keine Arbeit auf dem globalisierten Markt – so lauten die Pro-gnosen.

Die Wissensarbeit verändert den person- und ortsgebundenen Arbeitsmarkt. Tätigkeiten der Verwaltung und Dokumentation können an Orte und Unternehmen in der ganzen Welt ausgelagert werden, je nachdem wie die Kosten-Nutzen-Relation aussieht. Sie werden mehr und mehr digital verfügbar und global transportierbar. Die kontinuierliche Innovation in der Wissensgesellschaft bringt es ferner mit sich, dass auch die Anstellung der Beschäftigten neue Formen erhält. Gegenüber dem bisherigen eher dauerhaften Anstellungsverhältnis wird es eine Fülle von Alternativen geben: Anstellung für bestimmte zeitgebundene Projekte, Teilzeitarbeit, Leiharbeit, Phasen der Selbstständigkeit (Ich-AGs), Tele-Arbeit.

Die Infrastrukturen der Wissensgesellschaft unterscheiden sich ebenfalls von denen der herkömmlichen Gesellschaft. Straßen, Schienen, Energienetze, Telefonnetze und deren Distribution durch Personen, d. h. die Infrastrukturen der traditionellen Gesellschaft, werden zunehmend durch globale intelligente Datennetze (Datensuperhighways), intelligente Verkehrsleitsysteme (Telematik) und intelligente Systeme der Gewinnung und Distribution von Energie und Information ersetzt. H. Willke, der diese Prognose stellt, definiert diese intelligenten Infrastrukturen: „Von ‚intelligenten' Infrastrukturen lässt sich sprechen, wenn (und) insoweit deren Operationsweise auf eingebauter Intelligenz beruht." (2001, S. 306)

Intelligenz oder Expertise ist also bei den modernen Infrastrukturen „eingebaut". Das bedeutet: Hier enthalten die Systeme ein spezifisches Wissen (d. h. Wissen in Verbindung mit bestimmten Handlungskontexten) und dazu spezifische Präferenzregeln, so dass sie selbstständig geeignete oder passende Handlungskontexte auswählen und Probleme lösen können. Die Beispiele dafür sind vielfältig: DSP-Chips, Videorecorder, Softwareprogramme, Datennetze, die vermitteln, schalten und koordinieren können, Satelittensysteme, Glasfasernetze, Funktelefone usw. Sie arbeiten alle raum- und zeitungebunden, können geeignete oder erforderliche Informationen ohne menschliches Zutun herausfinden, austauschen, analysieren, auswerten, verwerten und präsentieren - und sind Grundlage des wirtschaftlichen und persönlichen Erfolgs im weltweiten Wettbewerb.

Ebenso wie die Veränderungen der Arbeit, so bringen auch die neuen Infrastrukturen veränderte Suprastrukturen in der Gesellschaft mit sich. Das Sozialsystem Nationalstaat wird durch die Auflösung von Raum und Zeit bei den Infrastrukturen in Art und Umfang seiner Systemsteuerung herausgefordert. Denn Infrastrukturen, bei denen der Staat bislang das Monopol hatte (vgl. Post, Bahn, Telefon, Strom, Wasser), stehen nun im Wettbewerb unterschiedlicher privater und öffentlicher Anbieter, und das weltweit. Alle Gesellschaftsbereiche, die im Sog der Globalisierung stehen, die Wirtschaft, die Finanzmärkte, die Wissenschaft, die Medien, die Massenkommunikation, die Kultur, der Sport, der Tourismus, die Versicherungen, die Alterssicherungen, die Gesundheitsvorsorge und manche mehr, können nicht weiter vom Nationalstaat gesteuert werden. Vielmehr braucht es hier eine Kooperation zwischen öffentlichen und privaten Anbietern und eine Zuständigkeitsbeschränkung auf Seiten des Nationalstaats.

Bei der Realisierung „kollektiver Verbindlichkeiten" entstehen in der globalisierten Wissensgesellschaft große Probleme für den Nationalstaat. Mit einem einzigen Beispiel aus den Bereichen „Arbeit" und „Wohlfahrt" lassen sich diese schlaglichtartig verdeutlichen: Wenn ein Beschäftigter im Laufe seines Berufslebens bei wechselnden Firmen im In- und Ausland gearbeitet hat und zwischendurch unterschiedliche Formen von Arbeitsverhältnissen eingegangen ist und zum Schluss außerhalb Deutschlands sesshaft wurde, welcher Nationalstaat soll dann seine eventuelle Arbeitslosigkeit sozial abfedern, wo soll er krankenversichert sein und von welchem Staat wird er später seine Rente beziehen?

Die heute noch vorherrschende Sicht des nationalen Sozialstaats mit seinen Sicherungs-, Versicherungs- und Solidarsystemen gerät durch die Globalisierung mit ihrer Exterritorialisierung unweigerlich in die Krise. Das wirft Fragen auf: Wofür ist der einzelne zentral und hierarchisch aufgebaute Staat (noch) zuständig? Was muss der Nationalstaat regulieren, was kann und soll er nicht mehr regulieren und stattdessen dem Einzelnen und den Organisationen überlassen? Wieviel Einfluss sollen Nationalstaaten auf die Weltgesellschaft haben? Geht gesellschaftliche Steuerung überhaupt noch zentral? Ist nur die nationalstaatliche Gesellschaft Garant für die wichtigen Zugehörigkeitsgefühle der Menschen und für ihre kulturelle Identität?

H. Willke bringt das Problem der Suprastrukturen auf den Punkt:

„Wozu brauchen die Privaten dann überhaupt noch die Politik? Diese Frage lässt sich nur befriedigend beantworten, wenn man eine brauchbare, theoretisch plausibel begründete Vorstellung von der gesellschaftlichen Funktion und Leistung der Politik entwickelt hat. Sieht man die Leistung der Politik darin, kollektiv verbindliche Entscheidungen herzustellen, dann wird deutlich, dass die Politik als System und Akteur immer dann beteiligt sein muss, wenn die erfolgreiche Einrichtung von Infrastruktursystemen davon abhängt, ob bestimmte unabdingbare kollektive Verbindlichkeiten erreicht werden - z. B. Standardisierungen, rechtliche Absicherungen, Gemeinwohlverträglichkeiten, regulierte Überlassung von Hoheitsrechten (etwa bei der Nutzung von Luftraum und Festlandsockel) oder international verbindliche hoheitliche Abstimmungen (z. B. bei der Verteilung von Radiofrequenzen und orbitalen Stellplätzen')." (Willke 2001, S. 13)

In einer solchen Zeit des Umbruchs braucht es ein Wissensmanagement, das die notwendige Zeit für Reflexion, Begleitung, Erprobung und Revisionen zur Verfügung stellt. Helmut Willke schließt seine Überlegungen zur Wissensgesellschaft deshalb mit den folgenden Sätzen und belegt damit zugleich, warum Wissensmanagement nötig ist:

„Wissensmanagement verschiebt ... die Gewichte der Fremdsteuerung und Selbststeuerung deutlich zugunsten einer neuen Balance, in der Selbstverantwortung und systemische Reflexion barocke Architekturen externer Kontrolle erübrigen. Wissensmanagement eröffnet damit Möglichkeiten eines ehrenhaften Rückzugs der Politik aus längst verlorenen Schlachten der Regulierung. In einer eleganten und schmerzlosen Wendung lässt sich an die Stelle eines perzipierten Machtverlustes der Politik ein kollektiver Wissensgewinn setzen, der seine Legitimation aus einer zumindest unterstellten Steigerung der globalen Wettbewerbsfähigkeit sowohl der selbststeuernden Systeme wie der Regulierungsregime erfährt. So ergänzen sich Wissensmanagement, Deregulierung und Selbststeuerung in überraschender Weise und lassen überdies der Politik die symbolisch wichtige Aufgabe der Kontextsteuerung dort, wo tatsächlich essentielle Kollektivgüter auf dem Spiel stehen." (Willke 2001, S. 338)

Alle Institutionen, in denen der Mensch agiert, müssen sich dementsprechend umstellen, angefangen bei der Schule, über Betriebe und Unternehmen bis hin zur Erwachsenen- und Weiterbildung.

1.2.3 Wissensgesellschaft als Herausforderung an das Individuum

Die Wissensgesellschaft verlangt von jedem Einzelnen, sowohl im beruflichen als auch im persönlichen Bereich permanent umzulernen. Jeder und jede muss fähig sein, sich in den sich ändernden Lebenswelten und bei sich ändernden Rahmenbedingungen zu verhalten, diese kompetent zu bewerten und daraus Entscheidungen zu fällen. Das Menschenbild der Wissensgesellschaft kennt das Individuum als Unternehmer seiner selbst, als selbstständigen, eigenverantwortlichen, kreativen, wahl- bzw. entscheidungsfreien „Lebenskönner".

„Diese Selbstunternehmer handeln der Erkenntnis folgend, dass die ‚Wirklichkeit' eine individuelle Konstruktion und die Beurteilung der Wirklichkeit im Sinne von Richtig oder Falsch subjektiv ist. Hieraus ergibt sich die Notwendigkeit, die eigene Einschätzung andauernd zu überprüfen und sich durch Zusammendenken und Weiterbildung permanent in der persönlichen Lebenskönnerschaft zu entwickeln." (Klein 2001, S. 86)

Dazu bedarf es spezifischer Verhaltensweisen, die von den Mitgliedern der Wissensgesellschaft erworben und praktiziert werden müssen. Sie konzentrieren sich auf Selbstständigkeit, Selbstverantwortung und kooperativ-kommunikatives Gemeinschaftshandeln, Selbst- und Fremdachtung sowie das bewusste und freie Treffen von Wahlentscheidungen. Fachwissen reicht also allein nicht (mehr) aus, um den Anforderungen der Wissensgesellschaft zu genügen. Methodenkompetenz und Sozialkompetenz müssen hinzukommen, und auch Moralkompetenz. Diese werden traditionell über Bildung erlangt.

Für die Wissensgesellschaft ist die Bildung des Selbst der Menschen von besonderer Bedeutung. Damit Menschen aber wachsen und in die mit ihr verbundenen Veränderungen hineinwachsen können, muss ihr Möglichkeits- und freier Handlungsraum erweitert werden, braucht es persönliches Engagement und Neugier für Fremdes und Anderes, sind Inspiration und Tüfteln wichtig, dürfen Freiräume und Muße zum Generieren von kreativen Ideen nicht fehlen, müssen Gewohnheiten durchbrochen werden. Ferner ist ein institutioneller Rahmen dafür nötig, der stimuliert, der ein hohes Anspruchsniveau vorgibt und gleichzeitig eine partnerschaftliche, offene Diskussionsatmosphäre aufweist.

Das Interesse an der Bildung des Selbst eines jeden Menschen hängt in der Wissensgesellschaft eng mit den neuen Anforderungen und Problemen der geistigen Arbeit zusammen. Durch die Informations- und Kommunikationstechnologien ist es (wie oben angedeutet) zu einer „Subjektivierung von Arbeit" (Böhle 2000, Kratzer 2003) gekommen, bei der sich der Einzelne nicht mehr nur mit seiner Arbeitskraft, sondern auch als Person einbringen muss. Zeit gleich mit dem Abnehmen hierarchischer Strukturen steigt seine Verantwortlichkeit für sich selbst und seine Arbeitsleistung und steigt auch sein Bedarf an Kompetenzen der Selbstorganisation und Selbststeuerung sowie der Organisation von Betriebsabläufen und von Kooperationen mit Partnern. Die damit verbundene zeitliche und örtliche Entgrenzung der Arbeit kann zu Problemen der Life-Balance führen und provoziert die Frage nach dem Sinn und Wozu des „Immer mehr" und „Immer-besser" (Schulze 2003). Des weiteren wird durch die neuen IuK-Technologien der Teil bisheriger geistiger Arbeit, der sich objektivieren und formalisieren lässt (z. B. komplizierte Rechenoperation), aus dem Tätigkeitsfeld des Menschen entfernt werden. Was ihm bleibt, sind dann (wie oben erwähnt) Intuition, Assoziationen, bildhaftes Denken, Sinnlich-Körperliches im Zusammenhang der Beurteilung von Informationen. Solchen Formen des Wissens, die bis in die Gegenwart hinein geringer geachtet werden als kognitiv-rationale Intelligenz, muss infolgedessen mehr Aufmerksamkeit gewidmet werden. Kompetenzen im Bereich des assoziativen, bildhaften und intuitiven Denkens müssen in der Wissensgesellschaft verstärkt erworben werden. (Böhle 2002a)

Eine weitere Herausforderung der Wissensgesellschaft ergibt sich daraus, dass die „Ressource Wissen" auf Grund der Fülle und Flut von zur Verfügung stehenden und präsentierten Informationen für den Menschen zum „Problem Wissen" wird. Der Mensch als Maß für die Wissensgesellschaft wird mehr und mehr problematisch. Er hat weder die Zeit noch die Kompetenz, mit den riesigen Daten- und Informationsmengen angemessen umzugehen. Täglich entstehen beispielsweise bis zu 20.000 neue wissenschaftliche Publikationen – um nur ein Beispiel dafür zu geben. Daten und Informationen aus der ganzen Welt laufen rund um die Uhr in Nachrichtenagenturen ein. Er müsste sie alle zur Kenntnis nehmen, selegieren, filtern und auswerten, um sie verwenden zu können. „Der Mensch erweist sich im Wesentlichen als Flaschenhals der Wissensgesellschaft". (Bolz 1998, S. 40). Er müsste unendlich viel Zeit dafür haben, eine unendliche Verarbeitungskapazität und eine unendliche Aufmerksamkeitskraft. Dies alles ist nicht gegeben. Die Informations- und Kommunikationstechnologie eröffnet eine Fülle von Möglichkeiten und Optionen, die in keinem Verhältnis mehr zu den konkreten Möglichkeiten des Individuums steht. Hinzu kommt als Problem, dass die Daten und Informationen selbst nicht zwischen sinnvoll und sinnlos unterscheiden können und die Kriterien für die notwendige Filterung und Selektion aus ihnen nicht zu gewinnen sind. Erschwerend wirkt dabei, dass man für diese Selektion Kriterien haben muss, die ohne Kenntnis der Daten und Informationen entwickelt sind. Man muss Fragen stellen, auf die das gesuchte Wissen eine Antwort sein könnte. Das heißt: Bevor man an die

Recherche geht und Suchmaschinen nutzt, muss man wissen, was man sucht, und eine Vorstellung von den Antworten auf die Fragen haben!

„In Zukunft geht es nicht mehr vor allen Dingen darum zu wissen, sondern zu wissen, was man nicht unbedingt wissen muss. Man nennt das mittlerweile auch intelligent discrimination. .... Also ohne eine Arbeitsteilung des Wissens und eine akzeptierte Ignoranz in allen anderen Bereichen, in denen man nicht kompetent ist, läuft nichts mehr." (Bolz 1998, S. 41f.)

Schließlich ist auch das eine Herausforderung der Wissensgesellschaft, dass das Individuum nicht mehr bzw. nur noch begrenzt auf Wissensbestände zurückgreifen kann. Es muss dauernd bereit sein, bereits Gelerntes „abzulegen", in Frage zu stellen und durch Neues zu ersetzen. Hierbei geht es wiederum um die Frage nach den Kriterien für die Reduktion des bisherigen Wissens und die Bestimmung des „wertvollen" neuen Wissen. Die Nützlichkeit für den Beruf und die Brauchbarkeit im Alltagsleben sind dafür zwar unverzichtbare, aber nicht hinreichende Kriterien. Mit tools und Techniken ist das Problem allein nicht zu lösen; denn hier sind Fragen des Sinns und des Werts zu stellen.

1.2.4 Probleme der Wissensgesellschaft

Die Entwicklung der fortgeschrittenen Industriegesellschaft zur Wissensgesellschaft wird keineswegs nur positiv beurteilt. Zahlreiche Wissenschaftler aus unterschiedlichen Disziplinen melden Kritik an, sehen neben Chancen auch viele Risiken, stellen Paradoxien und Dilemmata fest. Auf einige der wichtigsten Einwände und Vorbehalte wird im Folgenden eingegangen.

1. Die Probleme der Wissensgesellschaft beginnen mit ihrer Selbstbezeichnung. Bis vor wenigen Jahren noch herrschte der Begriff „Informationsgesellschaft" als Ziel der gesellschaftlichen Entwicklung vor. Damit sollte ausgedrückt werden, dass Informationsprozesse gegenüber den Produktionsfaktoren Besitz, Kapital und Arbeit mehr und mehr an Bedeutung gewinnen und die wirtschaftliche und gesellschaftliche Zukunft prägen werden. Demgegenüber hat das Wort Informationsgesellschaften „alle phänomenologische Evidenz auf seiner Seite. Wenn man aber nun ein Unbehagen daran spürt, ... dass Information nur Information ist, aber nicht Bedeutsamkeit, Wissen in diesem anspruchsvollen Sinne, und statt dessen nach Wissensgesellschaft verlangt oder sie sogar ausruft, dann müsste man sich mit den Problemen ernsthaft konfrontieren, die in diesem Begriff stecken."

(Bolz 1998, S. 47) Durchgesetzt hat sich nun aber die Redeweise von der „Wissensgesellschaft". Damit wiederum soll zum Ausdruck gebracht werden, dass Wissen, Wissenstechnologien, Wissensarbeit und wissensbasierte Organisationen/Institutionen im Trend liegen und kontinuierlich zunehmen werden. Gegen diese Bezeichnung wird vorgebracht: (1) Der Mensch kann diesem Anspruch nicht genügen. Seine begrenzte Informationsverarbeitungskapazität, seine selektiv-subjektive Wahrnehmungsweise und seine lineare Problemverarbeitung sind ein großes Hindernis, was im übrigen für die Maschine nicht gilt. Des weiteren ist (2) kritisch anzumerken, dass von Wissen im eigentlichen Sinne nur gesprochen werden kann, wenn den Informationen Sinn und Bedeutung anhaftet, sie also in ihrer Komplexität reduziert wurden. Das wiederum ist den Maschinen nicht möglich. Ferner spricht (3) gegen den Begriff „Wissensgesellschaft", dass mit jeder Zunahme von Wissen eine größere Zunahme von Nichtwissen korreliert, was mehr Unsicherheit, mehr Zerbrechlichkeit und mehr Kontingenz hervorruft. (vgl. Stehr 1994) „Deshalb ist eine Wissensgesellschaft nicht nur durch die Zunahme von Wissen, Fachkompetenz und Innovationen, sondern auch die Zunahme von Ungewissheiten, Risiken und Ambiguitäten gekennzeichnet." (Heidenreich 2000, S. 108). Außerdem rückt (4) der Begriff „Wissensgesellschaft" allzu leicht in die Nähe von „Wissenschaft" und wird so gesellschaftspolitisch leicht als Elitegesellschaft deutbar, als die Gesellschaft derer, die über Wissen und mehr Kenntnisse als andere verfügen. Schließlich konkurriert die Selbstbezeichnung der Gesellschaft als „Wissensgesellschaft" (5) mit zahlreichen andern Etiketten der Gegenwartsgesellschaft wie Risikogesellschaft, Erlebnisgesellschaft, Bewegungsgesellschaft, Multioptionsgesellschaft, Konsumgesellschaft, Mediengesellschaft usw., was allein schon zu denken geben sollte. Denn es evoziert die Vorstellung einer in sich geschlossenen Gesellschaft und vermittelt den Eindruck, der in ihrer Schichtung unübersichtlich gewordenen Gesellschaft liege doch eine Gesamtstruktur zugrunde.

2. Ein weiteres Problem der Wissensgesellschaft liegt in und bei der Vermehrung des Wissens. Experten (vgl. Stock 1998: Wissens-Delphi) bezweifeln, ob es durch die globalen informations- und kommunikationstechnologischen Möglichkeiten tatsächlich zu einem exponentiellen Wachstum von Wissen kommen wird. Sie befürchten vielmehr eine immer unübersichtlicher werdende Publikations-, Informations- und Datenmenge, die auf „kaum genutzten Informationsdeponien" landen könnten. Bei den weltweit frei zugänglichen Kommunikationsnetzen fällt es - zweitens - zunehmend schwerer, die Verlässlichkeit und Vertrauenswürdigkeit der

Informationen sicherzustellen, wenn es nicht zu einer breiten netzinternen gegenseitigen Korrektur kommt. Drittens ist mit Sorge zu beobachten, dass der Zugang zum Wissen nach dem (weitgehenden) Wegfall politischer und geografischer Grenzen und mit den vielen multimedialen Möglichkeiten zu einem „knowledge gap" in der Gesellschaft führen kann bzw. wird. Bereits heute lassen sich wissensnahe und wissensferne Gesellschaftsgruppen hinsichtlich ihrer Nutzung solcher Wissensquellen unterscheiden; die Kluft zwischen beiden Gruppen wird dann noch größer und erhält zudem die Dimension sozialer Selektion, wenn der Zugang zu den Wissensquellen weiter kommerzialisiert wird. Die frei zugänglichen und wenig kontrollierten Informationsnetze könnten – viertens – auch dazu verleiten, dass Anbieter politische Indoktrination, Manipulation und Propaganda zum eigenen Nutzen weitgehend unbehelligt betreiben können. Diese Missbrauchsgefahr ist sehr ernst zu nehmen und mit aktuellen Beispielen belegbar. Damit eng verbunden ist – fünftens – eine andere Gefahr. So „gehen einige Experten davon aus, dass *Irrationalismus-Tendenzen* in der immer komplexeren, entzauberten Welt der Wissensgesellschaft auf fruchtbaren Boden fallen könnten." (Kuwan/Waschbüsch 1999, S. 24) Überfordert und verängstigt durch die Unübersichtlichkeit des Informationsangebots und besorgt um ihre regionale und kulturelle Identität könnten sich immer mehr Menschen einfachen, klar strukturierten, aber autoritären Orientierungsmustern politischer oder pseudoreligiöser Provenienz anschließen, um der komplexen Wissensgesellschaft entfliehen zu können.

Übungsaufgabe
Definieren Sie mit ihren Worten „Wissensgesellschaft". Beziehen Sie das zur Wissensgesellschaft Ausgeführte auf Ihre eigene berufliche und private Situation. Welche Bedeutung hat es für Sie und welche wird es für Sie haben?

Zusammenfassend kann gesagt werden:

- In der Wissensgesellschaft muss das relevante Wissen kontinuierlich revidiert, permanent verbessert und als Ressource ohne Wahrheitsanspruch betrachtet werden.
- In der Wissensgesellschaft ist die Nutzung, Weiterentwicklung und Bewertung der Möglichkeiten der Informationsverarbeitung unabdingbar.
- In der Wissensgesellschaft sollte die Kommunikation stets mit der Kooperation verbunden sein.

- In der Wissensgesellschaft wird wegen großer Ungewissheiten die Verantwortungsübernahme in wirtschaftlicher und sozialer Hinsicht zu einer besonderen Aufgabe.
- In der Wissensgesellschaft gewinnt die kulturelle Sphäre immer mehr an Bedeutung.

2 Wissen managen

In den 1990er Jahren des letzten Jahrhunderts kam der Begriff „Wissensmanagement" auf, veranlasst durch die neuen Möglichkeiten der Informations- und Kommunikationstechniken und bevorzugt rezipiert in den Wirtschaftswissenschaften, vor allem bei der Betriebssoziologie und der Theorie der Personalführung. Als Begriff, der Assoziationen von Innovation und Optimierung hervorruft, hat er sich seitdem dort fest etabliert und wird mittlerweile auch von anderen Wissenschaften und Handlungsfeldern aufgenommen. Denn Wissen ist nicht nur eine Ressource in Unternehmen, sondern Bestandteil aller menschlichen Lebensbereiche; es ist im Alltag ebenso bedeutsam wie in Bildungsinstitutionen, im zwischenmenschlichen Umgang gleichermaßen wie bei der Persönlichkeitsentwicklung jedes Einzelnen.

Wissen hat mit Lernen zu tun, wobei Lernen heute in einem weiten Wortsinn als Grundbegriff für alle pädagogischen Prozesse der Aufnahme und Verarbeitung von Informationen verstanden wird. Gelernt wird tagtäglich, überall und lebenslang, aus eigenem Antrieb heraus, durch andere Menschen veranlasst oder auch zufällig, nebenbei und aus gemachten Erfahrungen. Immer haben diese Lernprozesse mit der Persönlichkeitsbildung dessen zu tun, der sie vollzieht, und immer haben sie auch kognitive Anteile oder lassen sich in Wissen und Verstehen überführen. Infolgedessen ist Wissensmanagement keineswegs nur ein Thema der Betriebswirtschaft, es hat vielmehr stets auch mit Persönlichkeitsentwicklung und mit Bildung zu tun.

Wissen hat darüber hinaus nicht nur eine personale Dimension. Es findet sich vielmehr auch – vom lernenden Subjekt losgelöst – verobjektiviert in Regeln, Ritualen, Routinen, Bestimmungen, Ordnungen, Verfahren, Steuerungssystemen und gewohnheitsmäßigen Handlungsabläufen. Denn bei allen Institutionen hat sich das Wissen von Menschen über erfolgreiches und sinnvolles Handeln und Verhalten in nicht mehr hinterfragten organisatorischen Regelungen niedergeschlagen. Auch hierfür sind nicht nur Betriebe und Unternehmen Beispiele, sondern alle gesellschaftlichen Organisationen und Institutionen, seien sie formeller oder informeller Art. Da auch dieses Wissen handlungsleitend ist, kommt es auch für das Wissensmanagement in Frage.

2.1 Management

Alltagssprachlich bedeutet „managen" soviel wie „etwas geregelt kriegen", „etwas schaffen", „etwas händeln", „etwas organisieren", und unter „Management" versteht man die Führung eines Betriebs oder Unternehmens. Die betriebswirtschaftliche Managementlehre ist da natürlich präziser.

2.1.1 Begriff und Aufgaben

Management umfasst ein vielfältiges Feld der Unternehmensführung, das unter verschiedenen Perspektiven betrachtet werden kann. In der Betriebswirtschaftslehre hat sich seit Jahren die Unterscheidung zwischen Management als Institution und als Tätigkeiten zur Steuerung von Systemen durchgesetzt.

> „Mit Management als ‚Institution' meint man alle Positionen einer Organisation, die mit Anweisungsbefugnis betraut sind, also alle die Stellen, die sich die Führungsaufgabe teilen. Manager sind demnach alle Organisationsmitglieder, die Vorgesetztenfunktionen wahrnehmen, angefangen vom Gruppenleiter bis zum Vorstand". (Schreyögg 1993, S. 24 f.)

Dem steht das andere Verständnis von Management gegenüber, das als funktionales Management bezeichnet wird und alle Aufgaben und Aktivitäten umfasst, die zur Erreichung organisationaler oder auch persönlicher Ziele erforderlich sind. Dieses Begriffsverständnis, fasst alle Handlungen zusammen, „die der Steuerung des Leistungsprozesses einer Organisation dienen, solche ‚Steuerungshandlungen' können ganz unterschiedlicher Art sein, z. B. planende, organisierende oder kontrollierende Tätigkeiten" (a.a.O., S. 25) Auch die angloamerikanische Fachliteratur kennt diese zwei Bedeutungsvarianten:

- „Management" im *funktionalen* Sinn, d. h. Beschreibung der Prozesse und Funktionen, die in arbeitsteiligen Organisationen notwendig werden, wie Planung, Organisation, Führung, Kontrolle (managerial functions approach);
- Management im *institutionalen* Sinn, d. h. Beschreibung der Personen (-gruppen), die Managementaufgaben wahrnehmen, ihrer Tätigkeiten und Rollen (managerial roles approach). (Staehle 1999, S. 69)

Seit einigen Jahrzehnten ist in der deutschen Betriebswirtschaft der Begriff „Unternehmensführung" durch „Management" ersetzt worden. Etymologische

Deutungen des englischen Verbs *to manage* sind uneinheitlich. Die Annahme, *to manage* sei auf das lateinische *manu agere* (mit der Hand arbeiten) zurückzuführen, erscheint dabei weniger plausibel als die Herleitung von *manus agere* (an der Hand führen), das häufig für „ein Pferd in allen Gangarten üben" verwendet wurde. Wieder andere Autoren nehmen an, das Wort Management sei von *mansionem agere* abgeleitet, was soviel bedeutet wie „das Haus für einen (Eigentümer) bestellen." Wie dem auch sei, Management ist ein feststehender Begriff der englischen Sprache, der auch in der deutschen – vor allem nach dem 2. Weltkrieg – weite Verbreitung gefunden hat. Nach der deutschen Übersetzung (1948) des amerikanischen Bestsellers von *Burnham* ‚The Managerial Revolution' (1941) wird es allgemein üblich, die Originalbegriffe *Manager und Management* beizubehalten." (Staehle 1999, S. 69)

Grundsätzlich unterscheidet man beim Managementbegriff institutionelle Aspekte und funktionelle Aspekte. „Bei der institutionellen Sichtweise geht es darum, wer die Aufgaben und Funktionen des Managements wahrnimmt. Unter funktionellem Aspekt wird hingegen das ‚wie' ‚was' und ‚womit' erläutert" (Schultz 2003, S. 27).

Unter den Institutionen des Managements versteht man die Führungs- und Hierarchieebene eines Unternehmens, angefangen vom Top-Management der Geschäftsführung oder des Vorstands, über das Middle-Management der Abteilungsleiter bis hin zum Lower-Management der Praxisebene; dazwischen kann es auch noch weitere Personen mit spezifischen Führungsaufgaben geben. Managementprozesse umfassen auf allen Ebenen die Bereiche Planung, Entscheidung, Umsetzung und Kontrolle. Die Planung beginnt mit einer Problemanalyse, der Suche nach Lösungen und einer besseren Alternative und Bewertung der gefundenen Lösungsmöglichkeiten. Daran schließt sich die Entscheidungsphase an, bei der aus Handlungsalternativen ausgewählt wird; dabei handelt es sich teilweise um direkte Führungsentscheidungen (z. B. über die Unternehmensphilosophie oder die Besetzung von Führungsstellen), teilweise auch um delegierbare Entscheidungen, die von den mittleren oder unteren Führungsebenen getroffen werden müssen. Aus den Managementprozessen werden schon einige Managementaufgaben deutlich, wie z. B. die Unternehmensphilosophie, die Unternehmenspolitik und das Unternehmensleitbild oder die Unternehmensziele (Gewinn, Rentabilität, Produktivität, Wirtschaftlichkeit, Unternehmenswert, Leistungsziele, Finanzziele usw.); andere Managementziele betreffen die Organisationsstruktur oder die Mitarbeiterführung. Daneben gibt es noch spezifische Managementaufgaben wie Projektmanagement, Zeitmanagement, Ressourcenmanagement, Konfliktmanagement, Wissensmanagement u. a. Um die Managementprozesse durchzuführen, bedienen sich die Führungskräfte im Unternehmen bestimmter Techniken (Managementunterstützung durch Verfahren und Instrumente). Dazu zählen:

- Analysetechniken wie Szenariotechnik, das Benchmarking, die Portfolioanalyse usw.,
- Kreativitätstechniken wie das Brainstorming, die Methode 653 usw.,
- Prognosetechniken wie die Regressionsanalyse, die statistische Extrapolation, Simulationsrechnungen, die Delphi-Methode u.a.
- Bewertungstechniken wie die Risikoanalyse, die Investitionsrechnung, Wirtschaftlichkeitsrechnung, Scoring-Modelle usw.
- Entscheidungstechniken wie mathematische Modelle, Entscheidungstabellen, Entscheidungsbäume,
- Darstellungstechniken wie Präsentation, Flussdiagramme, Funktionsdiagramme usw.

Unterstützung erfährt das Management durch das Controlling, das das Management mit den Informationen versorgt, die für erfolgreiche Prozesse und Resultate der Managemententscheidungen nötig sind.

Das folgende Schema veranschaulicht zusammenfassend die Inhalte des Management-Begriffs:

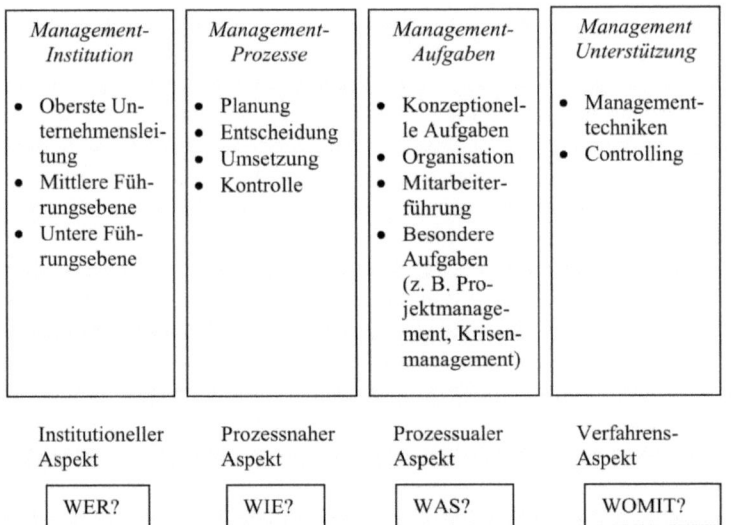

Management-Institution	Management-Prozesse	Management-Aufgaben	Management Unterstützung
• Oberste Unternehmensleitung • Mittlere Führungsebene • Untere Führungsebene	• Planung • Entscheidung • Umsetzung • Kontrolle	• Konzeptionelle Aufgaben • Organisation • Mitarbeiterführung • Besondere Aufgaben (z. B. Projektmanagement, Krisenmanagement)	• Managementtechniken • Controlling
Institutioneller Aspekt	Prozessnaher Aspekt	Prozessualer Aspekt	Verfahrens-Aspekt
WER?	WIE?	WAS?	WOMIT?

Abbildung 5: (nach Schultz 2003, S. 27)

48

2.1.2 Moderne Managementmethoden

Management ist – wie dargestellt – Aktivität, Gestaltung, Veränderung von Personen und Organisationsformen und Realisierung von Zielen und Produkten (i. w. S. d. W.) auf der Basis von Ideen und Visionen und unter Verwendung zielorientiert ausgewählter Methoden.

Diese Aufgabe zu erledigen, ist heute angesichts des radikalen gesellschaftlichen, internationalen Wandels besonders schwierig.

„Die Veränderungen, vor denen Manager heutzutage stehen, sind gewichtiger und weitreichender als je zuvor und ein Ende scheint nicht in Sicht. Der Wandel betrifft viele Bereiche:

- Die Technologie: Durch die IT-Revolution werden die Jobs immer schneller und weniger arbeitsintensiv, als sie es vor fünf Jahren noch waren.
- Die Unternehmen: Neue Organisationsstrukturen entstehen, die eine schnelle Reaktion erfordern und erlauben.
- Individuen: Die Menschen müssen neue Fähigkeiten erlernen und sich an eine unsichere Umwelt anpassen können.
- Gesellschaft: Die Rolle der Beschäftigung und der Unternehmen in unserer Gesellschaft wird zunehmend diskutiert.
- Verbraucher und Märkte werden anspruchsvoller und verändern sich schneller." (Crainer 1999, S. 133)

In erhöhtem Maße kommen auf den Manager von heute auch Aufgaben des Konfliktmanagements zu, für die er soziale Kompetenz, Flexibilität und einen ermutigenden Führungsstil benötigt, sowie Fähigkeiten zum Organisieren, Unterstützen und Kontrollieren von separat durchgeführten Projekten (Projektmanagement, Prozessmanagement, Strategiemanagement). Hinzu kommt für ihn die Notwendigkeit, sich selbst persönlich weiterzuentwickeln und immer neue Management-Methoden zu erlernen.

Um in diesen Zeiten Management erfolgreich zu praktizieren, gibt es aber nicht „die beste Methode", es gibt für professionelle Manager kein Patentrezept und auch keine grundsätzlich und immer erfolgreiche Strategie.

„Als man das Management als Profession zu betrachten begann, ging man davon aus, dass es mit einer Reihe von Fähigkeiten und Ideen verbunden ist, die erst gemeistert werden müssten, bevor sich jemand selbst als professioneller Manager bezeichnen durfte. Die Managementfähigkeiten glichen einer Kiste voller Werkzeuge. Wenn die Umstände eine besondere Fähigkeit erforderten, wurden sie aus der Kiste gezogen und eingesetzt. Die Trickkiste des Managers konnte bei Bedarf auf diese

Weise jederzeit um neue Fähigkeiten ergänzt werden. Leider ist das Managerleben aber nicht mehr so einfach. Arbeiten der britischen Management Charter Initiative, die darauf abzielten, Standardkompetenzen für alle mittleren Manager zu identifizieren, kamen bezeichnenderweise auf mehrere Hundert". (Crainer 1999, S. 9)

Wenn auch die Tendenz groß ist, sich jeweils neuen, aktuellen, modischen Management-Methoden anzuschließen und darin die Lösung aller Probleme zu sehen, so sind verlässliche Strategien oder Kompetenzen für alle Fälle nicht angebbar. Die vielen vorhandenen Methoden müssen vielmehr flexibel eingesetzt und nach Analyse der spezifischen Bedingungen vor Ort und zu einer bestimmten Zeit ausgewählt werden.

Durch die Entwicklung der Gesellschaft zur globalisierten, informationstechnologisch determinierten Wissensgesellschaft stellen sich also dem Management seit einigen Jahren große neue Herausforderungen. Die neuen Ideen, Strategien und Modelle, die darauf reagieren, wurden fast ausschließlich in den USA und in Japan erdacht und kommen seit einigen Jahren mit Zeitverzug in die deutsche Diskussion. Damit Unternehmen am veränderten Markt im Wettbewerb bestehen können, brauchen sie ein Management, das in hohem Maße umzudenken imstande ist. Ein Unternehmen heute innovativ zu führen, verlangt nämlich:

„ständige Beobachtung des Wettbewerbs und der Wettbewerber,
schnelle Verarbeitung von Kundenanregungen – d. h. Marktorientierung,
prozessinhärente Kosten- und Rentabilitätsüberlegungen,
kleine selbständig agierende Einheiten,
zentrale Denkansätze, Grundprinzipien, Leitlinien und Visionen,
frühe Delegation von Aufgaben, Verantwortung und Kompetenzen,
flache hierarchische Strukturen und kleine Stäbe,
den Mitarbeiter als zentralen wertschöpfenden Innovationsfaktor,
Gruppenarbeits- bzw. Teamkonzepte,
prozessorientiertes Denken,
zielorientierte Unternehmensführung,
Qualitätsbewusstsein,
keine Verschwendung,
höchste Produktivität,
ständige Verbesserung und
partnerschaftliches Verhältnis zu Kunden, Lieferanten und Mitarbeitern." (Füser 2001, S. 144)

Einen besonderen Anteil an der Innovationskraft des Unternehmens hat – wie die Auflistung beweisst – das sogenannte Humanmanagement, die Ressource

Mensch. Gerade in Zeiten des Umbruchs wird ein echtes Human-Resources-Management benötigt, das den Mitgliedern des Unternehmens bei Betriebsveränderungen hilft, mit ihnen die Werte des Unternehmens festlegt, dessen Kernkompetenzen identifiziert und alle am Unternehmensprozess Beteiligten bis hin zu den Kunden möglichst zufrieden stellt. Dafür muss der Manager bereit sein, die Menschen (Mitarbeiter ebenso wie Kunden) mit ihren Motivationen, Fähigkeiten, Einstellungen, Bedürfnissen und Zielen ernst zu nehmen. Um erfolgreich zu bleiben, sollte das Unternehmen „kleine relativ autonome Einheiten (haben), eine eher nach ‚unten' als nach ‚oben' ausgerichtete Organisation, eine effektive, flexible Organisationsform" (Gruppen, die funktionsübergreifend arbeiten) ebenso wie Bürokratie, Ausdauer und die Bereitschaft, langfristige Pläne durchzuziehen." (Crainer 1999, S. 108) Manager müssen dafür Delegation und Empowerment praktizieren, d. h. vertrauensvoll Aufgaben, die sie sonst selbst erledigt hätten, an Mitarbeiter delegieren und Zwänge abschaffen, die das erfolgreiche eigenverantwortliche Arbeiten der Mitarbeiter einschränken oder behindern. Ohne Mitarbeiterpartizipation und eine Leistungsbeurteilung, die nicht vom Manager allein, sondern zusammen mit anderen von der Tätigkeit des Mitarbeiters betroffenen Personen durchgeführt wird, ist das nicht zu erreichen. Gleichbedeutsam ist die Rekrutierung und Förderung talentierter Mitarbeiter.

Infolge der stärkeren Orientierung am Mitarbeiter als Person und als Mitglied der Gemeinschaft „Unternehmen" ändert sich die Führungsaufgabe der Manager. Sie hat mehr und mehr die Funktion einer Dienstleistung. Das vorrangige Ziel ihrer Führung ist nun nicht nur die effektive Arbeit aller Ebenen der Organisation, sondern auch das Bemühen, kompetente Mitarbeiter zu haben und ihnen die Möglichkeit zur Entfaltung ihrer Potenziale zu geben. In Zeiten des gesellschaftlichen und wirtschaftlichen Wandels ist Letzteres umso wichtiger. Untersuchungen gehen nämlich davon aus, dass nur 20 % der Mitarbeiter von sich aus den Wandel begrüßen, aber 60 % sich zögerlich oder unbeteiligt verhalten, während weitere 20 % dagegen sind. Führungspersönlichkeiten müssen deshalb klar und überzeugend darlegen können, wer sie im Unternehmen sind und welche Ziele sie zusammen mit den Mitarbeitern anstreben. Dabei sollte es ihnen gelingen, auf kommunikative Weise (in „Geschichten") und unter Hintanstellung der eigenen Person den Mitarbeitern das Neue, das erreicht werden soll, so darzustellen, dass sie es selbst für ein erstrebenswertes Ziel betrachten. Amerikanische Wirtschaftswissenschaftler fanden heraus, dass erfolgreiche Führungspersönlichkeiten vier Fähigkeiten haben:

1. „Das Erzielen von Aufmerksamkeit durch eine Vision – die Vision der Führenden beherrscht die Aufmerksamkeit und das Engagement jener, die für und mit ihnen arbeiten, um sie zu verwirklichen.
2. Das Vermitteln von Sinn durch Kommunikation – die Führenden waren redegewandt und konnten komplizierte Sachverhalte in einfache Bilder und Worte fassen. Es gelang ihnen vortrefflich, Informationen mit ihrem Sinngehalt zu transportieren.
3. Das Erwerben von Vertrauen durch Einnehmen einer Position – „Vertrauen ist das Öl, das die Räder einer Organisation am Laufen hält", bemerkt Bennis. Die Führungspersönlichkeiten schafften Vertrauen durch das Beziehen eines Standpunkts und durch ihren Umgang mit Kollegen und anderen. Führungspersönlichkeiten wurden für das konsequente Vertreten ihres Standpunkts von anderen bewundert, auch wenn diese manchmal eine abweichende Meinung vertraten.
4. Die Entfaltung der eigenen Persönlichkeit durch ein positives Selbstwertgefühl – die Führungspersönlichkeiten erkannten ihre Stärke sehr genau und schöpften sie voll aus. Sie akzeptierten aber auch ihre Schwachstellen und versuchten, sie zu kompensieren." (Crainer 1999, S. 210)

Zu ergänzen wäre diese Liste nach jüngsten Untersuchungen noch um die Fähigkeit zur Teamarbeit. Dazu ist die Voraussetzung, dass die Manager erkennen, welche Ziele und Aufgaben nur gemeistert werden, wenn Menschen mit unterschiedlichen Kompetenzen und unter Zurückstellen persönlicher Ambitionen sie gemeinsam bearbeiten, d. h. wenn der persönliche Erfolg des Managers von dem Erfolg der anderen abhängt. Dazu muss das Management des Unternehmens Personen zusammenbringen, die Spezialkenntnisse oder –erfahrungen beisteuern (sogenannte „Knowers"), solche, die fantasievolle und innovative Problemlösungsvorschläge machen können („Solvers), solche, die sich konzentriert und durchsetzungstark für die Ausführung und Umsetzung von Aufgaben einsetzen („Doers"), solche, die den gesamten Ablauf kritisch und umsichtig im Auge behalten („Checkers") und schließlich solche, die sich während des Entscheidungs- und Umsetzungsprozesses unterstützend und sozial um die einzelnen Teammitglieder und deren persönliche Entwicklung kümmern („Carers"). Der Vorteil solcher Teamarbeit ist:

„Den Mitarbeitern wird Verantwortung übertragen und gestattet, eigene Arbeitsmuster und Zeitpläne festzulegen bis zu einem gewissen Punkt. Die Grenzen sind sehr klar und einfach. Alle wissen, wo sie stehen, wie das System funktioniert und was von ihnen erwartet wird." (Crainer 1999, S. 215)

In der Gegenwart gilt für Unternehmen und für ein zukunftsorientiertes Management das Wort J. B. Sperlings (zit. n. Füser 2001, S. 9):

„Flexibilität und Veränderungswilligkeit in Verbindung mit einer vitalen Innovationskraft und Regenerationsfähigkeit getragen von dem gemeinsamen Willen, Schwierigkeiten als Entwicklungs- und Profilierungschancen und gemachte Fehler als Lernstimulantia aufzufassen, sind die einzigen Garanten für das Überleben im modernen Wettbewerbsgeschehen."

Der schnelle Wandel ist die Voraussetzung für Erfolg, die permanente Weiterentwicklung der Unternehmen und Organisationen unabdingbar. An die Stelle von langen und gründlichen Planungen mit durchdachten Strategiekonzepten sind Visionen mit kreativen kurzfristigen Szenarien getreten, die dann allerdings ständig auf ihre Realisierbarkeit und ihre Effektivität hin evaluiert werden. A. Stanke (1994) hat dazu das folgende Schema einer zyklisch-iterativen Produktplanung entworfen:

Planung und Entscheidung

- Konzept weiter verfolgen und ausbauen
- Konzept untauglich und verworfen, Alternativen entwickeln
- Konzept zur Entwicklung bzw. Detailkonstruktion freigeben
- über bisherige Ergebnisse diskutieren und daraus Lerneffekte bzw. mögliche Änderungsansätze im Vorgehen generieren

Lern- und Reflexionsphase

- Durchführung von Tests und Checks, ob Kozept mit internen und externen Anforderungen übereinstimmt
- Überprüfung des Produktkonzeptes hinsichtlich seiner Erfolgsaussichten und Realisierbarkeit
- systematische Auswertung der Untersuchungsergebnisse

Evaluation

Analytische Phase, Verifikation

Produktvisionierung

- Erzeugung möglichst vieler verschiedener Ideen
- Anwendung von Methoden der Kreativitätsförderung
- Akzeptanz von größeren Freiräumen und Chaos
- gemeinsame Produktvision als Leitbild für weitere Entwicklungs-Schritte
- Schärfe bei Gesamtsystembetrachtung

Phase des kreativen Spinnens

- Umsetzung von visionären Ideen in konkrete fassbare Produktmerkmale und -eigenschaften
- Konzept anhand des vorhandenen Leitbildes ganzheitlich vorantreiben
- Konsens hinsichtlich Produktausprägungen und -parameter finden
- klar umrissene Lösungsansätze
- verstärkte Anwendung systematischer Methoden

Konzeptionierung

Konzepterstellung und -visualisierung

Die Liste der Fähigkeiten, die heute ein erfolgreiches Unternehmen ausmachen, ist lang. H. Wielens nennt 15 „Bereitschaften":

1. „die Bereitschaft zur Klarheit und Wahrheit
2. die Bereitschaft zu sauberen Analysen
3. die Bereitschaft, Fehler zuzugeben
4. die Bereitschaft zur vorbehaltlosen und vertrauensvollen Zusammenarbeit
5. die Bereitschaft zum Teamgeist
6. die Bereitschaft zum Wir-Gefühl
7. die Bereitschaft zur Beteiligung von Betroffenen an Problemlösungen
8. die Bereitschaft zum permanenten Lernen
9. die Bereitschaft zu Toleranz gegenüber unterschiedlichen Denkweisen und Charakteren
10. die Bereitschaft zu der Kunst, sich gegenseitig ergänzende Fähigkeiten zusammenzuschweißen
11. die Bereitschaft zum konstruktiven Dialog quer durch die Hierarchien und Abteilungen
12. die Bereitschaft und der Wille, exzellente Marktleistungen mit hohem Nutzen für die Kunden zu erbringen
13. die Bereitschaft, innovative Wege zu beschreiten
14. die Bereitschaft, sich aggressiv den Herausforderungen des Wettbewerbers zu stellen und
15. die Bereitschaft, keine Kosten zu dulden, die für die Erbringung der Marktleistungen irrelevant sind". (Wielens 1995, S. 135)

Die Unternehmenskultur und die mentale Neuorientierung aller Mitglieder des Unternehmens in Richtung auf Partnerschaft, gemeinsames Problembewusstsein und gemeinsame Ziele sind dafür unverzichtbar.

Um die schwierige Situation von Unternehmen in Zeiten gesellschaftlicher Transformationen zu meistern, bietet die neuere Betreibswirtschaftslehre eine Reihe von Management-Methoden an, deren Anwendung Erfolg verspricht. Es sind dies vor allem:

1. die Portfolio-Analyse, um das Produktionsprogramm ausgewogen mit Nachwuchsprodukten, Starprodukten, Produkten mit derzeit hohem Marktanteil und Auslaufprodukten zu bestücken. Mit dieser Methode kann ein Unternehmen seine Markt-Position beurteilen und daraus Schlüsse für die Zukunft ziehen.
2. die Konzentration auf die unternehmerischen Stärken des Betriebs, das Konzept der Kernkompetenzen, mit denen ein Wettbewerbsvorteil erzielt werden kann; mit Kernkompetenzen sind Fähigkeiten des Unternehmens

gemeint, die es von anderen klar unterscheiden, im Bereich Know-how, Technologie, Personalressourcen, Sachressourcen, Produkte usw. Hiermit eng verbunden ist auch die Methode der Potenzial-Analyse.

3. Lean Management und Business-Reengineering zielen auf den Abbau und Umbau der Hierarchien und flexible Organisationsformen im Betrieb ab zugunsten von besserer Kundenorientierung, verbesserter Qualität der Produkte und Dienstleistungen, beschleunigter Produkteinführung, neuer Kundengewinnung, strategischem Kapitaleinsatz und besserer Integration des Unternehmens in die Gesellschaft. Die Struktur des Unternehmens und dessen organisatorische Abläufe werden dabei konsequent auf den Prüfstand gestellt und am Funktionieren der Prozesse neu orientiert (IST-SOLL-Analyse). Auch die Methoden „Profit Center" oder „Outsourcing" bringen für das Unternehmen Strukturänderungen mit sich.

4. Beim Benchmarking unterwirft sich das Unternehmen freiwillig einem Vergleich mit anderen Unternehmen der gleichen (oder einer anderen Branche), um durch den Vergleich die eigenen Schwachpunkte besser erkennen zu können. Beim internen Benchmarking findet der Vergleich zwischen einzelnen Teilbereichen desselben Unternehmens statt, beim externen geschieht er branchenintern oder branchenübergreifend mit Partner-Unternehmen.

5. Das der japanischen Philosophie verpflichtete Kaizen legt Wert auf betriebsinterne Verbesserungen in 4 Phasen: Plan-Do-Check-Action und setzt besonders auf die Kreativitätspotenziale und Ideen der Mitarbeiter zur kontinuierlichen Verbesserung. Das Konzept des Total Quality Mangements schließt sich dem Kaizen an, orientiert sich aber vornehmlich an Kundenerwartungen und an der Kundenzufriedenheit als Qualitätsmaßstab und legt Wert auf eine hohe Mitarbeiterzufriedenheit.

6. Target Costing, eine Management-Methode, die ebenfalls aus Japan kommt, richtet alle Überlegungen auf den Faktor Kosten, d. h. auf die Frage, wie viel ein Kunde bei einer bestimmten Qualität für ein Produkt zu zahlen bereit ist. (zusammengestellt nach Füser 2001, S. 55 – 204)

Allen Einzelmethoden vorgeordnet ist indes die Unternehmensphilosophie mit dem schriftlich fixierten Unternehmensbild, mit deren Hilfe die Unternehmensstruktur und die Visionen für die Weiterentwicklung des Unternehmens festgelegt werden. Die mittel- und langfristige Planung, die Orientierung für Problemlösungen, die Motivation der Mitarbeiter zwecks Identifikation mit dem Unternehmen, das dezentrale Management und das Selbstmanagement der Führungskräfte, die Stärken-Schwächen-Analyse, die Konzeption neuer Produkte oder Dienstleistungen sowie die Rahmenbedingungen für deren Realisierung basieren auf dieser Philosophie des Unternehmens. Dabei wird immer zugrundegelegt, dass sich das Unternehmen als eine „lernende Organisiation" versteht, bei der die Führungskräfte und alle Mitarbeiter fortwährend durch Ideen, Kreativitiä, Visionen, Imagination, Intuition, Reflexion und Aktivitäten um persönliche und organisationale Verbesserung bemüht sind.

Als neue Organisationsformen sind auf Grund der immer wichtiger gewordenen IuK-Techniken die sogenannte „Fraktale Fabrik" und das „Virtuelle Unternehmen" entwickelt worden. „Im Konzept der fraktalen Fabrik gibt die Unternehmensführung Macht und Kompetenzen ab, der Mitarbeiter erhält entsprechende Freiräume, aber zwangsläufig auch mehr Verantwortung und Risiko". (Füser 2001, S. 169) Die einzelnen Fraktale (= Teilsysteme im Rahmen einer Chaos-Theorie) müssen zur Selbstorganisation, Selbstregulierung, Selbstbestimmung, Selbstverantwortung und Selbstoptimierung fähig sein.

Jedes Fraktale legt zunächst die eigenen Ziele fest, gleicht sie dann mit denen der anderen ab und ordnet sich mit diesen zusammen den Zielen der übergeordneten Fraktale bzw. des gesamten Unternehmens ein. Zusammengefasst lässt sich also sagen:

> „Ein Fraktal ist eine selbstständig agierende Unternehmenseinheit. Fraktale organisieren und optimieren sich selbst; den Zielen des Unternehmens folgen sie widerspruchsfrei. Das Frakale Unternehmen ist ein offenes System, das durch dynamische Organisationsstrukturen einen vitalen Organismus bildet. Alle Vorgaben und Abläufe werden durch Zielvereinbarungen zwischen Mitarbeitern und Kunden geregelt." (Miller 1995, S. 19)

Das virtuelle Unternehmen („Virtual corporations") ist das Gegenteil vom klassischen Unternehmen, bei denen bestimmte Personen zu bestemmten festgelegten Zeiten an bestimmten Orten anzutreffen sind, um dort ihrer bezahlten Tätigkeit in einem arbeitsrechtlich gesicherten Beschäftigungsverhältnis nachgehen. Virtuelle Unternehmen haben oft überhaupt kein Bürogebäude, keine Fabrik, kein Lager, keine Fahrzeuge usw. und verfügen auch nicht über große Mitarbeiterstäbe. Sie existieren vorwiegend als Rechtsgebilde im Netz; sie sind nichts anderes als nur die Marke. Die Unternehmensleitung entwickelt eine Vision, entwirft die zu deren Realisierung nötige Strategie und koordiniert ein Netzwerk von geschäftsorientierten Kooperationspartnern für Forschung, Entwicklung, Design, Produktion, Marketing und Logistik, die als Selbstständige arbeiten.

> „Alle Bereiche der Wertschöpfungskette, aber auch die horizontalen Funktionen können prinzipiell an Partner ausgegliedert werden. Das Produkt wird virtuell hergestellt und erst beim Kunden unter dem Markennamen zur Realität. Produkte sind

dabei nichts anderes als die physischen Hüllen der eingeflossenen Dienstleistungen." (Füser 1999, S. 175)

Arbeit ist hier zeitlich („rund um die Uhr") und räumlich („rund um die Welt") entgrenzt. Alle nicht zu der Kernkompetenz des Unternehmens zählenden Bereiche werden „outsourced", Hierarchien und Positionen im Unternehmen fallen weg, der Führung muss es nur noch dann und wann gelingen, selbstständige Mitarbeiter bei guter Arbeitsleistung an das Unternehmen zu binden. Das folgende Schema fasst diese Managementkonzeption noch einmal zusammen:

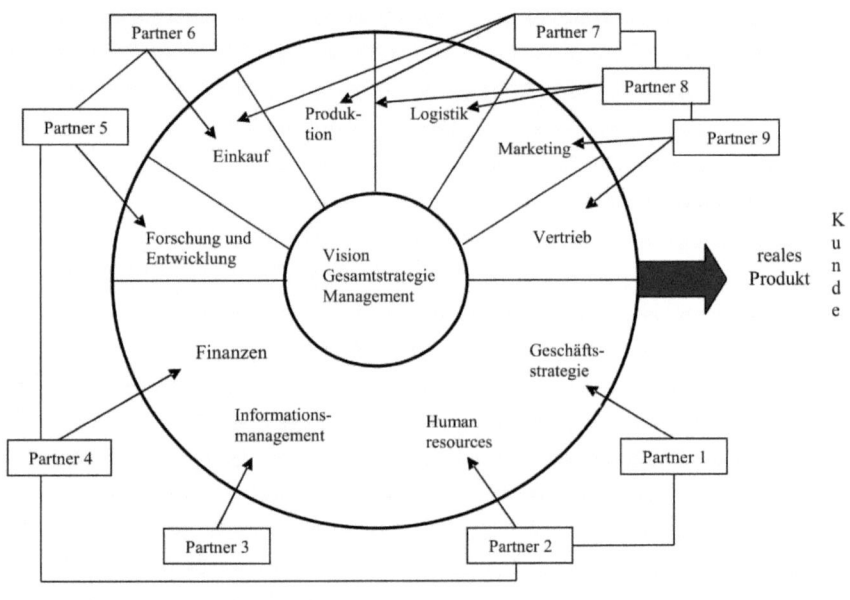

Abbildung 6: (nach Füser 1999, S. 174)

Die Managementfunktionen verändern sich bei der Fraktalen Fabrik und beim virtuellen Unternehmen dramatisch. Sie werden weitgehend auf das Controlling reduziert, verbunden mit wenigen Anteilen von Personalführung.

Übungsaufgabe

Betrachten Sie Ihr Berufsleben und Ihr Alltagsleben! In welchen Bereichen stellen sich Fragen oder ergeben sich Probleme, zu deren Lösung Management-Überlegungen hilfreich wären? Erläutern Sie den Unterschied zwischen Management als Institution und Management als Tätigkeit!

2.1.3 Zusammenfassung

Unter allen Managementfunktionen (beim unteren, mittleren und oberen Management) ist die Steuerung, d. h. die Suche nach Konzepten und Methoden zur unternehmerischen Zielerreichung, zentral. Im Einzelnen zählen zu der Steuerungsfunktion Planung, Organisation, Personaleinsatz, Führung und Kontrolle. (vgl. Staehle 1999, S. 80 ff.), die als Phasen nacheinander vollzogen werden. Die Logik dieser Managementkonzeption beruht heute nicht mehr auf den Vorstellungen von Komplexitätsreduktion durch Ordnung und Zuständigkeit, Arbeitsteilung und Standardisierung, wie sie um die Jahrhundertwende entwickelt wurden. Denn Ende der 1980er Jahre kam es im Managementverständnis zu einem radikalen Umbruch. Es hatte sich herausgestellt, dass weder die internen noch die externen Handlungsfelder eines Unternehmens auf Grund ihrer Komplexität und Unklarheit sicher beherrschbar und zuverlässig prgonostizierbar sind. (Weick 1995, Steyrer 1999). Der Anspruch, die personalen, organisationalen und technischen Aspekte eines weltweit agierenden Unternehmens in eine rationale Ordnung bringen zu können, erwies sich als nicht (mehr) realisierbar. Stabilität, Eindeutigkeit und Gewissheit waren nicht mehr gegeben; an ihre Stelle trat die Forderung nach „sensemaking" (Weick) und danach „to define reality". „Konkret bedeutet dies für das Steuerungshandeln, dass das Management eine immer wieder neu zu findende Balance herstellen muss zwischen

- Aktion und Reaktion
- Ordnung und Unordnung
- Kalkül und Spontaneität
- Sicherheit und Autonomie.

Es geht also darum, das Spannungsverhältnis zwischen den Polen in die Steuerungstheorie einzubringen. „Unordnung ohne Ordnung ist nicht wegweisend, und Spontaneität erhält ihre Bedeutung erst vor dem Hintergrund des strengen Kalküls." (Schreyögg 2000, S. 25 f.)

Das Management unter den Bedingungen der gesellschaftlichen Wirklichkeit von heute muss deshalb seine Handlungslogik in 5 Richtungen weiterentwickeln:

1. Das Management muss die traditionellen Organisationsgrenzen überwinden und Kunden oder Kulturen stärker in seinen Aufgabenbereich einbeziehen.
2. Das Management muss universelle Netzwerke aufbauen, die zwischenbetrieblich zu steuern sind.
3. Das Management muss die Deregulierung auf der Ebene des Individuums, des Unternehmens und deren Umwelten beobachten. Paradoxien und Dilemmata in den einzelnen Handlungseinheiten, die wegen der größeren Freiheiten, wegen unvereinbarer Werte und wegen Orientierungsnotwendigkeiten entstehen, werden dadurch zu Herausforderungen an das Management. Dabei muss zuvörderst entschieden werden, was im Unternehmen dezentral und was zentral entschieden und geregelt werden sollte.
4. Das Management muss den Veränderungen der Informationstechnologie Rechnung tragen und die Kommunikation enorm beschleunigen und daher Wissensmanagement betreiben.

Die folgende Grafik fasst die Bedingungsfaktoren der neuen Managementkonzeption zusammen:

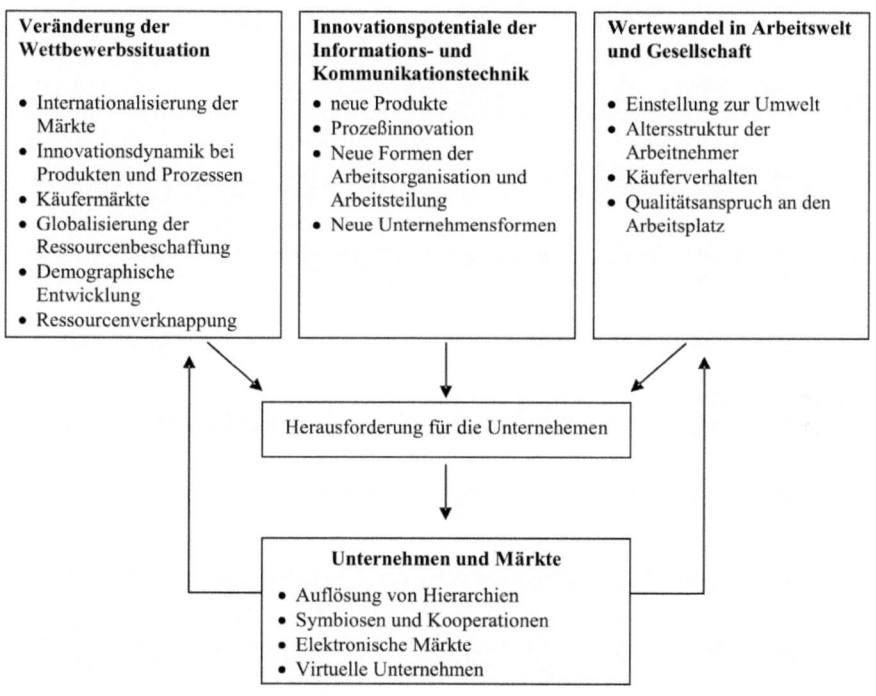

Abbildung 7:   (Picot/Reichwald/Wigand 1996, S. 3)

2.2 Wissensmanagement

Die Wortschöpfung „Wissensmanagement" verbindet die dargestellten Bedeutungsgehalte von Wissen mit denen von Management. Während „Wissen" nun aber auch ein Zentralbegriff der Pädagogik und der Psychologie ist, trifft das für „Management" nicht zu. Erst in jüngerer Zeit im Zuge der Schulentwicklungsdebatte findet dieser Begriff Eingang in die pädagogische Terminologie. So wurde z. B. die Rede von der Klassenführung durch die vom Klassenmanagement ersetzt, man spricht von Schulmanagement statt von Schulleitung und fordert von der Schule ein Total Quality Management (TQM) oder eine

Orientierung an der Norm der European Foundation for Quality Management (EFQM). Schulen sind zudem organisierte Institutionen, die mit Wissen umgehen und die auf Wissen basieren.

„Schulen verfügen über unendliches Wissens- und Erfahrungspotential, das oft in vieler Hinsicht brach liegt. Dort werden neue pädagogische Ideen ausprobiert. Man weiß über gute und schlechte Lernprozesse, schwierige und lernwillige Schüler und Schülerinnen, Probleme didaktischer und methodischer Natur, Lehrplananforderungen und deren Verwirklichung im Unterricht und vieles andere. Dabei geht es um viel mehr als persönliche Tagesmeinungen, es steht ganz im Gegenteil gereiftes, systematisierbares Wissen im Zentrum der Betrachtung. Vor allen Dingen praxisrelevante Wissensformen dienen als Steuerungsmechanismen in Schulen, ohne dass dies immer offensichtlich wäre und ideale Bedingungen schaffen würde (ebda.)." (Friehs 2003, S. 23)

Als pädagogische Einrichtungen sind sie von daher durchaus als Operationsfeld für Wissensmanagement geeignet. Eine Beschränkung des Anliegens vom Wissensmanagement auf Betriebe und Unternehmen ist deshalb nicht gerechtfertigt.

2.2.1 Begriffsbestimmung

Die heute meist verwendeten Definitionen von Wissensmanagement favorisieren eine organisationale Schwerpunktsetzung. Die Verbesserung der organisatorischen Wissensbasis steht im Vordergrund. Alle Steuerungshandlungen zielen darauf ab; das Wissen der Menschen ist diesem Ziel zu- und untergeordnet.

„Wissensmanagement bezeichnet den bewussten und systematischen Umgang mit der Ressource Wissen und den zielgerichteten Einsatz von Wissen in der Organisation. Damit umfasst Wissensmanagement die Gesamtheit aller Konzepte, Strategien und Methoden zur Schaffung einer ‚intelligenten', also lernenden Organisation. In diesem Sinne bilden Mensch, Organisation und Technik gemeinsam die drei zentralen Standbeine des Wissensmanagements" (Reinmann-Rothmeier/Mandl/Erlach/ Neubauer 2001, S. 18)

„Wissensmanagement meint die Gesamtheit organisationaler Strategien zur Schaffung einer ‚intelligenten' Organisation. Mit Blick auf Personen geht es um das organisationsweite Niveau der Kompetenzen, Ausbildung und Lernfähigkeit der Mitglieder; bezüglich der Organisation als System steht die Schaffung, Nutzung und Entwicklung der kollektiven Intelligenz und des ‚collective mind' in Frage; und hinsichtlich der technologischen Infrastruktur geht es vor allem darum, ob, wie und wie effizient die Organisation eine zu ihrer Operationsweise kongeniale Kommunikations- und Informationsinfrastruktur nutzt." (Willke, 2001, S. 39)

„Wissensmanagement ist der Ansatz, Wissen innerhalb einer organisatorischen Einheit zu gestalten, zu lenken, zu organisieren und zu neuen Produkten und Dienstleistungen zu überführen, um einen langfristigen Wettbewerbsvorteil erzielen zu können." (Seufert/Mayr 2002, S. 131).

„Auf der Ebene von Individuen geht es dabei um die gezielte Förderung von Kompetenzen und Qualifikationen, um die Herausbildung von Spezialisten- und Generalistentum. Auf der Ebene von Gruppen gilt es, attraktive Interaktionsfelder zu schaffen, um kreative Ideen zu entwickeln, innovatives Potenzial zu erweitern, Erfahrungen zu explizieren, auszutauschen und zu vernetzen. Auf der Ebene der Organisation steht die Gestaltung von Regelwerken im Mittelpunkt, um das von Personen und Gruppen generierte Wissen für die Organisation nutzbar zu machen. Eine organisationale Wissensbasis ist erst geschaffen, wenn die Organisation Strategien, Strukturen, Prozesse, Technologien, (virtuelle) Räumlichkeiten und Kulturmerkmale ausbildet, die sicherstellen und reglementieren, dass unabhängig von einzelnen spezifischen Personen Wissen neu entwickelt, vernetzt und abrufbar wird" (Mingers 1999, S. 2)

„Das Management organisationalen Wissens (ist) für professionelle Dienstleistungsunternehmen (zu denen Schulen, wenn auch im Non-Profit-Sektor, eindeutig zu zählen sind) der Kern des Geschäftsprozesses und mithin die Basis ihrer Wertschöpfung" (Willke 1995, S. 318)

„Wissensmanagement kann auf der individuellen, Gruppen- oder Organisationsebene ansetzen und beinhaltet neben operativen auch strategische und normative Aspekte." (Probst/Raub/Romhardt 1999, S. 61)

„Wissensmanagement als partizipativer Ansatz
[...] beim WM geht es nicht nur um die logistische Beherrschung und Anwendung von Informationen [...], weiterhin nicht nur um die kreative Aufarbeitung und Weitergabe von positiven wie negativen Erfahrungen und Erkenntnissen [...], sondern ebenfalls und vor allem um die (Neu-)Bestimmung des Verhältnisses zwischen Individuum, Praxisgemeinschaft und Organisation [...]. In all diesen Transformationen wird Wissen nicht nur umgeformt und verteilt, sondern auch neu entwickelt. WM kann daher nicht als zentralistischer Planungsansatz betrieben werden. Die Erfahrung zeigt, dass nicht die technische Realisierung von WM das Problem darstellt, sondern die Einbettung von WM-Systemen in die Organisation [...]. Dies kann nicht ohne die Beteiligung der Mitarbeiter geschehen.
Partizipation meint konkret, dass Mitarbeiter gestaltend an Planungs- und Veränderungsprozessen, wie sie durch WM geschehen, teilhaben sollen. Der Grad der

Betroffenheit soll das Mass an Beteiligung bestimmen. Wenn *Vor-Ort-Erfahrung* an Bedeutung gewinnt und als Expertise anerkannt wird, rücken Planung und Ausführung ohnehin zusammen. Damit ist ein Trend zur Dezentralisierung der Unternehmenssteuerung verbunden, der der zunehmenden Komplexität und Dynamik von Märkten und Technologien geschuldet ist.

Die Ziele der Organisation mit WM lassen sich vor diesem Hintergrund auf die Formel reduzieren, das richtige Wissen zur richtigen Zeit am richtigen Ort verfügbar zu haben. Hierzu gehört, Wissen dezentral zu entwickeln." (Luthy 2002, S. 19)

„Wissensmanagement tangiert die Ebenen Gesellschaft, Organisation, Gruppe und Individuum und verweist implizit auf ein ganzes Bündel von Aufgaben, Aktivitäten, Techniken und Fähigkeiten. Diese reichen von der Wissensrepräsentation und dem Zugriff auf Information und Wissen über die Strukturierung, den Austausch und die Vermittlung von Wissen bis zur Bewertung und Umsetzung von Wissen in Entscheidungen und Handlungen. [...]

Wir wissen so viel, doch über den Umgang mit Wissen wissen wir wenig. Die wissenschaftliche Forschung hat sich bislang nur wenig um die explodierenden Wissensmengen und deren gesellschaftliche Folgen gekümmert. Wissensmanagement wird damit zu einem innovativen und multidisziplinären Forschungsgegenstand. [...] Wenn wir den intelligenten und verantwortungsbewussten Umgang mit komplexer Information und vernetztem Wissen verstehen und optimieren wollen, brauchen wir Wissenschaftler, die die Grenzen von Fächern und Disziplinen überschreiten. Multidisziplinäre Kooperation heißt die Maxime, die sich bereits auf anderen Gebieten (z. B. im Bereich der Altersforschung) bestens bewährt hat. Multidisziplinarität bedeutet, Wissensmanagement aus unterschiedlichen Perspektiven zu beleuchten: Aus der Sicht des Individuums (Psychologie, Pädagogik), aus informationstechnischer Sicht (Informatik), aus der Sicht verschiedener Gesellschaftsbereiche (Soziologie, Politologie, Rechtswissenschaft, Betriebswirtschaft) und aus der Sicht verschiedener Wissensdomänen (Natur- und Ingenieurwissenschaften). [...]

Für das Wissensmanagement als Meta-Kompetenz spielt das Internet eine herausragende und zweifache Rolle: Zum einen ist die weltweite Vernetzung eine der Ursachen für die derzeitige Wissensflut, denn noch nie war es einfacher als heute, auf schnellstem Wege an eine Vielfalt von aktuellen Informationen, Expertenwissen und Meinungen zu kommen – allen technischen Problemen zum Trotz, die es heute natürlich auch noch gibt. Zum anderen sind die digitalen Netze auch diejenigen Ressourcen, aus denen sich vielversprechende Lösungswege für unsere derzeitigen Probleme in puncto Zugang, Selektion und Strukturierung von Wissen entwickeln lassen. Der selbstgesteuerte und kooperative Umgang mit komplexer Information und vernetztem Wissen im und mit dem Internet will jedoch gelernt sein – und das erfordert mehr als die Bereitstellung der erforderlichen Technik." (Mandl/Reinmann-Rothmeier 1999, S. 45 – 47)

„Die Potentiale, die der effiziente Einsatz von Wissensmanagement bietet, werden nur dann optimal ausgeschöpft, wenn eine ganzheitliche Problemlösungsstrategie verfolgt wird. Wesentliche Gestaltungselemente eines ganzheitlichen Wissensmanagements sind neben der Informations- und Kommunikationstechnologie die konzeptionelle Entwicklung eines Wissensmanagement-Szenarios zum Aufbau von Methoden zur Wissensakquisition, -aufbereitung, -speicherung und –übermittlung/-transfer sowie zur Integration des Wissensmanagements in die Unternehmensorganisation. In diesem Zusammenhang ist ein zielorientiertes Human Ressource Management zur Gestaltung einer adäquaten Unternehmenskultur, die einen kontinuierlichen Wissenstransfer unterstützt, ein wesentlicher Erfolgsfaktor. [...]

Zum erfolgreichen Management des Produktionsfaktors Wissen gehört demnach mehr als nur die Einführung von Informations- und Kommunikationstechnologien. Der Einsatz von unternehmensinternen Netzen (Intranetze) und Datenbanksystemen ist zwar ein relevantes Element im vorgestellten Konzept, ohne die begleitenden Maßnahmen jedoch wenig erfolgversprechend. Es sind Randbedingungen zu schaffen, die die Mitarbeiter im Unternehmen dazu veranlassen, ihr Wissen zu (ver-) teilen. Neben einer entsprechenden Unternehmenskultur ist vor allem die Entwicklung sowohl materieller als auch immaterieller Anreizsysteme ein entscheidender Faktor.

Alle Anreizsysteme sind jedoch zum Scheitern verurteilt, wenn nicht eine Unternehmenskultur herrscht, die sowohl durch Offenheit und Ehrlichkeit als auch durch Vertrauen – Vertrauen in die Mitarbeiter von seiten der Vorgesetzten und unter den Kollegen – geprägt ist. Nur wenn die Mitarbeiter Vertrauen in ihr Unternehmen haben, sind sie bereit, ihr Wissen weiterzutragen. Nicht das Wissen einzelner, sondern das kollektive Wissen ist Macht." (Bullinger 1998, S. 22 f.)

Die Zusammenstellung der obigen Textauszüge zeigt, wie heterogen Wissensmanagement heute definiert und betrachtet wird. Zwei Gründe lassen sich dafür erkennen: erstens die Unterschiede in den ausgewählten Inhaltsvarianten der Begriffe „Wissen" und „Management" und zweitens die verschiedenen Ziele, die mit dem Wissensmanagement erreicht werden sollen. Zusätzlich ergeben sich einige grundsätzliche Probleme des Wissensmanagements, die im Folgenden aufgelistet sind:

1. Der Begriff „Wissensmanagement" klingt so, als ließen sich Erwerb, Erhalt, Revision, Entwicklung und Verwendung des Wissens eines Menschen leicht und mit sicherem Erfolg von außen (z. B. durch einen Vorgesetzten) steuern. Wer aber das Wissen eines anderen managen will, muss mit besonderen Schwierigkeiten rechnen, die mit dessen emotionaler und volitionaler Struktur zusammenhängen.
2. Da der Wissensbegriff vielperspektivisch ist, müsste präzise bestimmt werden, welches Wissen im Einzelfall gemanagt werden soll.
3. Wissen zu managen ist nicht mit einer einzigen Strategie oder nach einem einheitlichen Modell möglich; dafür sind die Kontexte, in denen es verwen-

det werden soll, und die Dimensionen, die im konkreten Einzelfall abgerufen werden müssen, viel zu verschieden.

4. Wissen zu managen, kann sich nicht auf den Faktor Mensch beschränken, sondern muss auch das organisationale Wissen einbeziehen und darf den Anteil der Technik dabei nicht außer Acht lassen.

5. Die Faktoren Mensch, Organisation und Technik veranlassen zu einer differenzierten Sicht von Wissensmanagement, da die Phasen des Managementprozesses jeweils verschieden akzentuiert sind.

6. Angesichts der Management-Methoden Lean-Production, Lean-Management und Lean-Administration ist zu betonen, dass Wissensmanagement nicht nur als von außen kommende Steuerung betrachtet werden darf, sondern auch aus dem Willen und der Initiative der Beteiligten selbst entstehen kann.

7. Das Wissensmanagement kann auch unterschiedliche „Adressaten" haben, nämlich den Menschen, die Organisation und die technischen Kommunikations- und Informationsmittel. Wird einer dieser Faktoren in den Fokus der Betrachtung gerückt, werden die beiden anderen zu Indikatoren für dessen Rahmenbedingungen.

8. Alle Managementmaßnahmen und somit auch das Wissensmanagement werden geplant und durchgeführt im Kontext einer bestimmten gesellschaftlichen Situation und erklären sich auch aus dieser.

Übungsaufgabe

- Entwerfen Sie aus den verschiedenen Definitionsversuchen zum Wissensmanagement eine Arbeitsdefinition für Sie selbst, die nicht speziell für eine bestimmte Institution/Organisation zutreffen soll!
- Überlegen Sie anschließend, welche Möglichkeiten und Schwierigkeiten für den Einzelnen bestehen, vorhandenes Wissen darzulegen, zu neuem Wissen zu kommen, altes zu Wissen revidieren oder weiterzuentwickeln.
- Wie lassen sich menschliches Wissen und organistionales Wissen unterscheiden?
- Welche Rolle spielt die Technik beim Wissensmanagement?

2.2.2 Strukturmodell des Wissensmanagements

Die Wortschöpfung „Wissensmanagement" muss in systematischer Hinsicht dem Anspruch beider Wortbestandteile gerecht werden. Beim Wissensmanagement geht es eben um das Managen von Wissen. Die Tätigkeit des Managers, also des Unternehmensführers, umfasst Planung, Entscheidung, Umsetzung und Kontrolle; das Wissen lässt sich – dem heutigen Wortverständnis entsprechend – unter den Aspekten Mensch, Organisation und Technik betrachten. Beim Management ist zu bedenken, dass in Unternehmen und vor allem außerhalb von Unternehmen mehr und mehr Bedeutung dem Selbstmanagement zugesprochen wird; beim Wissen wiederum ist zu beachten, dass nicht alle Wissensarten und Wissensformen gleich wichtig und berechtigt sind, wenn es um dessen Managen oder Gemanagtwerden zu tun ist.

	Wissensmanagement	**Management**			
		Planung	**Entscheidung**	**Umsetzung**	**Kontrolle**
Wissen · **Mensch**	- Informations-wissen				
	- Handlungs-wissen				
Organisation	- Experten-wissen				
	- gesellschaft-liches Wissen				
Technik	- virtuell				
	- traditionell				

Tabelle 4: Strukturmodell des Wissensmanagements

Erläuterungen zum Schema:

- Management

Die *Planung* bezieht sich auf die Ziele, die das Unternehmen, die Institution oder der Einzelne langfristig (strategische Ziele), mittelfristig (taktische Ziele) oder kurzfristig (operative Ziele) anstreben. Im Einzelnen geht es um die Fragen, wer diese Ziele wann, wo, wie, womit, mit welchem Aufwand und mit welchen Effekten erreichen soll bzw. will. Beim Wissensmanagement beziehen sich diese Fragen auf den Faktor Wissen, auf das Vorhandensein von bestimmtem Wissen, den Bedarf an neuem Wissen und den Wert des Wissens, gemessen an den erwartbaren Wirkungen auf der Basis einer Kosten-Nutzen-Rechnung. Die Management-Aspekte Unternehmensleitbild, Business-Reengineering, Potenzial-Analysen und Target-Kosting stehen dabei im Vordergrund.

Die *Entscheidung* fällt nach Abwägen aller Pros und Contras und Überlegen von Alternativen zunächst grundsätzlich darüber, ob das Unternehmen, die Institution oder der Einzelne das Ziel anstreben will oder soll. Entschieden wird sodann über die Zuständigkeiten bei den lang-, mittel- und kurzfristigen Zielen. Schließlich muss – in Bezug auf das Wissensmanagement – geklärt werden, auf welche Weise das erforderliche Wissen erlangt werden kann, wer sein Wissen einbringen soll, wer welches Wissen neu erwerben soll, welches Wissen durch Outsourcing oder durch Inanspruchnahme technischer Wissensquellen beigebracht werden soll, ob das Wissen der Organisationsstruktur verändert werden muss und welches Wissen hier fehlt. Die Portfolio-Methode, die Konzentration auf Kernkompetenzen und das Target Costing spielen hier eine Rolle.

Die *Umsetzung* der Entscheidungen beginnt mit der Aufgabenübertragung und der Motivation der Beauftragten. Sie erfolgt beim Wissensmanagement unter Berücksichtigung der personalen, organisatorischen und technischen Rahmenbedingungen in Phasen, die intern und extern evaluiert werden müssen. Bei der Umsetzung kommen wiederum bestimmte Management-Methoden zum Tragen, die allerdings allesamt die Eigeninitiative, die Selbstständigkeit, die Eigenverantwortlichkeit, die Bereitschaft zur Teamarbeit, den Vergleich mit Anderen und die Qualiätsorientierung beachten (vgl. Lean Management, Benchmarketing, Kaizen, Total Quality Management).

Die *Kontrolle* betrifft die Planungs- und Entscheidungsprämissen, die Teilprozesse und die Ergebnisse. Im Einzelnen wird beim Wissensmanagement überprüft, ob sich die Entscheidungsgrundlagen als richtig erwiesen haben, wie die tatsächlich erreichten Ergebnisse und deren Zielerreichungsgrad aussehen (Ist-Soll-Vergleich) und ob die eingesetzten Methoden zum gewünschten Erfolg geführt haben. Dabei ist die Kontrolle eingebettet in das strategische und das operative Controlling, das die grundlegenden langfristigen Entscheidungen untersucht.

- Wissen

Träger des Wissens, das gemanagt werden soll, ist primär der Mensch. Sein Wissen ist entweder in seinem Kopf und Verstand („embrained knowledge"), dann spricht man von *Informationswissen*, oder in seinem Tun und in Aktion („embodied knowledge"), dann wird es *Handlungswissen* genannt. Im Informationswissen sind infolgedessen alle Wissensarten und Wissensformen zusammengefasst, die der Mensch durch Denken, Erkennen und Verstehen erworben hat bzw. erwerben kann; Informationswissen ist objektiv gegeben, liegt als Produkt in Büchern oder Programmen vor oder ist zumindest grundsätzlich objektivierbar (vgl. z.B. deklaratives Wissen, methodisches Wissen, Produktwissen, Expertenwissen, gesellschaftliches Wissen usw.). Demgegenüber ist Handlungswissen ein Wissen im Prozess des Handelns, eng verknüpft mit der Erfahrung, die jemand in einer bestimmten Situation gemacht hat, und mit dem Kontext, in dem er dieses Wissen erworben hat (vgl. z.B. prozedurales Wissen, konditionales Wissen, Führungswissen, sozialkommunikatives Wissen, Milieuwissen usw.). Informationswissen und Handlungswissen lassen sich nicht immer trennscharf abgrenzen, die Übergänge sind eher fließend, die Abhängigkeit des einen vom anderen unbestritten.

> „Zum besseren Verständnis kann man die beiden Pole Handlungs- und Informationswissen wie folgt charakterisieren ... : (a) Informationswissen gibt es einzeln; Handlungswissen findet man nur in sinnvollen Bedeutungsnetzwerken. (b) Informationswissen kann so, wie es ist, weitergegeben werden; Handlungswissen muss als Netzt von bedeutungsvollen Verbindungen konstruiert werden. (c) Informationswissen kommt auch ohne Kontext aus; Handlungswissen ist immer Teil eines Kontextes. (d) Informationswissen kann man als Handlungswissen aufbauen; mit Handlungswissen bringt man Wissen zum Handeln. (e) Dass man Informationswissen ‚besitzt`, kann man durch Reproduktion beweisen; dass man Handlungswissen konstruiert` hat, kann man nur durch seine Anwendung in neuen Kontexten zeigen. (f) Informationswissen ist im Überfluss vorhanden und muss selektiv eingedämmt werden; Handlungswissen ist eher knapp und muss entsprechend gefördert werden." (Reinmann-Rothmeier 2002, S. 3f)

Beides, Informationswissen und Handlungswissen, kann beim Menschen als implizites Wissen und bzw. oder als explizites Wissen vorliegen! Das Wissensmanagement fällt in allen Phasen des Management-Prozesses anders aus, je nachdem ob es um Informationswissen oder um Handlungswissen geht, und auch je nachdem, ob dieses Wissen explizit oder implizit vorhanden ist. In der *Organisation*, genauer gesagt in ihren Produktionsabläufen, Regeln, Ritualen, Routinen, Kommunikationsstrukturen, Wertmustern und in ihrer Organisationskultur ist Wissen als „encoded knowledge" vorhanden. Bei genauerem Hinsehen erweist sich dieses Wissen entweder als *Expertenwissen*, das zu einem bestimmten Zeitpunkt in Geltung war und die Organisationsstrukturen zum Zwecke der Effektivitätssteigerung seitdem bestimmt. Oder es handelt sich um *gesellschaftliches Wissen* im Sinne von „encultured knowledge", das sich durch Gewohnheiten, Interaktionsstile, Führungsverhaltensweisen, kulturelle Kommunikationsformen usw. eingespielt hat und die Organisationsabläufe reguliert. Das Wissen der Organisation ist in beiden Formen wichtig für das Wissensmanagement; denn das organisationale Wissen kann nicht nur die angestrebten Ziele und ihre Umsetzung fördern oder behindern, es kann auch selbst Gegenstand der Zielplanungen sein. Des weiteren ist für die Planung, Entscheidung, Umsetzung und Kontrolle des Wissensmanagement bedeutsam, ob im Unternehmen oder in der Institution alle Mitglieder über dieses Wissen verfügen („shared cognition/knowledge") oder nicht („distributed cognition/knowledge"). Mit *Technik* soll im Zusammenhang mit Wissen ausgedrückt werden, dass alles Wissen Informations- und Kommunikations-Infrastrukturen benötigt. Diese lassen sich in *virtuelle* und *traditionelle* einteilen, insofern als die neuen IuK-Techniken durch Computer, Datenbanken, Mailen und Videokonferenzen (um nur Beispiele zu nennen) neue Möglichkeiten eröffnen, auf der anderen Seite aber auch den herkömmlichen Infrastrukturen wie Gespräch, Gruppenarbeit und Workshop weiterhin Bedeutung zukommt. Die Wahl der jeweiligen Technik muss von den angestrebten Zielen des Wissensmanagements abhängig gemacht werden. Außerdem ist die Technik ein bedeutsamer Faktor und Gegenstand bei allen vier Phasen des Managementprozesses.

2.2.3 Zusammenfassung

Die Verbindung der Begriffe „Management" und „Wissen" bringt einige spezifische Problemstellungen mit sich:

Management (als Institution und als Tätigkeit verstanden) mit Wissen in Verbindung bringen beinhaltet die Vorstellung, dass Erwerb, Erhalt und Verwendung des Wissens eines Menschen oder einer Organisation sowohl gefordert werden kann, als auch dass sie vom Individuum selbst angestrebt werden um persönlicher oder beruflicher/organisatorischer Ziele willen. Dabei ist immer mitbedacht, dass auch organisationales Wissen ursprünglich das Wissen von Menschen ist, das nur in Strukturen Eingang gefunden hat. Wer Wissen managt, muss mit besonderen Schwierigkeiten rechnen, die mit den individuellen Bedingungen bei der Informationsverarbeitung und speziell mit der emotionalen und volitionalen Struktur des Menschen zusammenhängen.

So wird beim Wissensmanagement in *Unternehmen* die Frage aufgeworfen, wie individuelle und organisationale Komponenten des Wissens unter Verwendung von Technik ermittelt, verknüpft und gesteuert werden können. Dazu muss analysiert werden, wie und unter welchen Bedingungen welches neue Wissen hervorgebracht, gespeichert und im Unternehmen distribuiert werden kann. Zu beachten ist hierbei, dass in Organisationen spezifische Regeln zum Generieren, Kombinieren und Kommunizieren sowohl von Daten als auch von Informationen vorhanden sind.

Ein besserer Umgang mit der strategischen Ressource Wissen verspricht dem Unternehmen eine erfolgreichere Lösung seiner Probleme und eine Steigerung der Markteffizienz seiner Produkte. Daten und Informationen sollen dabei zu neuem Informationswissen entwickelt werden und der Erfahrungskontext der beteiligten Personen in Handlungswissen überführt werden (= individuelles Lernen); außerdem muss die organisationale Ebene angesprochen werden (= organisationales Lernen), da die Art der Probleme des Unternehmens oder Betriebes häufig die individuelle kognitive Verarbeitungskapazität übersteigt. In jedem Falle muss das Wissensmanagement praxisorientiert sein und für die Lösung konkreter Probleme einen evaluierbaren Nutzen haben.

Anders verhält es sich mit dem Wissensmanagement z. B. in der *Erwachsenenbildung* als einem pädagogischen Handlungsfeld. Zwar geht es auch hier immer um Kurse, in denen das Informationswissen vergrößert und das Handlungswissen optimiert werden (z. B. Sprachkurse oder Kurse mit handwerklichen Themen). Eine besondere Form des Wissensmanagements stellen aber die zahlreichen Kurse zum Selbst- und Fremdverstehen dar. Hier geht es um Persönlichkeitswissen, und es steht mehr das episodische, das reflexive, das sozial-kommunikative und das kulturelle Wissen im Vordergrund. Die symbolischen Verarbeitungsmechanismen haben dabei mehr Bedeutung als die symbolischen; die persönliche Bedeutsamkeit der Informationen und die steuernde Rolle des limbischen Systems, das bei der Informationsaufnahme des Menschen die Kognition an die Emotion bindet, bedürfen hier besonderer Beachtung.

Noch einmal anders ist das Wissensmanagement, wenn es um das Wissen in der *Schule*, einer gesellschaftlichen Institution zur Bildung und Erziehung der nachwachsenden Generationen, geht. Unterricht hat es immer mit der Vermittlung von Wissen zu tun, das von Kindern oder Jugendlichen angeeignet werden soll. Die Lehrpläne schreiben das so vor, und die Lehrer führen das mit professioneller Kompetenz durch. Dazu wenden sie ein Handlungswissen an, das sie im Studium, Referendariat und Praxis erworben haben, das aber auf Grund sich verändernder Rahmenbedingungen immer wieder weiterentwickelt werden muss. Dazu bedarf es eines Wissensmanagements. Doch in der Schule müssen auch die Schüler und Schülerinnen permanent Wissen erwerben und weiterentwickeln. Infolgedessen richtet sich der Blick hier auch auf die Prozesse, die im Schüler beim Wissensaufbau und bei der Wissensentwicklung ablaufen.

3 Pädagogische Handlungsfelder

Wissensmanagement ist für alle Bereiche der Gegenwartsgesellschaft von zentraler Bedeutung; keine Wissenschaftsdisziplin und kein gesellschaftliches Handlungsfeld kann sich heute davon distanzieren. Das gilt erst recht und in besonderem Maße für die Pädagogik und ihre Praxisfelder, die es allesamt zentral mit dem Lernen, dem Weiterlernen und der Veränderung/Verbesserung von Verhalten zu tun haben. Dabei wird Verhalten als eine Aktivität des Menschen betrachtet, durch die er – nach mentalen Prozessen – auf die Anforderungen seiner Umwelt reagiert; das Verhalten ist erlernt.

3.1 Die Systematik der Pädagogik

Wortgeschichtlich betrachtet, geht der Blick bei der Pädagogik zurück zum Griechischen. Vielfach wird angenommen, „Pädagogik" leite sich direkt vom griechischen „paidagogein" ab, was soviel bedeutet wie „das Kind/den Knaben leiten", und erinnere daran, dass in der Antike Sklaven die Kinder der freien Bürger zur „schole"/Schule führten; der Pädagoge („paidagogos"), der Knabenführer und Kinderaufseher, sei folglich von eher niederem sozialen Rang. Wenngleich sich auch im Griechischen bereits mit „paidogogein" die Vorstellung von erziehen, bilden und belehren verband, so erfuhr das Wort „Pädagogik" doch erst in der zweiten Hälfte des 18. Jahrhunderts die heute geläufige Bedeutung, und zwar als ein neu eingeführtes Fremdwort, das in Analogie zu Wissenschaftsdisziplinen wie Logik oder Ethik gebildet wurde. (Böhm 2005, S. 478ff) Waren früher pädagogische Probleme in der Philosophie und der Theologie aufgehoben, so änderte sich das mit dem Aufklärungsjahrhundert. Das Selbstverständnis des 18. Jh., durch Künste und Wissenschaften den Verstand des Menschen aufzuklären und durch Verstandesaufklärung einen sittlichen Aufstieg der Menschheit sowie das persönliche Glück des Einzelnen herzustellen, war durch R. Descartes' methodischen Zweifel, durch die Vernunft- und Narturrechtskonzeption eines H. Grotius und S. Pufendorf und die natürliche Vernunftreligion englischer Freidenker wie H. v. Cherbury ebenso vorbereitet wie durch die politisch-ökonomisch-gesellschaftlichen Wandlungen vom 17.

auf das 18. Jh. mit dem Siegeszug des naturwissenschaftlich-technischen Denkens. Vernunftkritik, Kausalitätsdenken, empirische Methode und Selbstreflexivität verlangen nach einem neuen Wissenschaftsbegriff. Anders als in der griechischen „theoria" und der christlichen „contemplatio", bei denen aus der Gesamtschau des Göttlichen bzw. Gottes das schauende Subjekt die Anforderungen für die Praxis entnahm, traten nun immer deutlicher Theorie als methodisch gesichertes Aussagensystem und Praxis als deren Anwendungsbereich auseinander. Die Folge war, dass sich aus Philosophie und Theologie die Pädagogik als eine eigenständige Wissenschaft emanzipierte, was 1789 zur Errichtung einer ersten Universitätsprofessur für Pädagogik führte; erster Pädagogikprofessor war der Philanthrop Ernst Christian Trapp an der Universität Halle. Vorarbeit dazu hatte die Philosophie selbst geleistet, insofern sie sich als praxisleitende Aufklärung verstand und dazu auf einzelwissenschaftliche „Praxeis" angewiesen war. Solche für die Sozietät der Menschen unentbehrliche und sich ergänzende Handlungsbereiche entwickelten sich fortan als selbstständige Wissenschaftsdiziplinen weiter: die technische Praxis, die ökonomische Praxis, die medizinische Praxis, die juristische Praxis, die politische Praxis, die künstlerische Praxis, die religiöse Praxis, die journalistisch-kommunikative Praxis, die Praxis der Erziehung in Familien, in Sozialeinrichtungen, in der Schule usw. Alle diese „Praxeis" brauchen eine Systematik und ein theoretisches Fundament, um sie beschreibbar und argumentationsfähig zu machen.

Seit den Anfängen Ende des 18. Jahrhunderts hat sich die Pädagogik bis zum Beginn des 20. Jh. als Universitätsdisziplin weitgehend etabliert.

> Pädagogik ist die Wissenschaft von der Erziehung/Bildung und für die Erziehung/Bildung des Menschen; sie gilt als eine praktische Wissenschaft, bei der Theorie und Praxis unlösbar miteinander verbunden sind.

Neue Impulse erhielt die Pädagogik Ende der 1960er/Anfang der 1970er Jahre einerseits durch die Integration der Pädagogischen Hochschulen in die Universitäten und andererseits durch die Einrichtung von Hauptfachstudiengängen (Magister/Diplom in Pädagogik) dort. Es kam zu einer quantitativen Expansion, zu einer Ausdifferenzierung der Pädagogik in zahlreiche Subdisziplinen und zu einer Unterscheidung von Pädagogik (mit historisch-systematisch-philosophischer Legitimation) und Erziehungswissenschaft (mit empirisch-realistisch-praktischer Legitimation) - eine Unterscheidung, die sich aber nicht durchhalten konnte. Die Ausdifferenzierung betraf zum einen wissenschaftstheoretisch unterschiedlich orientierte Richtungen an den Universitäten (geisteswissenschaftlich-hermeneutische Pädagogik/Erziehungswissenschaft, empirische Pädagogik/Erziehungswissenschaft, gesellschaftskritische Pädagogik/Erziehungswissenschaft, später noch Systemische Pädagogik/Erziehungswissenschaft, Konstruktivistische Pädagogik/Erziehungswissenschaft) und zum anderen zahlreiche neue pädagogische Berufe auf Grund eines gestiegenen gesellschaftlichen Bedarfs an Erziehungskompetenz (vgl. Vorschulpädagogik, Schulpädagogik, Sonderpädagogik, Sozialpädagogik, Freizeitpädagogik, Erwachsenenpädagogik, Spielpädagogik usw. usw.). Dieser

„Expansionsprozess der pädagogischen Berufe, der Ausdifferenzierungs- und Entgrenzungsprozess pädagogischer Praxisfelder sowie die Ausweitung des pädagogischen Handelns auf alle Lebensalter (hatten, W.W.) zur Konsequenz, dass das traditionelle grundbegriffliche Tableau der Allgemeinen Pädagogik brüchig geworden ist und große Teile pädagogischer Tätigkeit sich nicht mehr auf das Kind als Medium der Erziehung beziehen" (Krüger/Grunert 2004, S. 163).

Die Verschiedenheit der Theorien und Methoden in der Pädagogik bzw. Erziehungswissenschaft macht es schwierig, diese Wissenschaftsdisziplin systematisch darzustellen. Zur Zeit gibt es unterschiedliche Ansätze dazu:

1. die Unterscheidung in:
a. „Allgemeine Pädagogik" als Basisdisziplin: Grundbegriffe, Theoriebildung, Methodologie, Forschung und Geschichte der Erziehung prinzipiell und international (vgl. Tenorth 1998)
b. „Spezielle Pädagogik", bestehend aus Teildisziplinen der „Allgemeinen Pädagogik":
▪ wissenschaftlich elaborierte Teildisziplinen: Frühpädagogik, Schulpädagogik, Heil- und Sonderpädagogik, Sozialpädagogik, Berufs- und Wirtschaftspädagogik, Erwachsenenpädagogik/Andragogik
▪ wissenschaftlich weniger elaborierte Teildisziplinen: Freizeitpädaagogik, Museumspädagogik, Umweltpädagogik, Friedenspädagogik usw.

2. die Auflistung theoretischer Ansätze und Konzeptionen der Erziehungswissenschaft/Pädagogik unter Verzicht auf deren systematische Zuordnung (vgl. Hierdeis/Hug 1996, S. 332ff):
a. Feministische Erziehungswissenschaft
b. Geisteswissenschaftliche Erziehungswissenschaft
c. Geschichtsmaterialistische Erziehungswissenschaft
d. Historische Erziehungswissenschaft
e. Humanistische Erziehungswissenschaft

f. Konstruktivistische Erziehungswissenschaft
g. Kritische Erziehungswissenschaft
h. Kritisch-rationale Erziehungswissenschaft
i. Phänomenologische Erziehungswissenschaft
j. Postmoderne Erziehungswissenschaft
k. Psychoanalytische Erziehungswissenschaft
l. Systemische Erziehungswissenschaft
m. Transzendentalkritische Erziehungswissenschaft

3. die Einteilung in Hauptströmungen der Erziehungswissenschaft (vgl. Benner 1978):
a. Traditionelle Pädagogik
b. Empirische Pädagogik
c. Geisteswissenschaftliche Pädagogik
d. Ansätze zur Vermittlung von Empirie und Hermeneutik
e. Emanzipatorische Pädagogik
f. Pädagogik als Handlungswissenschaft

4. die Strukturierung nach Fachrichtungen, Fächern und Bildungs- und Erziehungsfeldern (vgl. Lenzen 1997):
a. Fachrichtungen: Allgemeine Erziehungswissenschaft, Vergleichende Erziehungswissenschaft, Sozialpädagogik, Erwachsenenpädagogik/-bildung, Schulpädagogik, Berufs- und Wirtschaftspädagogik
b. Fächer: Interkulturelle Pädagogik, Vorschulpädagogik, Freizeitpädagogik, Kulturpädagogik, Medienpädagogik, Museumspädagogik, Kriminalpädagogik, Gesundheitspädagogik, Verkehrspädagogik, Altenbildung, Umweltpädagogik, Spielpädagogik, Elternpädagogik, Sexualpädagogik
c. Bildungs- und Erziehungsfelder: Friedenserziehung, Politische Bildung, Verkehrserziehung, Arbeitserziehung, Sexualerziehung, Sozialerziehung, Medienerziehung, Umwelterziehung.

Angesichts der unterschiedlichen Strukturierungsvorschläge zur gegenwärtigen Pädagogik/Erziehungswissenschaft ist ein „multiperspektivisch-dialogisches Konzept vonnöten, das die vielfältigen Konzeptionen und Handlungsbereiche der Erziehung miteinander ins Gespräch bringt und zu verbinden sucht. „Dadurch sollen einseitige und extreme Positionen vermieden und sowohl durch deren wechselseitige Korrektur und Ergänzung als auch durch die Integration der pädagogisch relevanten Theoriekonzepte deren vernünftige Vermittlung und umfassende Begründung erreicht werden." (Weber 1995, S. 12) Ein solches

Konzept ist nur unter zwei Bedingungen realisierbar, nämlich unter der Bedingung, dass es ein Einvernehmen darüber gibt, was – erstens - unter „Pädagogik" verstanden wird, und – zweitens – darüber, was Ziel und Interesse pädagogischer Theorie und Praxis ist.

In Anlehnung an E. Weber (1995ff) lässt sich dazu folgender Vorschlag machen:

1. Pädagogik ist ein Sammelbegriff für alle theoretischen und praktischen Bemühungen um die Erziehung und Bildung des Menschen über seine ganze Lebensspanne hinweg und in unterschiedlichen Gruppen oder Institutionen.
2. Pädagogik als Theorie meint den Inbegriff der Lehre(n) bzw. Wissenschaft(en)
a. von der Erziehung/Bildung des Menschen,
b. für die Erziehung/Bildung des Menschen sowie
c. von allen Phänomenen, Situationen und Institutionen, die mit Erziehung und Bildung zu tun haben.
3. Pädagogik als Praxis meint das Insgesamt aller Tätigkeiten, Einstellungen und Vorgänge, durch die Erziehung und Bildung verwirklicht und verbessert werden.
4. Das erkenntnis- und handlungsleitende Interesse der Pädagogik gilt der Frage nach den Bedingungen der Möglichkeit und der Realisierung von Erziehung und Bildung beim Menschen, d.h. seiner individual-sozialen Persönlichkeitsentwicklung in der Gesellschaft.
5. Das Ziel der Pädagogik in praktischer Hinsicht ist die Mündigkeit und Emanzipation des Individuums.

3.2 Pädagogisches Handeln

Der pädagogischen Praxis geht es um die Ermöglichung, Förderung und Sicherung der Mündigkeit/Emanzipation des einzelnen Menschen, der in der Gesellschaft, in der er lebt, seine individual-soziale Personalität entfalten (können) soll. Mit den Leitbegriffen „Erziehung" und „Bildung" fasst die Pädagogik diese Zielperspektive zusammen. Dabei ist sie sich der Tatsache bewusst, dass beide, Erziehung und Bildung, von außen nur angeregt und unterstützt werden können; sie entziehen sich aller Machbarkeit/Herstellbarkeit, da sie vom Adressaten der Erziehungs- und Bildungsbemühungen („Zögling") in Lernprozessen entwickelt werden müssen.

In diesem Sinne lässt sich Erziehung heute wie folgt definieren:

> Erziehung ist eine notwendige und absichtsvolle Hilfe bei der Persönlichkeitsentfaltung des Menschen vom Kind zum mündigen Erwachsenen. In einem weiten Sinne besteht Erziehung aus vielfältigen Anregungen und Unterstützungsmaßnahmen beim Lernen (allgemein) und bei der Enkulturation des Menschen; im engeren Sinne versteht sie sich als moralische Erziehung, d.h. als Unterstützung des Kinds/Jugendlichen/Erwachsenen bei der Entwicklung seiner autonomen und sozialen Sittlichkeit.
> Erziehung erfolgt über Maßnahmen, Rahmenbedingungen und Handlungsarrangements, bei denen das Kind/der Jugendliche/der Erwachsene mehr und mehr Selbstkompetenz, Sozialkompetenz und Sachkompetenz erwirbt.

Die pädagogische Praxis hat es nicht nur mit der Erziehung, sondern auch mit der Bildung des Menschen zu tun. Oft lässt sich beides, Erziehung und Bildung, im konkreten pädagogischen Tun nicht voneinander trennen; man kann sich nicht vorstellen, dass jemand gebildet genannt werden kann, der nicht auch über Sach-, Sozial- und Selbstkompetenz verfügen würde. Dennoch setzt der Bildungsbegriff, wenn man an ihm auch in Zeiten der Postmoderne festhalten will (wie z.B. W. Klafki das mit guten Gründen tut (Klafki 1996)), eigene Akzente. Zum Gebildetsein zählt heute,

- *dass jemand in der Lage ist, die Welt zu verstehen.* Dazu muss er umfangreiches Wissen über die wichtigsten Wissenschaftsbereiche der Gegenwart, über ihre Methoden und ihre zentrale Aussagen haben (was auf Grund von deren Komplexität und deren großer Zahl eher selten anzutreffen sein dürfte) und/oder befähigt sein, sich im Bedarfsfalle dieses Wissen selbstständig anzueignen (was häufiger der Fall sein dürfte). Ein erstes Merkmal des Gebildetseins heute ist also das vertiefte kulturelle Allgemeinwissen.
- *dass jemand in der Lage und bereit ist, sich selbst und andere Menschen als Person, ausgestattet mit Personalität und Individualität, zu begreifen.* Dazu gehört die Kenntnis des abendländischen Entwurfs von Mensch und Welt sowie anderer diesbezüglicher Entwürfe, das Wissen um das Humane sowie um das komplizierte Zusammenwirken von Rationalität, Emotionalität und Volitionalität beim Menschen; hinzukommen muss die Bereitschaft, dieses Wissen in Analyse, Bewertung und Verhalten sich selbst und anderen Menschen gegenüber zu beachten (Selbst- und Fremdverstehen). Ein

78

zweites Merkmal des Gebildetseins heute ist demnach eine von humanen Werten geleitete Haltung.

- *dass jemand in der Lage und bereit ist, sich entsprechend diesem Wissen und unter Berücksichtigung dieser Einstellungen in der Welt zu engagieren.* Seit dem Aufklärungsjahrhundert steht Bildung auch für die kritische Distanz des Menschen gegenüber jedweder Fremdbestimmung, sei sie interpersonaler Art oder gesellschaftlicher Art. Die Auffassung, zum Gebildetsein gehöre das verantwortliche Engagement des Gebildeten für die Gesellschaft und in der Gemeinschaft, ist in der Fachwelt nicht unbestritten. Ihre Verfechter legitimieren sie aus der Kritik am Bildungsbürgertum, aus einer sozialethischen Verpflichtung des gebildeten Menschen oder aus der Kulturkritik. Diese besagt, dass die Weltgestaltung, das Sich-Einmischen angesichts von gesellschaftlichen Verhältnissen und Entwicklungen, der der Humanitas entgegenstehen, und das Stellen der Frage nach dem Sinn von jemandem erwartet werden kann, der Bildung zu haben beansprucht. Als drittes Merkmal des Gebildetseins heute kann infolgedessen Engagement, verantwortliches Handeln und Verhalten in der Welt (Weltgestaltung), genannt werden.

Fügt man diese Aspekte des Bildungsbegriffs zu einer Definition zusammen, so könnte diese lauten:

Bildung ist ein subjektiver, persönlicher Vorgang,

- bei dem der Einzelne sich geistig mit den komplexen, komplizierten Fragen und Problemen der Welt und des Menschen auseinandersetzt,
- bei dem er sich dazu eine reflektierte und verantwortete Position (Meinung, Einstellung) erarbeitet und
- bei dem er sich veranlasst sieht, sich seinen Kenntnissen und Erkenntnissen entsprechend für Welt und Mensch einzusetzen.

Erzogensein lässt sich nicht herstellen, Gebildetheit nicht durch noch soviele Impulse von außen bewirken. Zwar ist das professionelle Handeln des Erziehers und des Lehrers in pädagogisch institutionalisierten und arrangierten Situationen unverzichtbar, der Erfolg dieser Bemühungen ist aber im Letzten nicht kalkulierbar. Wer das meint, übersieht, dass Erziehung „kein ‚Produkt' dar(stellt), das Dritte *hergestellt* oder signifikant *beeinflusst* haben könnten. (...) Oft übersieht die Theorie, dass die Wirkungen der Erziehung im *Gegenüber* des Handelnden stattfinden oder nicht stattfinden." (Oelkers 2001, S. 246)

Diese Wirkungen, die für Erziehung und Bildung gleichermaßen gelten, kommen im Adressaten der pädagogischen Bemühungen durch Lernprozesse zustande. Bildung wird erlernt, und auch Erziehung (als Erzogensein) setzt individuelle, subjektive Lernerfahrungen voraus. Erzieher, Lehrer, Erwachsenenbildner und Weiterbildner geben dafür Informationen, Anregungen und Ratschläge, arrangieren spezifische Erziehungs- und Bildungsanlässe, stellen Aufgaben, formulieren Verhaltensziele und vereinbaren Förderpläne, markieren Anforderungen, planen Fördermaßnahmen, stellen Ressourcen bereit, bieten Hilfen an, steuern gegen Fehlentwicklungen an und verstärken positive Entwicklungen, sprechen Ermunterungen aus und belohnen Gelungenes, übertragen Verantwortlichkeiten, verlangen das Einhalten von Regeln und Ritualen, veranlassen den „Zögling" dazu, die Konsequenzen des eigenen Verhaltens zu tragen usw. usw. Das alles ist indes ohne Wirkung, wenn dadurch im Kind/Jugendlichen/ Erwachsenen nicht Lernprozesse ausgelöst werden, die es/ihn zu einer Verhaltensänderung in die vom Pädagogen angezielte und mit ihm vereinbarte Richtung gehen.

Wie ausgeführt, ergeben sich Erziehung und Bildung auf Grund von Lernvorgängen im Kind/Jugendlichen/Erwachsenen. Der heute gängige Lernbegriff besagt:

Unter Lernen versteht man beim Menschen die abrufbare und relativ dauerhafte Änderung (d.h. Erweiterung, Umstrukturierung) seiner kognitiven, emotionalen, motorischen und volitionalen Strukturen und Verhaltensweisen auf Grund subjektiv verarbeiteter Umwelterfahrungen.

Dieser Lernbegriff sieht das Lernen als eine tatsächliche oder potenzielle Verhaltensänderung an,

- die das beobachtbare Ergebnis von Reiz-Reaktions-Prozessen sein kann (vgl. Behaviorismus), aber nicht sein muss wie beim Lernen durch Einsicht oder durch Imitation
- die beobachtbare mentale Prozesse der Informationsaufnahme und Informationsverarbeitung im Gehirn umfasst (vgl. Kognitivismus) und
- die auf Prozesse eines subjektiven Aufbaus und Umbaus von Bedeutungen im jeweiligen Individuum zurückgeht, das autopoietisch und selbstreflexiv seiner Umgebung gegenübersteht (vgl. Konstruktivismus).

Grundsätzlich kann Lernen aus eigenem Antrieb und Interesse erfolgen oder durch Zufall und nebenbei beim Ausführen einer Handlung oder auch auf

Grund von Anregungen, Anstößen und Forderungen Dritter. Je nachdem, wie der Lernende dabei aktiv ist, handelt es sich dann um ein proaktiv-entdeckendes oder ein reaktiv-rezeptives Lernen, ein sinnvoll-einsichtiges oder ein mechanisch-unreflektiertes Lernen, ein fremdgesteuertes oder ein selbstgesteuertes Lernen. (Edelmann 1994; Bower/Hilgard 2000; Krapp/Wiedenmann 2001) Erziehungs- und Bildungsprozesse, soweit sie von außen durch Dritte angeregt und unterstützt werden sollen, sind Initiativen und Versuche zur Beeinflussung des Denkens, des Verhaltens und der Einstellungen von Kindern/Jugendlichen/ Erwachsenen.

Denken ist eine Tätigkeit des Verstandes, die durch eine Frage, eine Aufgabe oder ein Problem ausgelöst wird, die jemand lösen will oder soll; dabei muss er vorhandenes Wissen einsetzen und ggf. neues Wissen generieren.

Verhalten ist das beobachtbare, intentionale oder nichtintentionale Agieren und Reagieren von Individuen in dinglichen und sozialen Umwelten sowie das aus dem Agieren und Reagieren erschließbare Denken und Erleben des Individuums; es ist die Art und Weise, wie der Mensch als Ich mit der äußeren Welt um ihn herum in eine wechselseitige Beziehung tritt; ist das Verhalten intentional, wird es auch als Handeln bezeichnet.

Einstellungen sind relativ stabile, erlernte, bewusste oder unbewusste Verhaltenstendenzen des Menschen, auf bestimmte Menschen, Situationen, Ideen und Ereignisse kognitiv-emotional in einer bestimmten, wertenden Weise zu reagieren; es gibt allerdings keine zwingende Konsistenz zwischen Einstellungen und Verhaltensweisen.

Versuche zur Beeinflussung von Denken, Verhalten und Einstellungen bei Kindern/Jugendlichen/Erwachsenen bedienen sich psychologischer Erkenntnisse und Forschungen. Im Rahmen des pädagogischen Handelns kommen dafür nicht Theorien und Praktiken der Verhaltenstherapie, sondern nur solche der Verhaltensmodifikation in Frage. Die Verhaltenstherapie ist entsprechend geschulten und zertifizierten Experten vorbehalten. Gemeinsam ist der Verhaltenstherapie und der Verhaltensmodifikation, dass das Verhalten als das Ergebnis von Lernprozessen betrachtet wird und durch Formen des Verlernens oder Neulernens beeinflusst werden kann.

Bei der Verhaltensmodifikation werden systematisch Lernprinzipien angewendet, um die Auftretenshäufigkeit erwünschter Verhaltensweisen beim Kind/Jugendlichen/Erwachsenen zu vergrößern und die Auftretenshäufigkeit problematischer Verhaltensweisen zu verringern.

Praktische Möglichkeiten dazu bestehen für den Pädagogen durch:

1. *beratende Verhaltensmodifikation* („Gesprächstherapie") mit den Verfahrensschritten: Kontaktphase, Zielsetzungsphase, Analysephase, Handlungsstrategie-Entwicklungsphase und Entscheidungsphase, Umsetzungsphase, Bewertungs- und Evaluationsphase, Beratungsende, ggf. neuer Beratungskreislauf.
2. *kooperative Verhaltensmodifikation in Gruppen mit ähnlichen Problemen*, wobei die zu modifizierenden Verhaltensweisen offen dargelegt werden, Erfahrungen mit dem Verhalten innerhalb der Gruppe kommuniziert und soziales Lernen initiiert werden kann
3. *Verhaltensmodifikation durch Konditionierung*, bei der zunächst eine differenzierte Verhaltensanalyse gemacht werden muss und dann mit Hilfe von Maßnahmen der Verstärkung, der systematischen Desensibilisierung und der Habitualisierung von Selbstkontrolltechniken das negative Verhalten verlernt werden soll
4. *Verhaltensmodifikation durch kognitive Strategien*, bei der den Gedanken und Einstellungen und ihrem Einfluss auf die Motivation und die Verhaltensweisen besondere Aufmerksamkeit geschenkt wird; belastende irrationale Überzeugungen und Handlungsweisen werden bewusst gemacht, kognitiv restrukturiert und durch Selbstinstruktionstrainings und Problemlösetrainings überwunden.(Krapp/Weidenmann 2001; Zimbardo/Gerrig 2004)

Versucht man, durch organisierte und arrangierte Lehr-Lern-Prozesse in bestimmten Institutionen, also durch Unterricht, Einfluss auf das Denken, Verhalten und die Einstellungen der Kinder/Jugendlichen/Erwachsenen zu nehmen, dann ist das ein Problem der Didaktik.

Die Didaktik ist die Theorie und Praxis von Lehr-Lern-Prozessen.

Als Wissenschaft untersucht die Didaktik allgemein und fachspezifisch den Zusammenhang zwischen Unterrichten (auf der Lehrerseite) und Lernen (auf der Schülerseite). Sie stellt sich die Frage, wie durch planvoll gestalteten Unterricht beim Schüler die vom Lehrer intendierten Lernprozesse ausgelöst, unterstützt, gesichert und überprüft werden können. Sie integriert dabei das Handlungswissen von Lehrern, die ihre alltägliche Unterrichtspraxis auf diese Frage hin reflektieren. Dazu liegen in der schulpädagogischen Fachliteratur verschiedene

- Unterrichtstheorien (vgl. Bildungstheoretische/Kritisch-konstruktive Didaktik; Lehrtheoretische Didaktik, Curriculare Didaktik, Kritisch-kommunikative Didaktik, Systemische/Konstruktivistische Didaktik)
- Unterrichtskonzeptionen (vgl. Lehrergesteuerter Unterricht, Offener Unterricht, Teiloffener Unterricht)
- Unterrichtsprinzipien (vgl. Schülerorientierung, Sachorientierung, Handlungsorientierung sowie Selbsttätigkeit/Aktivierung, Differenzierung, Veranschaulichung, Motivierung usw.)
- Unterrichtsmethoden (vgl. Sozialformen, Kommunikationsformen, Aktionsformen und Artikulationsformen wie Frontalunterricht, Projekt, Spiel, Gruppenarbeit, Gesprächsformen, Freiarbeit, Stationentraining, Mindmap, Kugellager, Stundenverlauf usw.)

vor.

3.3 Ausgewählte Handlungsfelder der Pädagogik

Das Praxisfeld von Pädagogen sind Situationen und Institutionen, in denen Kindern, Jugendlichen und Erwachsenen Hilfen gegeben werden, Erziehung und Bildung zu erlangen, ihr Verhalten in Richtung auf mehr Mündigkeit zu verändern und über geregelte Lernprozesse ihre Kompetenzen zu vergrößern. (Das Praxisfeld Wissenschaft wird hier außer Acht gelassen!) Dieses weite Feld pädagogischer Tätigkeiten, die in formellen und informellen Gruppen und Institutionen verrichtet werden, von der alleinerziehenden Mutter bis hin zu gerontopädagogischen Einrichtungen, soll an einigen Beispielen exemplifiziert werden, die die Grundlage für die späteren Ausführungen zum Wissensmanagement für Pädagogen bilden.

1.   Vorschulpädagogik und Schulpädagogik
Die Vorschulpädagogik befasst sich mit allen Fragen der Erziehung, der Bildung und des Lernens von Kindern im Alter von 0 bis 3 und 3 bis 6 Jahren, wie

sie sich in den pädagogischen Institutionen Kinderkrippe, Kindergarten, Hort, Schulvorbereitende Klasse/Vorklasse stellen. Die Arbeit des Fachpersonals (in der Regel Kindergärtnerinnen und Kindergartenhelferinnen) erfolgt auf der Grundlage vorgegebener, meist staatlich autorisierter Erziehungs- und Bildungspläne und beachtet wissenschaftliche Erkenntnisse zur Persönlichkeitsentwicklung, zu den Kompetenzen und zum Lernen von Kindern in der frühesten und frühen Kindheit. Die Einrichtungen sind als Lernorte für kindliche Basiskompetenzen (Resilienzkompetenz, Transitionskompetenz, lernmethodische Kompetenz) konzipiert, die die kindliche Neugier und das kindliche Lerninteresse spielerisch mit didaktisch geplanten Angeboten aus den Bereichen Sprache, Mathematik, Naturwissenschaften, Musik/Kunst/Bewegung, Religion/Ethik und andere zu befriedigen versuchen.

Die Schulpädagogik ist die Bezugswissenschaft für alle, die mit schulbezogenem Handeln zu tun haben. Sie befasst sich mit allen Fragen und Problemen, die das institutionalisierte und organisierte Unterrichten und Lernen, Bilden und Erziehen in der allgemeinbildenden und der berufsbildenden staatlichen Regelschule oder in Alternativschulen aufwerfen. Sie thematisiert die einzelnen Schularten und Schulstufen, analysiert Entstehung, Entwicklung und Funktion der Schulfächer, des Fächerkanons und der Lehrpläne, setzt sich mit der Schul- und Bildungspolitik auseinander, behandelt das Schulrecht und die Schuladministration, fragt nach den Funktionen und Leitbildern der Schule in der Gesellschaft und nach Rolle, Aufgaben und Status der Lehrerschaft; vor allem stattet die Schulpädagogik die Lehrerinnen und Lehrer theoretisch und praktisch mit den Kenntnissen und Handlungskompetenzen aus, die sie für die Durchführung eines qualitätsvollen und erfolgreichen Unterrichts und eines pädagogisch gestalteten Schullebens benötigen.

2. Sozialpädagogik

Sozialpädagogen oder Sozialarbeiter arbeiten in der Gemeinwesenarbeit, der Familienfürsorge, der Altenhilfe, der Gesundheitsfürsorge, der Sozialhilfe, der Straffälligenhilfe, der Behindertenarbeit, der Jugendarbeit, der Freizeitpädagogik, der Jugendhilfe, der Jugendgerichtshilfe, des Jugendschutzes, der Erziehungsberatung, der Kinderpflege und der Kindererziehung; auch sind sie als Schulsozialarbeiter in Schulen tätig. Der Sozialpädagogik geht es primär um den Menschen und seine Persönlichkeitsentwicklung in den sozialen Institutionen der Gesellschaft. Traditionell bemüht sich der Sozialpädagoge, gefährdete oder bereits gestrauchelte Mitglieder der Gesellschaft möglichst in die geltenden Werte und Normen der Gesellschaft zurückzuführen.

Mit Hilfe sozialpädagogischer und therapeutischer Verfahren versucht er, bei den Betroffenen eine individuelle oder gruppenkollektive Verhaltensänderung zu erreichen. Daneben bestimmt aber auch ein emanzipatorisch-offensives, für die betroffenen Personengruppen parteinehmendes Interesse seine Arbeit. Da er um den funktionalen Zusammenhang zwischen der Gesellschaftsstruktur und bestimmten Formen auffälligen oder abweichenden Verhaltens weiß, fordert der Sozialpädagoge auch die Veränderung der gesellschaftlichen Rahmenbedingungen des Aufwachsens und Lebens. Er ist Nothelfer für bedürftige Personen in der Gesellschaft, eine Art „soziale Feuerwehr", gleichzeitig aber auch Gesellschaftskritiker mit politischer Interventionsabsicht.

3. Sonderpädagogik
Sonderpädagogen, auch Heilpädagogen genannt, haben die Aufgabe, Kindern, Jugendlichen und Erwachsenen mit Handicaps zu helfen, ein gelingendes Leben in der Gesellschaft zu führen. In schulischen und außerschulischen Institutionen versuchen sie, durch spezifische remediale, kompensatorische oder präferenzielle Lern-, Erziehungs- und Bildungsangebote deren erschwerte persönliche und gesellschaftliche Situation zu verbessern und alle Möglichkeiten einer schulischen und gesellschaftlichen Reintegration auszuschöpfen. Ihre Aufgabe ist die Rehabilitation, die Förderung und die Prophylaxe bei Personen, die Behinderungen und/oder kurz- bzw. längerandauernde Lern- und Verhaltensstörungen aufweisen. Dies tun sie in Sonderkindergärten/Sonderschulen/Sonderberufsschulen, Berufsförderungswerken, Werkstätten, Heimen usw. Für ihre Tätigkeit erhalten sie eine eigene wissenschaftliche Ausbildung und werden in zahlreichen Praktika auf ihre Berufssituation vorbereitet.

4. Erwachsenenbildung/Weiterbildung
Die Erwachsenenbildung (Weiterbildung) ist ein Berufsfeld, in dem pädagogisch ausgebildete Fachkräfte mit dem Aufbau von Bildungs- und Lernprozessen, Kompetenzen und Wissen, mit Beratung und Therapie bei Erwachsenen über die gesamte Lebensspanne hinweg befasst sind. Im Einzelnen sind (nach Dewe 2004, S. 125f) zu unterscheiden:

- adaptive Bildungsprozesse zwecks Anpassungsqualifizierung oder Fortbildung, wenn das vorhandene Wissen veraltet ist
- regulative Bildungsprozesse wie Schulungen in Unternehmen, Coaching, Training für Führungskräfte usw.
- antizipatorische Bildungsprozesse wie beim sogenannten Zweiten Bildungsweg oder bei Weiterbildung zwecks beruflichem Aufstieg

- kontemplative Bildungsprozesse aus den Bereichen Kunst, Musik, Persönlichkeitsbildung usw.
- sinn-rekonstruktive Bildungsprozesse wie Selbsterfahrungsgruppen, Gesundheitsbildung, Identitätslernen usw.
- sozial-rehabilitative Bildungsprozesse im Sinne von Motivationskursen, Resozialisationslernen oder sozialpädagogischen Interventionen.

Hier bieten traditionell die Volkshochschulen in kommunaler Trägerschaft ein Grundangebot; ebenso stark sind aber auch die Kursangebote freier Träger wie Berufsverbände, Parteien, Kirchen oder Gewerkschaften. Das Besondere der Pädagogik der Erwachsenenbildung ist ihre Orientierung an reifen Menschen, denen ein transitorisches, kompensatorisches oder komplementäres life-long-learning präsentiert wird. Voraussetzung für Tätigkeiten in Institutionen der Erwachsenenbildung ist ein wissenschaftliches Studium.

3.4 Zusammenfassung

Bei allen pädagogischen Berufen und in allen pädagogischen Institutionen oder Organisationen geht es um Fragen der Erziehung und Bildung, des Lernens und der Verhaltensänderung sowie um solche der Vermittlung von Informationen und Zielen (Didaktik). Hierzu gibt es auf Seiten des Pädagogen einerseits und der Adressaten seiner pädagogischen Bemühungen andererseits Bestände an Wissen unterschiedlichster Art (Informationswissen und Handlungswissen) und an Nichtwissen, die für den Erfolg im Sinne der beruflichen Tätigkeit äußerst bedeutsam sind. Bei der vom Pädagogen intendierten Verhaltensänderung muss neues Wissen (und Können) kommuniziert, vermittelt, erworben und angewendet werden. Und das betrifft keineswegs nur Fachkenntnisse oder abrufbares Faktenwissen; da „Erzieher" und „Zögling" in einem pädagogischen Bezug zueinander stehen, geht es immer auch um das Selbst der Beteiligten, ihr biografisches Wissen und ihr Reflexionswissen. Da pädagogisch-didaktisches Handeln in Institutionen/Organisationen abläuft, ist außerdem daran zu denken, dass sich in diesen Institutionen Wissen gebildet und zu Strukturen verfestigt hat.

Das alles spricht dafür, zu überlegen, wie dieses Wissen ermittelt, kategorisiert und gemanagt werden kann. Genauer gesagt: Hier sind organisatorische, personbezogene und technik- bzw. medienbezogene Aspekte des Wissensmanagements zu untersuchen.

Übungsaufgabe

Suchen Sie konkrete Beispiele aus den vorgestellten pädagogischen Handlungsfeldern für die Notwendigkeit von Wissensmanagement. Berücksichtigen Sie
dabei die Unterscheidungen von Kap. 1.1 und Kap. 2.2!

4 Organisationsbezogenes Wissensmanagement

Organisationen sind sowohl das Ergebnis des menschlichen Dranges nach Zusammenleben mit anderen Menschen als auch die Folge der Differenzierung gesellschaftlicher Funktionen; sie sind ein spezieller Typ sinnhafter, hierarchisch gegliederter Kommunikationssysteme und haben eine normative Struktur (Morel 1986). Normen, gesellschaftliche Erwartungen und das Interesse der Beteiligten am guten Funktionieren der Organisation halten die Menschen in ihren zusammen. Das gilt für Organisationen jedweder Art, also auch für pädagogische.

4.1 Kennzeichen von Organisationen

Organisationen regeln in der Gesellschaft überindividuelle und grundlegende Bedürfnisse wie Produktion, Konsum, Sozialisation usw. Zum Begriff „Organisation" gehören sowohl zweckvolle und planmäßige Regelungen als auch Vereinigungen und Verbände. Eine geläufige Definition besagt:

> „Gemeinsam ist allen Organisationen erstens, daß es sich um soziale Gebilde handelt, um gegliederte Ganze mit einem angebbaren Mitgliederkreis und interner Rollendifferenzierung. Gemeinsam ist ihnen zweitens, dass sie bewusst auf spezifische Zwecke und Ziele orientiert sind. Gemeinsam ist ihnen drittens, daß sie im Hinblick auf die Verwirklichung dieser Zwecke oder Ziele zumindest der Intention nach rational gestaltet sind. In dem Maße, wie diese drei Definitionsmerkmale des Gebildecharakters, der spezifischen Zweckorientierung und des Organisiert-Seins erfüllt sind, kann man von einer Organisation sprechen." (Mayntz 1972, S. 36)

Als soziale Gebilde weisen Organisationen mehrere gemeinsame Merkmale auf:

1. Organisationen sind relativ große soziale Gebilde.
2. Organisationen weisen eine Rollenstruktur und Autoritätsstruktur mit Rangstufen auf.
3. Organisationen sind auf Kontinuität angelegt.

4. Organisationen besitzen vertikale und horizontale Kommunikationsstrukturen.
5. Organisationen regeln die Tätigkeiten und Zuständigkeiten oft hierarchisch und zweckrational.
6. Organisationen entwickeln bei ihren Mitgliedern eine kollektive Identität.
7. Organisationen neigen zur Bürokratisierung ihrer Prozesse.

Organisationen kann man darüber hinaus noch nach ihrem Lebenszyklus betrachten. Dieser weist nach Glasl (1994, S. 11 ff) für die Organisation der Zukunft folgende Phasen auf:

„1. Pionierphase	Die Organisation erscheint als große Familie. Kennzeichen ist eine weitgehnede Personifizierung bis zum Personenkult.
2. Differenzierungsphase	Die Organisation erscheint als konstruiertes, zweckrationales Gebilde. Materielle Symbole, Rituale stehen im Vordergrund. Der Sprachgebrauch der Organisation wird von technokratischen Ausdrücken geprägt.
3. Integrationsphase	Die Organisation wird als Organismus untergliedert in differenzierte Subsysteme gesehen. Die Organisationskultur wird bewusst reflektiert und gestaltet. Selbstorganisationselemente prägen die Struktur.
4. Assoziationsphase	Die Organisation wird als Teil der gesamten Umwelt gesehen. Nach außen prägen langfristige – auch ökologische – Ziele die Organisation. Im Binnenverhältnis wird die Kultur bewusst gestaltet und als Austausch im Gesamtsystem gesehen. Autonome Teams regeln weitgehend selbständig unter Beachtung der Gesamtidentität die Prozesse." (zit. n. Korinek 2000, S.51)

4.2 Die lernende Organisation

Verändert sich der gesellschaftliche Kontext der Organisationen und gibt es innerhalb der Organisationsstruktur Veränderungsdruck, dann entsteht ein Zwang zum Wandel und zur Weiterentwicklung, wenn die Organisation Bestand haben will. Das gilt für Organisationen aller Art, für das Unternehmen und den Betrieb ebenso wie für die Schule. In der traditionellen Organisationstheorie waren dafür Stabsstellen mit Leitungsfunktion zuständig, die neue

Organigramme zu entwerfen, die Mitarbeiterführung neu zu konzipieren und Motivations- oder Anreizsysteme zu überlegen hätten.

Anders in der modernen Organisationstheorie. Sie rekurriert auf den amerikanischen Wirtschaftswissenschaftler Peter Senge, der solchem Veränderungsbedarf dadurch nachkommen will, dass er die Organisationen zu „lernenden Organisationen" umgestaltet. (Senge 1995) Seine Theorie der Organisationsentwicklung als Lernprozess für Menschen und Systeme hat sich mittlerweile überall durchgesetzt. Nach Senge geben Problemlösungs- und Erneuerungsprozesse den Anlass, eine Organisation zu verbessern. Die Organisationsentwicklung ist dann ein längerfristig angelegter Entwicklungs- und Veränderungsprozess der Organisation als Gesamtsystem und der in ihr tätigen Individuen; es geht dabei um das Lernen von Menschen und Systemen.

> „Organizations learn only through individuals who learn. Individual learning does not guarantee organizational learning. But without it no organizational learning occurs." (Senge 1990, S. 139)

Zentraler Aspekt dieses Lernens ist die direkte Mitwirkung aller Mitglieder der Organisation und die Aktivierung ihrer praktischen Erfahrung. Dadurch sollen grundsätzlich zwei Ziele erreicht werden, die Verbesserung der Leistungsfähigkeit der Organisation (Effizienzsteigerung) und gleichzeitig die Verbesserung der Qualität des Arbeitslebens (Humanitätssteigerung). Damit dieses Ziel überhaupt erreicht werden kann, müssen die Beteiligten ihre Skepsis gegenüber dem eigenen Lernen, Mitlernen und Umlernen abbauen. Das gelingt nur, so P. Senge, wenn folgende fünf Regeln eingehalten werden:

1. Jeder Beteiligte muss lernen, seine persönlichen Fähigkeiten zu verbessern, um bessere/erwünschte Ergebnisse zu erzielen. (persönliche Perfektion)
2. Jeder Beteiligte muss seine inneren Bilder, seine subjektiven Theorien über seine Tätigkeit, seine Kollegen, sein Umfeld usw. kritisch und kontinuierlich hinterfragen. (mentale Modelle)
3. Mit allen anderen soll jeder Beteiligte Visionen entwickeln (und sich dann damit identifizieren), wie die Organisation in Zukunft besser arbeiten kann und welche Ziele sie sich für die Zukunft setzen soll. (gemeinsame Visionen)
4. Gemeinsames Arbeiten und einigendes Kommunikationsverhalten, also Lernen im Team, müssen in der Organisation aufgebaut werden. (organisatorisches Lernen)
5. Systemisch zu denken und zu handeln ist bei der Qualitätsverbesserung der Organisation unerlässlich. (systemisches Denken)

Die zentrale Aufgabe bei der Organisationsentwicklung ist die qualitative Steigerung des Wissensstandes der Organisationsmitglieder. Das verlangt von der Organisationsstruktur Möglichkeiten zum offenen Informationsaustausch, ein ermutigendes und ermunterndes Betriebsklima und ein hohes Maß an Fehlertoleranz. Denn den Mitarbeitern wird nicht nur abverlangt, dass sie sich in ihren Einstellungen und Verhaltensweisen ändern, sondern auch, dass sie Visionen entwickeln, Kreativität und Intuition zeigen, zum Entdecken, Forschen, Ausprobieren und permanentem Verbessern motiviert sowie zu Reflexion und Umlernen bereit sind.

> „Das lernende Unternehmen zu schaffen bedeutet, in einen kreativen Gestaltungsprozeß einzutreten. Die lernende Organisation
> - entwickelt geistige Kräfte, die Kopf, Herz und Handeln aller Mitglieder beeinflussen und verwandeln; sie fördert die Bereitschaft zum Lernen ebenso wie die Fähigkeiten dazu, wobei die Entwicklung der Mitarbeiter und ihr Bedürfnis nach Selbstverwirklichung Unterstützung findet; und sie
> - bildet Lerngemeinschaften, Netzwerke und Microwelten zum gemeinsamen Wahrnehmen, Verstehen und Erforschen
> Das sind, bei relativ geringen Kosten und bei wenig Risiko, beste Voraussetzungen für hohe Leistungsbereitschaft und Innovation. Unternehmen als lebendig lernende Organisationen sind innovativ, gewinnträchtig und menschlich zugleich." (Füser 2001, S. 181f.)

Da das Wissensmanagement die Gesamtheit aller Konzepte, Strategien und Methoden zur Schaffung einer ‚intelligenten', also lernenden Organisation umfasst, steht es im Zentrum aller dieser Bemühungen. Denn „Mensch, Organisation und Technik bilden die drei zentralen Standbeine des Wissensmanagements ..." (Reinmann-Rothmeier/Mandl/Erlach/ Neubauer 2001, S. 18) Mit Wissensmanagement sollen die Unternehmensziele (Leistung, Wettbewerbsfähigkeit, Marktstellung, optimale Ressourcennutzung, Produktqualität, Kundennähe, Innovationsfähigkeit usw.) besser erreicht werden. Der Mensch als Mitglied der Organisation wird hier als Träger von Wissen, Fähigkeiten und Kompetenzen betrachtet, die für den Erfolg des Unternehmens relevant sind. Für die Wertschöpfung des Unternehmens ist nun nicht nur wichtig, die Wissensprozesse auf Seiten der Betriebsmitglieder so zu beeinflussen, dass sie zum Nutzen des Betriebs verwendet und gesteigert werden können, sondern vor allem auch die organisationalen Rahmenbedingungen zu schaffen, die die entsprechend intendierten Wissensprozesse erleichtern und unterstützen.

Zunächst interessiert in Organisationen, welches Wissen für ein Produkt oder eine Leistung nötig ist;

„das eigentlich Spannende am WM (= Wissensmanagement, W. W.) ist aber [...] die Frage, wie dieses Wissen in das Produkt oder die Leistung hineinkommt. Organisationen sind komplexe Gebilde, die genauso aus Menschen wie aus Dingen, Regeln, Verfahren, Symbolen etc. bestehen. Folglich ist auch das Wissen einer Organisation in vielfacher Weise verteilt (distributed knowledge.)". (Dick/Wehner 2002, S. 10)

Zu unterscheiden wäre dabei „embrained knowledge", das analysierende Wissen kompetenter Mitarbeiter/Mitwirkender bei neuen Problemösungen, „embodied knowledge", das Wissen kompetenter Mitarbeiter/Mitwirkender bei gewohnten Problemlösungen, „encultured knowledge", das kulturelle Kommunikationswissen bei neuen Problemstellungen, „embedded knowledge", das Wissen, das in der Technologie, den Produktionsabläufen, den Regeln und Prozessen, den Kommunikationsstrukturen, Sprachmustern und Sinnarchitekturen, Praxisroutinen, Organisationskulturen und Wertmustern einer Organisation vorhanden ist und das als „encoded knowledge" auch sprachlich oder bildlich expliziert werden kann.

4.3 Organisationen als Träger von Wissen

Wenn auch Wissen immer ursprünglich an Personen gebunden ist, so werden mit der Zeit aber auch Produkte, Prozesse, Institutionen, Systeme und Organisationen – unabhängig von den sie am Anfang mitbestimmenden Personen – zu Trägern von Wissen. Eine Schule ist Träger des jeweiligen Wissens einer Zeit über organisiertes Lernen von Kindern und Jugendlichen, ein Fahrzeug ist Träger des jeweiligen Wissens einer Zeit über den Verkehr und die Mobilität, eine computergesteuerte Maschine ist Träger des jeweiligen Wissens über Arbeitsprozesse.

„Träger des Wissens sind demnach neben dem Verstand (Geist) auch der Leib, soziale Praxis bzw. gelebte Kultur, Verfahren, Routinen, Werkzeuge und Strukturen sowie symbolische Abbildungen in Bild und Sprache [...] Organisatorische Praxis ist mit Wissen verwoben, sie beruht auf Wissen und bringt neues hervor." (Dick/Wehner 2002, S. 10 f.)

Dieses organisationale und institutionelle Wissen, das in Arbeitsprozesse, Strukturen, Weltbilder und Regelsysteme Eingang gefunden hat, löst sich von den Personen ab, die am Anfang dieses Wissens erdacht und in die Organisationen oder Institutionen eingeführt haben. Es führt gewissermaßen ein „Eigenleben" und entwickelt sich permanent weiter. Insofern kann man sagen: „Jedes soziale System entwickelt mit seiner Geschichte, seinen Traditionen und seiner spezifischen Identität eine Wissensbasierung, in der die Erfahrungen des Systems sedimentieren." (Willke 2001, S. 105)

In diesem Sinne ist jede Organisation wissensbasiert und wissensgetrieben, und in diesem Sinne kann auch von „intelligenten Organisationen" gesprochen werden. Entstehen Probleme bei den Abläufen oder bei den Produkten einer Institution oder Organisation, muss sich diese entwickeln und verändern; sie muss „lernen". Eine „lernende Organisation" wiederum benötigt Wissensmanagement, d. h. einen gezielten, strategischen Umgang mit ihrer Wissensbasierung.

> „Wissensökonomie und Wissensgesellschaft forcieren die Einsicht, dass es sich dabei um eine eigenständige Systemressource handelt, die in dem Maße knapp und mithin kostbar wird, wie die Leistungsfähigkeit des Systems – im Vergleich mit konkurrierenden Systemen – darauf beruht, dass nicht nur das Wissen von Personen die kritische Leistungsqualität trägt, sondern in gleicher Weise auch das Wissen des Systems." (Willke 2001, S. 105)

Beim organisationalen Wissensmanagement reicht es keineswegs aus, eine wissens- und lernfreundliche Umgebung und Kultur im Unternehmen, in der Organisation oder in der Institution zu schaffen; vielmehr geht es zentral um die Frage, wie diese aufgebaut und strukturiert sind und ob sie der permanenten Wissensentwicklung entsprechen. Konkret bedeutet das: „Alle organisatorischen Prozesse wären daraufhin zu überprüfen, ob sie dem vorhandenen Wissen entsprechen und die Reformulierung oder Innovation dieses Wissens ermöglichen." (Dick/Wehner 2002, S. 11)

Diese Überprüfung erfolgt durch eine Organisationsdiagnostik. Alle relevanten Strukturen und Prozesse ebenso wie die Organisationskultur gehören dabei auf den Prüfstand. Bei der Datenerhebung kommen die geläufigen Methoden quantitativer und qualitativer Sozialforschung zur Anwendung. Für die Auswertung von systemimmanenten Daten haben sich die „Critical-Incident-Methode" und die „Analyse von Life-Items" besonders bewährt.

> „Beim ersten Verfahren werden Vorgänge, die besonders herausstechende positive oder negative Bedeutung haben, isoliert und analysiert. Dies können z. B. eskalierte Konflikte, Pannen im Verfahrensablauf, besonders erfolgreiche Aktionen sein. Bei näherer Betrachtung der dabei aufgedeckten Strukturen und der abgelaufenen Prozesse kann möglicherweise die Ursache für latente Probleme wie z. B. ein Beziehungs- oder Wertekonflikt aufgedeckt werden [...]. Bei der Analyse von ‚Life-Items`, also echten Vorfällen, werden im Unterschied dazu nicht die herausstechen-

den Ereignisse, sondern ganz normale Alltagshandlungen untersucht." (Korinek 2000, S. 98f)

Andere methodische Möglichkeiten zur Analyse der Organisationsstruktur und des Verhaltens der Menschen in ihr sind Simulationen; dabei werden - ohne Kenntnis der Betroffenen - echte Probleme und Vorfälle im Rollenspiel inszeniert und anschließend besprochen. Auch die Inhaltsanalyse von Dokumenten, die Aufschluss über die Organisationskultur, über die Macht-, Autoritäts-, Rollen- und Kommunikationsstruktur, über die Normen und Werte der Organisation, über den Verlauf von Entscheidungsprozessen oder über die Interaktions- und Kommunikationsstile geben können, ist ein geeignetes Diagnoseverfahren. Wichtig ist, dass die Daten wieder an die Betroffenen zurückgekoppelt werden („Survey-Feedback-Methode"). Empfohlen werden auch Datensammlungen durch direkte Kommunikationsformen wie Clustering, Mind-mapping, Hearings, Kraftfeldanalysen, Delphi-Befragungen, Selbstbeobachtung und Selbstreflexion oder Checklisten.

Das Problem, das die Organisationsstruktur mit der Innovierung von Wissen hat, muss stets genau beschrieben und in der Organisation präzise lokalisiert werden. Wird dann der Ist-Zustand mit dem Soll-Zustand der Organisationsziele abgeglichen, geht es darum, die notwendigen Interventionen auf der Ebene der Personen, auf der Ebene der Gruppen/Teams und auf der Ebene der Gesamtorganisation detailliert zu benennen.

> „Ziel der Interventionen auf dieser Ebene ist vor allem die Sensibilisierung in Bezug auf Veränderungen der Organisation und der Milieubedingungen, in denen das System arbeitet. Dazu gehört die Verfeinerung der Wahrnehmungsmethoden in Bezug auf diese Vorgänge bis hin zur Optimierung der personellen, technischen oder organisatorischen Struktur." (Korinek 2000, S. 143)

Übungsaufgabe
Identifizieren Sie Merkmale der Organisationen/Institutionen, in denen Sie arbeiten, leben und lernen und konfrontieren Sie diese mit den Anforderungen des Wissensmanagements, wie sie im Text entfaltet sind!

4.4 Wissensmanagement in Organisationen

Am betriebssoziologischen Denken orientiert ist die Vorstellung von Wissensmanagement als einem

„bewussten und systematischen Umgang mit der Ressource Wissen und dem zielgerichteten Einsatz von Wissen in der Organisation. Damit umfasst Wissensmanagement die Gesamtheit aller Konzepte, Strategien und Methoden zur Schaffung einer ‚intelligenten', also lernenden Organisation. In diesem Sinne bilden Mensch, Organisation und Technik gemeinsam die drei zentralen Standbeine des Wissensmanagements" (Reinmann-Rothmeier/Mandl/Erlach/Neubauer 2001, S. 18).

Mit Wissensmanagement sollen die Unternehmensziele (Leistung, Wettbewerbsfähigkeit, Marktstellung, optimale Ressourcennutzung, Produktqualiät, Kundennähe, Innovationsfähigkeit usw.) besser erreicht werden. Jedes Mitglied der Organisation wird hier als Träger von Wissen, Fähigkeiten und Kompetenzen betrachtet, die für den Erfolg des Unternehmens relevant sind. Für die Wertschöpfung des Unternehmens ist dabei zweierlei wichtig: zum einen die Wissensprozesse auf Seiten der Betriebsmitglieder aus den Bereichen Informationswissen und Handlungswissen so zu beeinflussen, dass sie zum Nutzen des Betriebs verwendet und gesteigert werden können, und zum anderen organisationale Rahmenbedingungen zu schaffen, die die intendierten Wissensprozesse erleichtern und unterstützen.

Wissen als die zentrale Ressource in der Wissensgesellschaft sichert dem Unternehmen wirtschaftlichen Erfolg. Wissensmanagement ist deshalb nicht gleichzusetzen mit Überlegungen zur Produktplanung oder mit Informationsmanagement im Sinne von logistischer Beherrschung und Verwendung von Informationen. Wissensmanagement betrifft vielmehr alle Prozesse und Bereiche eines Betriebs: Entwicklung, Konstruktion, Fertigung, Vertrieb und Service. Denn hier überall kann es nötig werden, vorhandenes Wissen zu aktivieren und zu optimieren. Allerdings ist Wissen schwer zu managen, weil es individuell, kollektiv und organisational vorliegt und mit dem Verhältnis zwischen Individuen, Teams (Praxisgemeinschaften) und der Organisation zusammenhängt. Zusätzlich spielen dabei auch die technischen und methodischen Mittel des Unternehmens eine nicht unerhebliche Rolle.

„Genau genommen liegt Wissen weder im Subjekt noch in den Objekten, sondern im unauflöslichen Verhältnis zwischen beidem, das sich in jeder Tätigkeit ausdrückt." (Dick/Wehner 2002, S. 19)

Erschwerend wirkt, dass - erstens -, wie in Kap. 2 dargestellt, Wissen eine „tacid dimension" haben kann (nicht jeder also alles, was er weiß oder tut, auch in klare Worte fassen kann), dass es - zweitens - bei Einzelpersonen, bei Gruppen wie auch bei Organisationen implizites oder explizites Wissen und Können gibt, dessen Explizierung bzw. Implizierung bei Personen immer auch von emotionalen Faktoren abhängt.

Beim Wissensmanagement im Unternehmen kommt alles darauf an, dass zum richtigen Zeitpunkt das richtige Wissen bei der richtigen Person am richtigen Ort in der richtigen Aufbereitung verfügbar ist Daraus ergeben sich für das Individuum, das Team und die Organisation folgende Fragestellungen:

1. Welches Wissen benötigt der einzelne Mitarbeiter, das Mitarbeiterteam, die Organisation für die geplante Zielsetzung des Unternehmens?
2. Welches Wissen will und kann der einzelne Mitarbeiter, das Mitarbeiterteam, die Organisation diesbezüglich anwenden?
3. Welches Wissen will und kann der einzelne Mitarbeiter, das Mitarbeiterteam, die Organisation zur Zielerreichung an wen weitergeben?
4. Welches Wissen will, kann und muss der einzelne Mitarbeiter, das Mitarbeiterteam, die Organisation im Blick auf das Unternehmensziel neu erwerben oder entwickeln?

4.4.1 Konzeptionen und Modelle

In Organisationen ist Wissensmanagement nicht nur die Aufgabe von speziell damit befassten Personen mit Initiativ- und Koordinationsaufgaben ("knowledge master"), sondern die jedes einzelnen Mitarbeiters. Auch die betriebliche Organisation von Prozessen und die betrieblichen Infrastrukturen sind hier von Bedeutung. Das Top-Management trägt dafür letztendlich die Verantwortung in den Bereichen Organisationsführung und Personalführung. Welche Konzeptionen dazu in den letzten Jahren erarbeitet wurden, soll im Folgenden kurz dargestellt werden. Dabei liegt der Fokus auf dem Wissen, das in der Organisation und für die Organisation von Belang ist, nicht so sehr auf dem Persönlichkeitswissen oder dem Bildungswissen der Mitarbeiterinnen und Mitarbeiter.

4.4.1.1 Der wissenstheoretische Ansatz von I. Nonaka und H. Tekeuchi

Die beiden japanischen Wirtschaftswissenschaftler und Unternehmensexperten Ikujiro Nonaka und Hirotaka Takeuchi, Professoren an der renommierten Hitotsubashi Universität, haben ihr Wissensmanagement-Modell auf deduktive Weise gewonnen. Sie gingen nämlich der Frage nach, worin die Ursachen für die Erfolge japanischer Unternehmen zu suchen sind, und fanden heraus, dass deren Leistung auf ihre Fähigkeit zurückzuführen ist, Wissen zu schaffen und in Produkte und Technologien umzusetzen. Dabei stoßen sie auf eine wichtige Unterscheidung, nämlich die zwischen implizitem Wissen, das bei Menschen durch Erfahrung gelernt vorliegt und allenfalls durch Metaphern oder Analogien mitteilbar ist, und explizitem Wissen, das kommuniziert wird, in Handbüchern niedergeschrieben ist oder aus Verfahrensprozessen erschlossen werden kann. Solches Wissen ist das grundlegende Erklärungsmodell und der Schlüssel für das Verhalten von Unternehmen, wobei implizites und explizites Wissen als komplementär betrachtet werden. Ob Wissen in einem Unternehmen geschaffen wird, hängt den Autoren zufolge nämlich vom dynamischen Wechselspiel dieser beiden Wissensformen ab. Dieses Wechselspiel, vollzieht sich permanent in einem spiralförmigen Prozess auf der individuellen Ebene, auf der Gruppenebene und auf der Organisationsebene.

> „Wir klassifizieren menschliches Wissen in zwei Kategorien: auf der einen Seite explizites Wissen, das sich formal, das heißt in grammatischen Sätzen, mathematischen Ausdrücken, technischen Daten, Handbüchern und dergleichen artikulieren läßt. Diese Form des Wissens kann problemlos von einem Menschen zum anderen weitergegeben werden; in der westlichen Philosophietradition nimmt sie eine beherrschende Stellung ein. Demgegenüber steht jedoch ein wichtigerer Wissenstyp, implizites Wissen, der sich dem formalen sprachlichen Ausdruck entzieht. Dieses Wissen baut auf die Erfahrung des einzelnen und betrifft schwer faßbare Faktoren wie persönliche Überzeugungen, Perspektiven und Wertsysteme. Implizites Wissen ist als entscheidender Bestandteil des kollektiven menschlichen Verhaltens bislang weitgehend vernachlässigt worden. Dies dürfte wohl auch einer der Hauptgründe sein, weshalb die Erfolge des japanischen Managements den Menschen im Westen nach wie vor ein Rätsel sind." (Nanaka/Takeuchi 1997, S. 8f)

Es kommt Nonaka und Takeuchi nun darauf an, wie implizites in explizites Wissen umgewandelt werden kann, damit neues Wissen entsteht. Umwandlung ist ihr Kernbegriff. Umwandlung lässt sich ihrer Meinung nach nur realisieren, wenn man herkömmliche Dichotomien überwindet. Es nützt nicht, kontroverse Standpunkte gegeneinander zu stellen und einen „logischen Boxkampf" zwischen Dichotomien auszutragen – zumal ein Großteil dieser Dichotomien „falsch" ist. Sie schreiben dazu:

> „Aber für uns sind zum Beispiel implizites und explizites Wissen nicht die entgegengesetzten Pole einer Dichotomie, sondern komplementäre Größen, aus deren Interaktion etwas Neues entsteht. ... Unser Modell betrachtet nicht entweder A oder B, sondern beide gleichzeitig." (Nanaka/Takeuchi 1997, S. 267)

Die beiden Wirtschaftswissenschaftler entwerfen ein Konzept von Wissensma-management auf der Basis, eine *Theorie der Wissensschaffung* im Unternehmen. Ihnen zufolge besteht die Wissensschaffung, die eine ständige Innovation und dadurch Wettbewerbsvorteile mit sich bringt, aus zwei Elementen oder Dimensionen:

1. den Interaktionsformen von Wissen und
2. den Wissensebenen.

Die Interaktionsformen, auch epistemologische Dimension genannt, werden durch implizites und explizites Wissen bestimmt. Implizites Wissen ist ein subjektives Wissen, das
- als Erfahrungswissen (Körper)
- als gleichzeitiges Wissen (im Hier und Jetzt)
- als analoges Wissen (in der Praxis)
vorliegt.

Explizites Wissen ist ein objektives Wissen, das
- als Verstandeswissen (Geist)
- als sequentielles Wissen (aus vergangenen Situationen)
- als digitales Wissen (im Form von Theorien)
vorhanden ist.

Zu den Ebenen der Wissenserzeugung (d. h. den „Wissensebenen"), die auch als ontologische Dimension bezeichnet werden, zählen
- das Individuum
- die Gruppe
- das Unternehmen als Ganzes und
- die Interaktion zwischen den einzelnen Unternehmen.

Die Wissensschaffung vollzieht sich nun in Form einer Spirale. Dabei treten zum einen implizites und explizites Wissen in Wechselwirkung, zum anderen kommt es dabei zu einer Höherentwicklung auf der ontologischen Ebene.

Die folgende Grafik zeigt diesen Vorgang:

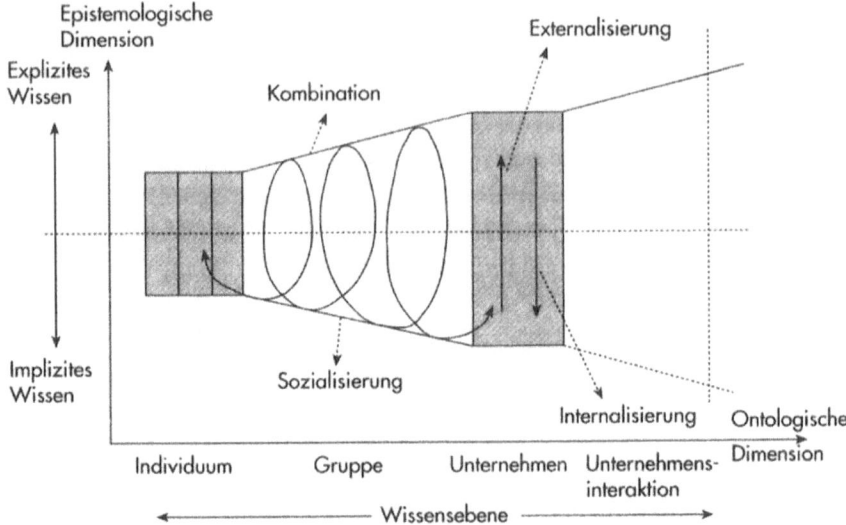

Abbildung 8: Spirale der Wissensschaffung (Nonaka/Takeuchi 1997, S. 75)

Diese Grafik bedarf einiger Erläuterungen:

a.   die Wissensspirale

In Gang gesetzt wird die Wissensspirale durch das Streben des Unternehmens, seine Ziele (sein Programm, seine Vision) auch tatsächlich zu erreichen (Merkmal: Intention). Alle Mitglieder des Unternehmens sollen sodann Autonomie haben und sich als Individuen oder Teams selbst organisieren, um die Realisierung der Unternehmensintentionen in Angriff zu nehmen (Merkmal: Autonomie). Dazu zählt auch, dass sie alle Grundannahmen neu überdenken und im Dialog neue Konzepte finden und darüber reflektieren (Merkmal: Fluktuation, kreatives Chaos). Dass sich dabei Informationen überschneiden, wird begrüßt, bringt es doch die einzelnen Unternehmensbereiche zu einem fruchtbaren Informationsaustausch zusammen (Merkmal: Redundanz). Dafür ist Vielfalt in der Organisationsstruktur (z.B. Personalrotation) und ein Verfügenkönnen über alle erforderlichen Informationen zum Meinungsaustausch auf Grund von Computernetzen unerlässlich (Merkmal: notwendige Vielfalt).

b.   die Wissensumwandlung
Die Wissensumwandlung ist der Kernprozess der Wissensschaffung. Sie erfolgt durch vier Hauptprozesse:

- die Umwandlung von implizitem Wissen zu implizitem Wissen, von Nonaka/Takeuchi „Sozialisation" genannt. Damit meinen sie, dass Inhaber von implizitem Wissen sich beispielsweise mit anderen in einem „Brainstorming-Camp" oder durch gezielte Beobachtung bei anderen oder durch Nachmachen und Abschauen der Praxis anderer ihre Erfahrungen austauschen.
- die Umwandlung von implizitem zu explizitem Wissen, als „Externalisierung" bezeichnet. Hierbei wird implizites Wissen artikuliert, wobei dazu Metaphern, Analogien, Modelle oder Hypothesen zu Hilfe genommen werden. Der Reichtum bildlicher Sprache und die Phantasie werden dabei zur Innovation von Produkten und Strategien genutzt.
- die Umwandlung von explizitem zu explizitem Wissen, wofür der Begriff „Kombination" gewählt wurde. Hierbei sollen verschiedene Bereiche von explizitem Wissen über Dokumente, Besprechungen, Telefon, Computernetze miteinander verbunden werden. Dabei spielt das mittlere Management die entscheidende Rolle. Neues Wissen entsteht hier durch Sortieren, Hinzufügen, Kombinieren, Zusammenführen oder Klassifizieren von vorhandenem explizitem Wissen.
- die Umwandlung von explizitem zu implizitem Wissen, was „Internalisierung" heißt und etwas von „learning by doing" an sich hat. Dazu wird z.B. Wissen aus Dokumenten, Handbüchern, mündlichen Geschichten oder Datenbanken Mitarbeitern zur Kenntnis gebracht, die daraus für sich und ihr Handeln/Verhalten Konsequenzen ableiten (können).

Bei diesen Prozessen liefert das obere Management die übergeordneten Konzepte und Unternehmensvisionen, das mittlere Management vermittelt diese dann in die (teilweise chaotische) Realität an der Basis. Um dies erfolgreich tun zu können, bedarf es vorrangig einer *Theorie menschlicher Beziehungen* und einer *Unternehmenskultur*, die das Potenzial und die Kreativität jedes einzelnen Mitarbeiters ebenso beachtet wie deren bedeutsamen Beitrag beim Austausch von Informationen und bei der Schaffung von neuem Wissen. Eine wissenschaftliche Theorie der Betriebsführung im tayloristischen Sinne reicht dafür nicht aus. Denn:

„Ein Unternehmen, das rasche Veränderungen im Umfeld dynamisch bewältigen will, darf Informationen und Wissen nicht nur effizient verarbeiten, es muß sie selbst hervorbringen. ... Es ist zweifellos wichtig zu verstehen, wie Unternehmen neue Produkte, neue Methoden und neue organisatorische Formen entwickeln. Aber grundlegender noch ist die Frage, wie die Unternehmen neues Wissen schaffen, das diese Entwicklungen möglich macht." (Nonaka/Takeuchi 1997, S. 64)

Der Prozess der Wissensschaffung durch Wissensumwandlung durchläuft bei erfolgreich arbeitenden Unternehmen fünf Phasen:

1. Phase: Wissen austauschen

In selbstorganisierten Teams aus Personen unterschiedlicher Funktionsbereiche wird zunächst implizites Wissen, also individuelles Erfahrungswissen, durch face-to-face-Kommunikation ausgetauscht. Diese 1. Phase fällt mit der „Sozialisation" zusammen.

2. Phase: Konzepte schaffen

Hier geht es um den Austausch zwischen implizitem und explizitem Wissen, also die „Externalisierung". In einem iterativen, spiralförmigen, dialektischen Denkprozess finden die Teammitglieder unter Verwendung von bildlicher Sprache, Metaphern und Analogien zur Artikulierung eines mentalen Modells, das dann zu einem expliziten Konzept weiterentwickelt wird.

3. Phase: Konzepte erklären

Das erarbeitete Konzept muss nun im Unternehmen erklärt werden, damit überprüft werden kann, ob und wie es mit dessen Gesamtintention und mit den Bedürfnissen der Gesellschaft übereinstimmt. Überprüft werden vorrangig die Kosten, die Gewinnspanne und der erwartbare Beitrag zum Unternehmenswachstum.

4. Phase: einen Archetyp bilden

Bevor ein Unternehmen das Konzept umsetzt, muss ein Prototyp des echten Produkts oder ein Modell des tatsächlichen Systems erstellt werden. Dazu arbeiten Experten unterschiedlicher Unternehmensbereiche (Produktion, Marketing, Qualitätskontrolle, Service) und verschiedener Fachgebiete (Personal,

Recht, strategische Planung) mit Mitarbeitern aus den betroffenen Unternehmenssektionen zusammen, damit möglichst alle Details bei der Einführung des Modells beachtet werden. Diese Phase ist der „Kombination" ähnlich.

5. Phase: Wissen übertragen

Das neugeschaffene Wissen, das, in einem Archetyp konzentriert, Planungen und Überlegungen zur Umsetzung im Unternehmen in Gang setzt, dehnt sich darüber hinaus innerhalb und außerhalb des Unternehmens vertikal und horizontal weiter aus. Es veranlasst Debatten, mobilisiert Wissen bei assoziierten Unternehmen, bei Kunden, bei Lieferanten oder auch bei Konkurrenten. Es entsteht ein permanenter Wissenstransfer, wenn das neue Wissen einmal übertragen ist.

Nonaka und Takeuchi haben das in der folgenden Grafik veranschaulicht:

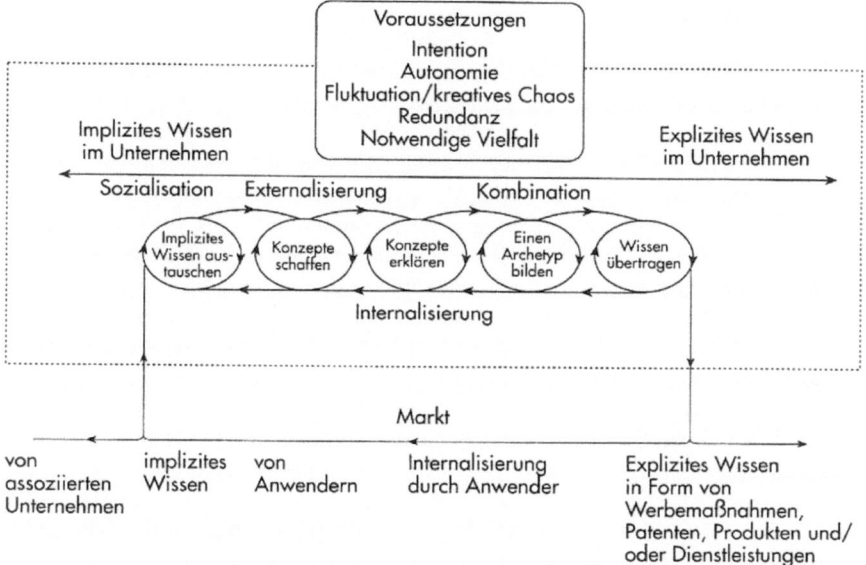

Abbildung 9:   Fünf-Phasen-Modell der Wissensschaffung im Unternehmen
(Nonaka/Takeuchi 1997, S. 100)

Die beiden japanischen Wirtschaftswissenschaftler betonen dann noch, dass es für diesen Prozess der Wissensschaffung ein *systematisches Management* geben muss. Sie machen klar, dass die beiden traditionellen Management-Modelle, das hierarchische Modell nach Pyramidenmuster, bei dem nur die Führungskräfte Wissen schaffen, und das partizipative Management-Modell mit wenigen Managementebenen, bei dem das Wissen von den an der Basis Arbeitenden selbstständig geschaffen wird, dafür ungeeignet sind.

> „Diese beiden traditionellen Modelle mögen wie einander ausschließende Alternativen erscheinen, doch keine von beiden genügt den Anforderungen des Wissensmanagements. Das hierarchische Modell eignet sich für die Bewältigung von explizitem Wissen. Aber durch die Kontrolle der Wissensschaffung von oben vernachlässigt es das implizite Wissen an der Basis. Ein Management von unten nach oben ist günstig für den Umgang mit implizitem Wissen. Aber die starke Betonung der Selbstverantwortung bringt es mit sich, dass dieses Wissen im Unternehmen kaum Verbreitung findet." (Nonaka/Takeuchi 1997, S. 143)

Da aber der Kernprozess der Wissensschaffung im Unternehmen ein dialogischer und interaktiver Gruppenprozess ist, braucht es eine andere Art von Management. Die beiden Wissenschaftler nennen es „Middle-up-down-Management" und meinen damit, dass die Wissensschaffung ja ein spiralförmiger Umwandlungsprozess ist, der von der Mitte ausgeht und sich sowohl nach oben als auch nach unten auswirkt. Mittelmanager spielen hier die entscheidende Rolle, sie fungieren als „strategischer Knotenpunkt", „als Wissensingenieure" und als „Brücke" zwischen den Visionen der Unternehmensführung und der Arbeitsrealität an der Basis. Sie entwickeln konkrete Konzepte zu den Visionen, und zwar solche, die die Mitarbeiter auch tatsächlich verwirklichen können.

Die für das Wissensmanagement in Unternehmen geeignete und förderliche Organisationsform ist nach Nonaka und Takeuchi die von ihnen so genannte „Hypertextorganisation". Wie ein Hypertext aus mehreren Textschichten besteht, die in verschiedenen Dateien gespeichert sind und bei Bedarf abgerufen werden können, wenn man Einzelheiten und Hintergrundinformationen benötigt, so ist es auch in einem Wissen schaffenden Unternehmen. „Das Besondere an einer Hypertextorganisation liegt in der Koexistenz von drei völlig verschiedenen Schichten oder Kontexten innerhalb einer Organisation" – das Wissen im Kontext des Geschäftssystems, das (neue) Wissen des Projektteams und das Wissen aus anderen Unternehmensbereichen.

> „Hauptkennzeichen der Hypertextorganisation ist die Fähigkeit ihrer Mitglieder, den Kontext zu wechseln. Sie können sich zwischen den drei Kontexten hin- und

herbewegen, um sich auf wechselnde Anforderungen innerhalb und außerhalb der Organisation einzustellen." (Nonaka/Takeuchi 1997, S. 191f)

So kann jedes Wissen schaffende Team sein Wissen in den Zusammenhang des gesammelten Wissens des Geschäftssystems stellen und ebenso auch mit dem operativen Wissen der Basis konfrontieren Auf diese Weise wird eine hohe Flexibilität erreicht, eine schnelle Fehlerkorrektur und auch eine systematische Dokumentation und Analyse der Erfolge.

Worin sich die drei Managementmodelle unterscheiden, verdeutlichen Nonaka und Takeuchi mit der folgenden Übersicht: Vergleich der drei Managementmodelle im Hinblick auf die Wissensschaffung

		Von oben nach unten	Von unten nach oben	Middle-up-down
Wer	Akteur der Wissensschaffung	Unternehmensleitung	Unternehmerischer Mitarbeiter	Team (mit Mittelmanagern als Wissensingenieuren)
	Rolle der Unternehmenslei-tung	Entscheidungsträger	Förderer/Mentor	Katalysator
	Rolle des Mittelmanagements	Informationsverarbeiter	Autonomer Intrapreneur	Teamleiter
Was	Gesammeltes Wissen	Explizit	Implizit	Explizit und implizit
	Wissensumwandlung	Teilumwandlung mit Schwerpunkt auf Kombination/Internalisierung	Teilumwandlung mit Schwerpunkt auf Sozialisation/Externalisierung	Spiralumwandlung von Internalisierung/ Externalisierung/ Kombination/ Sozialisation
Wo	Wissensspeicherung	Computerisierte Datenbank/Handbücher	repräsentiert von einzelnen	Wissensbasis des Unternehmens
Wie	Organisationsform	Hierarchie	Projektteams und informelles Netzwerk	Hierarchie und Arbeitsgruppen (Hypertext)
	Kommunikation	Befehle/Anweisungen	Prinzip Selbstorganisation	Dialog und Gebrauch von Metaphern/ Analogien
	Toleranz gegenüber Mehrdeutigkeit	Chaos/Fluktuation nicht gestattet	Chaos/Fluktuation vorausgesetzt	Chaos/Fluktuation geschaffen und verstärkt
	Schwäche	Starke Abhängigkeit von Unternehmensleitung	zeitraubend Kosten für Koordination von Mitarbeitern	Menschliche Erschöpfung Kosten für Redundanz

Abbildung 10: (Nonaka/Takeuchi 1997, S. 137)

4.4.1.2 Der betriebswirtschaftliche Baustein–Ansatz von G. Probst, St. Raub und K. Romhard

Gilbert Probst, Stefan Kaub und Kai Romhardt, die Autoren des 1997 erstmals erschienenen und seither in kurzen Abständen mehrfach wieder aufgelegten Buchs „Wissen managen", verorten die Notwendigkeit des Wissensmanagements in den Trends und Turbulenzen der Wissensgesellschaft. Deren Expansion, Fragmentierung und Globalisierung bringen – so die Verfasser – einerseits Chancen für wissensintensive Produkte oder Dienstleistungen und für neue Märkte mit sich, andererseits aber enthalten sie Gefahren wie das schnelle Veralten des Wissens und wie das Entstehen neuer Konkurrenten. Um die Chancen nutzen zu können, brauchen Unternehmen ein systematisches Wissensmanagement, das das vorhandene Wissen der Betriebszugehörigen, der Teams und der Organisation analysiert, bilanziert und Wissen zur strategischen Grundlage nimmt. G. Probst definiert wie folgt:

„Wissen bezeichnet die Gesamtheit der Kenntnisse und Fähigkeiten, die Individuen zur Lösung von Problemen einsetzen. Dies umfaßt sowohl theoretische Erkenntnisse als auch praktische Alltagsregeln und Handlungsanwesungen. Wissen stützt sich auf Daten und Informationen, ist im Gegensatz zu diesen jedoch immer an Personen gebunden. Es wird von Individuen konstruiert und repräsentiert deren Erwartungen über Ursache-Wirkungs-Zusammenhänge." (Probst 1999, S. 46)

Sprechen Probst und seine Mitherausgeber von sogenanntem „organisationalen Wissen", dann meinen sie damit individuelle und kollektive Wissensbestände, auf die das Unternehmen zur Problemlösung zurückgreifen kann. Hochqualifizierte Wissensarbeiter und kollektive organisationale Fähigkeiten sind für den Unternehmenserfolg maßgeblich. Insgesamt ist Wissen hier nicht um der Erkenntnis willen belangvoll, sondern allein wegen seines Nutzens bei der praktischen Anwendung. Auf die organisationale Wissensbasis einzuwirken, sie zu gestalten und zu lenken, ist die Aufgabe des Wissensmanagements. Insofern legen die Autoren ein Modell von Wissensmanagement vor, das betriebswirtschaftlich fokussiert ist. Es werden Wissensziele gesetzt, zu realisieren versucht und anschließend im Controlling evaluiert.

„Wissensmanagement bildet ein integriertes Interventionskonzept, das sich mit den Möglichkeiten zur Gestaltung der organisationalen Wissensbasis befaßt." (Probst 1999, S. 47)

106

Die theoretische Grundlage aller Überlegungen zum Wissensmanagement bei G. Probst ist der Action-Research-Ansatz, der pragmatisch und praxisorientiert vorgeht. Dazu wurden zahlreiche reale Problemstellungen aus der Praxis von Unternehmen recherchiert, auf Workshops thematisiert, durch systematische Interviews aus verschiedenen Perspektiven erfasst sowie auf Grund von Projektbeschreibungen analysiert.

Das Ergebnis war die Identifikation von sechs Kernprozessen des Wissensmanagements, die in wechselseitiger Interdependenz zueinander stehen:

- Wissensidentifikation (Wie schafft man Transparenz über vorhandenes Wissen?)
- Wissenserwerb (Welche Fähigkeiten kauft das Unternehmen extern ein?)
- Wissensentwicklung (Wie baut man neues Wissen auf?)
- Wissens(ver)teilung (Wie kann man vorhandenes Wissen an die Orte verteilen, an denen es gebraucht wird?)
- Wissensnutzung (Wie kann man sicherstellen, dass das Wissen im Unternehmensalltag auch genutzt wird?)
- Wissensbewahrung (Wie kann man Wissensverluste verhindern?)

Diese Kernprozesse betreffen die wichtigsten operativen Probleme, die sich beim Umgang mit der Ressource Wissen ergeben können. Sie sind aber für sich allein noch kein Wissensmanagement-Modell. Dazu fehlen unternehmensstrategische Gesichtspunkte. Also hat Probst den Kernprozessen einen orientierenden und koordinierenden Rahmen gegeben und zwei Bausteine ergänzt:

- Wissensziele (Welche Richtung sollen die Wissensmanagement-Interventionen haben?)
- Wissensbewertung (Wie kann man den Erfolg der Interventionen messen?)

Die Kernprozesse in Verbindung mit den beiden letztgenannten Punkten bilden die acht Bausteine des Wissensmanagements-Modells von G. Probst u.a. (1999, S. 58), das folgende grafische Form hat:

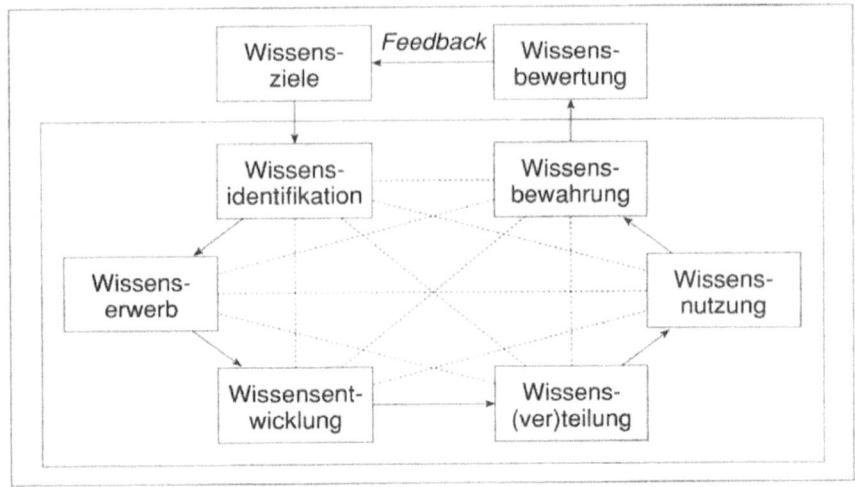

Abbildung 11: Bausteine des Wissensmanagement-Modells (Probst u.a. 1999, S. 58)

Diese 8 Bausteine des Wissensmanagements stellen die möglichen Interventionsfelder für Maßnahmen der Unternehmensführung dar; sie sind alle wissensbezogen und interdependent zueinander, was von den Autoren als besonders positiv herausgestellt wird.

> „Ein entscheidender Vorteil des hier entwickelten Konzeptes liegt darin, daß es die Ressource Wissen als ausschließliches integrierendes Gliederungsprinzip in den Mittelpunkt stellt. Die Bausteine des Wissensmanagements stellen ausnahmslos Aktivitäten dar, die unmittelbar wissensbezogen sind und deren Beziehung zueinander keiner anderen Logik folgt. Nur mit einem solchen Konzept scheint uns die Übersetzung von bestehenden Managementproblemen in Wissensprobleme und damit eine wirklich tiefgreifende Verankerung der Basisvariable Wissen möglich zu sein." (Probst 1999, S. 59)

Die *Wissensmanagement-Konzeption* von Probst und den Mitautoren ist umfassend. Sie betrifft betriebliche Interventionen auf der individuellen Ebene und auf der Gruppenebene (= Personalmanagement), aber auch auf der organisationalen Ebene und der normativen Ebene (= strategisches Management, operatives Management). Grundsätzlich ist sie mit dem klassischen Managementverständnis kompatibel, da sie – wie dieses – den Kreislauf Zielsetzung-Umsetzung-Kontrolle kennt.

Die einzelnen Bausteine bedürfen noch einiger Erläuterungen:

1. Baustein: Wissensziele definieren

Das Management entnimmt den Unternehmenszielen, den unternehmenskulturellen Leitlinien und den Unternehmensvisionen die Teilziele, die mit Wissen zu tun haben und gibt zu deren Realisierung normative, strategische und operative Planungshinweise. Ohne klare Wissensziele lässt sich der Erfolg des Managements nicht messen.

2. Baustein: Wissen identifizieren

Bei der Wissensidentifikation geht es um die systematische Erhellung des Wissensbestands und des Wissensumfelds der Organisation. Zur Steigerung der Wissenstransparenz im Unternehmen werden Wissenskarten, Wissensquellenkarten oder Wissenstopografien erstellt, mit deren Hilfe individuelle Expertise, kollektive Kenntnisse (Erfahrungen) und externe Wissensträger bzw. -quellen ermittelt werden können, wobei der rechtliche Schutz von Wissen allerdings beachtet werden muss. Benchmarking, interne Best-Practice-Identifikation, Expertenverzeichnisse (sogenannte Gelbe Seiten), Informationen über abgeschlossene Projekte, Rapid-Response-Network, Charts, Sichtbarmachen informeller Strukturen und geheimer Spielregeln, Hochleistungsteams, Kontakte zu think-tanks und Service-Leistern sind Methoden dazu.

3. Baustein: Wissen erwerben

Zu diesem Baustein gehört es, auf Wissensmärkten das Wissen externer Wissensträger zu erwerben, das Wissen anderer Firmen zu erwerben, Stakeholderwissen (d.h. das Wissen von Anteilseignern, Mitarbeitern, Kunden, Lieferanten, Banken, Sponsoren, Staat, Öffentlichkeit) zu erwerben sowie Wissensprodukte zu erwerben. Dabei ist noch einmal zwischen „Wissen als Potenzial für Investitionen" und „direkt verwertbarem Wissen" zu unterscheiden, das als Generalistenwissen oder als Spezialwissen zu akquirieren wäre. In der Praxis geschieht der Wissenserwerb durch Einkauf fremder Experten, durch Outsourcing, durch das Zugreifen auf fremde Wissensbasen, durch gezieltes Aufnehmen des Stakeholder-Wissens in das Unternehmen, durch Knowledge-Links mit anderen Institutionen aus strategischen Gründen oder durch den Erwerb von Software, marktähnlichen Produkten oder CD-ROMs mit Problemlösungen.

4. Baustein: Wissen entwickeln

Für den Erfolg des Unternehmens ist dieser Baustein besonders wichtig; denn nur durch neues Wissen können neue Verfahren, leistungsfähigere Prozesse, bessere Fähigkeiten und innovative Produkte erschlossen und dadurch eine wachsende Wertschöpfung erreicht werden. Das Neue entsteht nicht nur in den Forschungs- und Entwicklungsabteilungen der Unternehmen, sondern lässt sich auch durch ein geschicktes Management aus dem Wissen aller Mitglieder hervorholen. Das gilt umso mehr, als nicht nur Produktinnovationen, sondern auch Prozess- und Sozialinnovationen für den Erfolg des Unternehmens wichtig sind. Dazu ist nicht immer das direkte Eingeifen des Wissensmanagers gefragt, sondern es kann auch über eine indirekte Kontextsteuerung (z.B. Schaffen von Freiräumen, Entlastung, Kreativworkshops usw.) erfolgen. Wichtig ist hier, implizites Wissen zu externalisieren sowie durch Think tanks, Lernarenen, Lessons-Learned o. Ä. das vorhandene kollektive Wissen transparent zu machen.

5. Baustein: Wissen (ver-)teilen

Ist Wissen im Unternehmen vorhanden (s. Bausteine 2-4), muss es auf die Mitarbeiter, die es benötigen, verteilt werden und organisationales Wissen die Mitarbeiter erreichen, für deren Tätigkeit es bedeutsam ist. Bei der Wissensteilung geht es (1) um die Multiplikation von Wissen durch schnelle Verteilung auf eine Vielzahl von Mitarbeitern, (2) um die Sicherung und Verteilung von vorangegangenen Erfahrungen und (3) um den simultanen Wissensaustausch zwecks Entwicklung neuen Wissens. Dabei kann die Verteilung zentral organisiert werden; manchmal muss sie allerdings im persönlichen Austausch zwischen Individuen erfolgen, um effektiv zu sein. Das Arbeiten im Team, das hier besonders zu erwähnen ist, wird durch Tendenzen zum „Virtuellen Unternehmen" und durch eine starke Diskontinuität in der Entwicklung vieler Unternehmen erschwert. Intranet, Space management (d.h. räumlich nahe Arbeitsplätze), computer-supported cooperative work, Transfers von Führungskräften, Benchmarking-Teams, Best-Practice-Teams bzw. –Netzwerke und Interne Audits werden als Realisierungsmöglichkeiten betrachtet.

6. Baustein: Wissen nutzen

Das neu erarbeitete Wissen muss im betrieblichen Prozess auch angewendet werden. Dafür ist die Wissensnutzung als Baustein des Wissensmanagements nötig. Darunter ist so etwas wie ein Implementierungsprozess zu verstehen, für den eine anwendungs- und nutzungsorientierte Gestaltung der individuellen oder kollektiven Arbeitssituationen hergestellt werden muss. Die Bedürfnisse derer, die dieses Wissen nutzen sollen, müssen dabei bedacht werden. Besondere Datenbanken, betriebsinterne Informationssysteme, Total-Quality-Management (TQM) oder Problemanalysen in den einzelnen Abteilungen sind dabei hilfreich.

7. Baustein: Wissen bewahren

Um zu verhindern, dass bei Ausscheiden von Mitarbeitern aus dem Betrieb oder in Zeiten von Lean-Management, Outsourcing und Unlearning (d.h. Entlernen des alten Wissens) individuelles und organisationales Wissen (Know-how) nicht unwiederbringlich verloren geht, braucht es Überlegungen zur Wissensbewahrung. Prozesse der Wissensbewahrung sind (1) das Selegieren des Bewahrenswürdigen, wozu zentrale Erfolge und Misserfolge bei Projekten in Form von Lessons-learned, wesentliche Erkenntnisse sowie Angaben zu Schlüsselmitarbeitern gehören, (2) das Speichern dieser Dokumente auf elektronischem Wege zum Aufbau eines digitalen Gedächtnisses im Unternehmen und unter Verwendung einheitlicher Strukturierungen und eines controlled vocabulary, um das Abrufen und Verknüpfen der Wissensfelder zu erleichtern, und (3) das Aktualisieren dieses „kollektiven Unternehmensgedächtnisses", das zeitlich und persongebunden festgelegt sein muss.

8. Baustein: Wissen bewerten

Voraussetzung für das Bewerten der Wissensbasis hinsichtlich der eingangs aufgestellten Wissensziele ist die Wissensmessung, d.h. die Sichtbarmachung und Quantifizierung der Veränderungen im Wissensbereich des Unternehmens. Es handelt sich also um ein Controlling nicht-monetärer Größen, die in vielfältigen Abhängigkeiten stehen. Ähnlich schwierig ist die Wissensbilanzierung, die herkömmlichen Bilanzierungsrichtlinien nicht entsprechen kann. Es können sich unterschiedliche Fehler bei der Messung einstellen: Wichtiges wie das interne Wissen oder das wettbewerbskritische Wissen werden nicht gemessen, das kollektive Wissen wird zugunsten des individuellen Wissens übergangen, quantitative Messgrößen werden qualitativen vorgezogen usw. Die folgende Übersicht (Probst 1999, S. 342) bringt die unterschiedlichen Wissensziele mit den ihnen entsprechenden Bewertungsmethoden zusammen:

Wissensziele	Bewertungsmethoden
normativ · schaffen Voraussetzungen für wissensorientierte Ziele im strategischen und operativen Bereich · zielen auf „wissensbewußte" Unternehmenskultur · erfordern Committment des Top-Managements	· Kulturanalysen · Beobachtung des Top-Management-Verhalten (z.B. Abenda-Analysen) · Glaubwürdigkeitsanalysen (gap zwischen Ideal und IST)
strategisch · inhaltliche Bestimmung organisationalen „Kernwissens" · Definieren des angestrebten Kompetenzportfolio · legen Haupthebel des Kompetenzaufbaus fest	· mehrdimensionale Wissensmessung (Wissensbilanz/Indikatorenklassen) · Analyse des Kompetenz-Portfolios · Controlling der bedeutendsten „Wissensprojekte" · balanced scorecard
operativ · übersetzen normative und strategische Wissensziele ins Konkrete · sichern die Angemessenheit der Interventionen in bezug auf die jeweilige Interventionsebene	· Ausbildungscontrolling mit klaren Lerntransferzielen · Messung von Systemnutzung (z.B. Intranet) · Erstellung individueller Fähigkeitenprofile

Tabelle 5: Wissensziele und ihre Bewertungsmethoden

Abschließend sprechen sich Probst und seine Ko-Autoren dafür aus, dass das Wissenmanagement in jedem Unternehmen fest verankert werden sollte. Dafür seien Ressourcen zur Verfügung zu stellen, kompetente *Wissensmanager* zu beschäftigen und die erforderlichen Infrastrukturen zu schaffen. Die Verankerung des Wissensmanagements im Personal- oder Informatikbereich des Unternehmens lehnen sie als unzureichend ab. Vielmehr müssten neue Managementpositionen geschaffen bzw. bestehende modifiziert werden. Als solche schlagen sie vor:

- Chief Knowledge Officer zur Gestaltung, Lenkung und Entwicklung der organisationalen Wissensbasis
- Kompetenzfeldverantwortliche zum Aufbau und zur Betreuung spezieller Kompetenzfelder (z.b. beim Projektmanagement interne Experten und außerbetriebliche Expertise erfassen, Newsgroups, Workshops usw. organisieren, Intranet organisieren usw.)
- Boundary Spanner (Brückenbauer) zur Vernetzung der Kompetenzfelder, zur Kontaktvermittlung von Personen mit Wissensbeständen innerhalb und außerhalb des Unternehmens und zum Aufspüren von Synergieeffekten zugunsten neuer Geschäftsverbindungen
- Transparenzschaffer zum Sicherstellen der Transparenz in der organisationalen Wissensbasis durch Überprüfung interner Informationssysteme auf ihre Nutzerfreundlichkeit und durch Standardisierung von Dokumentations- und Feedbacksystemen.

Am Anfang aller Wissensmanagement-Aktivitäten steht nach Meinung der Autoren allerdings das Verstehen der Unternehmenskultur und ihrer Art, mit Wissen umzugehen. Ohne die Ermittlung des Ist-Zustands sei kein Soll-Zustand zu planen und zu erreichen.

4.4.2 Unternehmen

Organisationen sind gegliederte soziale Gebilde, entstanden aus der Notwendigkeit der Gesellschaft, kollektive soziale Bedürfnisse zu befriedigen. Sie beruhen auf gesetzlichen Regelungen und weisen gefügte Strukturen auf. Organisationen entlasten das Individuum, tragen zur Funktionsfähigkeit der Gesellschaft bei, qualifizieren und selegieren. Für das einzelne Gesellschaftsmitglied haben sie durchaus ambivalente Wirkungen, Bedürfnisbefriedigung und Interessensausgleich auf der einen, Entfremdung und Abhängigkeit auf der anderen Seite.

Fragt man danach, was ein Unternehmen ist, so sieht man sich auf den Begriff „Betrieb" verwiesen (Schneck 2003, S. 1000). „Ein Betrieb stellt eine Wirtschaftseinheit dar, in der planvoll Güter oder Dienstleistungen produziert werden." (Schultz 2003, S. 5) Betriebe unterscheiden sich von Haushalten, die vorwiegend Güter verbrauchen, durch ihre Produktionstätigkeit. Träger der Betriebe können private Anteilseigner sein, die öffentliche Hand oder beide gemeinsam. Bei privaten Betrieben steht die Gewinnmaximierung im Vordergrund, sie haben dafür das Marktrisiko zu tragen. „Private Betriebe sind ein Kennzeichen für ein marktwirtschaftliches Wirtschaftssystem; sie werden auch als Unternehmen bezeichnet." (Schultz 2003, S. 5) Dabei ist aber festzustellen, dass der Begriff „Unternehmen" uneinheitlich verwendet wird. Teils sind Betriebe den Unternehmen untergeordnet, teils ist das Unternehmen eine kaufmännische Einheit und der Betrieb eine technische Einheit. Mit dem Begriff Firma ist in der Regel die Bezeichnung gemeint, unter der das Unternehmen öffentlich auftritt.

Unternehmen besitzen eine bestimmte Rechtsform. Die wichtigsten davon sind Einzelunternehmen, Personengesellschaften (als OHG oder KG) sowie Kapitalgesellschaften (als GmbH oder AG). Dazwischen gibt es Mischformen (KgaA, GmbH & Co. KG, AG & Co .KG) und daneben noch andere Rechtsformen (vgl. z. B. Genossenschaften). Jedes Unternehmen trifft konstitutive Rahmenentscheidungen nicht nur über die Rechtsform, die grundsätzlich veränderbar ist, sondern auch über Unternehmenskooperationen, über Unternehmensstandorte, über das Leistungsprogramm (Leistungsbreite, Leistungstiefe, Fertigungsformen), über die Produktionskapazität und Betriebsgröße sowie über die einzusetzenden Produktionsfaktoren (Lohnkosten, Materialverbrauch, Energieverbrauch usw.) Um am Markt bestehen zu können, müssen sich die Unternehmen weiterentwickeln, umorganisieren, Visionen umsetzen, „lernen". „Nicht auf time to market`, sondern eher auf time to learn` kommt es in Zukunft an. Damit wird Wissen zur zentralen strategischen Kategorie." Denn: „Wissensbasierten Unternehmen gehört die Zukunft." (Füser 2001, S.68)

„Betriebe
Technische, soziale, wirtschaftliche, organisatorische, umweltbezogene und evtl. rechtliche Einheit, die Güter zur Deckung eines → Bedarfs erstellt, dazu selbständig → Entscheidungen trifft und dafür die Risiken trägt. Dieser traditionelle Betriebsbegriff wird aktuell zunehmend in Frage gestellt. So kann mit zunehmend neuen Organisationsformen (z. B. → Management-Holding, -→ Joint Ventures, → Strategische Allianzen) häufig nicht mehr von einer organisatorischen oder rechtlichen Einheit eines Betriebes gesprochen werden. Technisch betrachtet befinden sich Fabriken oder Werke oft nicht am selben -→ Standort, um von einer Einheit sprechen zu können. Die soziale Einheit wird durch Arbeitszeitflexibilisierungsmaßnahmen und die zunehmende Selbstbestimmung am Arbeitsplatz bzw. die steigende Zahl von Heimarbeitern ebenfalls aufgehoben. Güter werden häufig nicht für den Bedarf, sondern für einen anonymen, oft nicht einmal vorhandenen → Markt produziert und die Selbständigkeit der Entscheidungen in einer Marktwirtschaft kann durch zahlreiche Restriktionen und Rahmenbedingungen von Seiten der Politik eingeengt sein. Das Unternehmensrisiko kann ebenfalls auf mehrere Schultern verteilt oder z. B. per Subventionen abgeschoben werden. Durch die zunehmende Ausweitung der betriebswirtschaftlichen Untersuchungen auch auf öffentliche Unternehmen ist die Abgrenzung zur Haushalts- und Volkswirtschaft ebenfalls nicht

mehr eindeutig möglich. Die Zunahme so genannter selbstverwalteter Betriebe, bei denen Vermögensverteilung, Demokratieprinzip, Einheitslohn u. a. Ziele gelten (z. B. Ökobank), bringen weiterhin die traditionelle Sicht eines Betriebes durcheinander. Aktuelle Umweltschutzüberlegungen bedürfen ebenfalls einer Modifizierung des traditionellen Betriebsbegriffes. Ein neuer zeitgemäßer Betriebsbegriff ist daher schwierig in einer → Definition zu fassen. Interdisziplinäre Überlegungen müssen hier Platz greifen. In jedem Fall ist der Betriebsbegriff von den Begriffen Fabrik, Werk, Geschäft (Handelsgeschäft nach HGB) und → Firma abzugrenzen. Um den Betriebsbegriff voll zu erfassen, ist die Einteilung von Betrieben in → Betriebsarten hilfreich."

„Betriebsarten
→ Betriebe decken durch ihre erstellten Güter (→ Gut) den → Bedarf von Güternachfragern (→ Bedürfnis). Je nachdem. ob die Betriebe fremden Bedarf oder Eigenbedarf decken. spricht man von Unternehmen oder Haushalten. Hinsichtlich der Anteilseigner lassen sich private oder → öffentliche Betriebe unterscheiden. Je nach Art der erzeugten Leistung können Sach- oder Dienstleistungsbetriebe getrennt werden. Volkswirtschaftlich wird in diesem Zusammenhang von primärem, sekundärem und tertiärem Sektor gesprochen. Betriebe lassen sich weiterhin nach der → Branche, der → Rechtsform oder der Größe (→ Betriebsgröße, optimale) einteilen. Größeneinteilungen finden sich erstmals seit dem Bilanzrichtliniengesetz rechtlich geregelt im Handelsgesetzbuch (HGB) zur Bestimmung von Publizitätspflichten. Nach dem vorwiegend eingesetzten Produktionsfaktor lassen sich personal- oder anlagen- bzw. kapitalintensive Betriebe unterscheiden." (aus: Schneck 2003, S. 123f. 126)

Beispiele für Wissensmanagement-Bedarf:

- Das Unternehmen verliert durch personelle Fluktuation, durch Vorruhestandsregelungen und durch Personalabbau in der Entwicklungsabteilung immer wieder an Know how. Um am Markt erfolgreich operieren zu können, braucht das Unternehmen dringend Innovationen.
- Das Unternehmen umfasst mehrere operative Geschäftseinheiten im In- und Ausland. Hinzu kommen garantierte Serviceleistungen. Es kommt immer wieder zu Problemen zwischen den Geschäftseinheiten.
- Das Unternehmen lebt davon, dass einzelne Mitarbeiter patentierbare neue Produkte entwerfen; diese Mitarbeiter sollen an das Unternehmen gebunden werden, damit ihr Know how und ihr kritisches Wissen dem Unternehmen zugute kommt und erhalten bleibt.
- Das Unternehmen bietet technisch-wissenschaftliches, differenziertes Wissen zur Lösung unterschiedlicher Problemstellungen von Kunden an. Da es Probleme gibt, muss der Umgang mit Wissen auf der technischen, der organisatorischen und der personalen Ebene verbessert werden.

- Das Unternehmen bietet IT-Services an und will das in bisherigen erfolgreich abgewickelten Projekten erworbene Wissen der Mitarbeiter für die Akquisition neuer Projekte nutzbar machen.
- Das Unternehmen operiert weltweit und muss seine Produkte den spezifischen Wünschen und Bedingungen der Interessenten in den einzelnen Ländern anpassen. Das stellt erhöhte Anforderungen an die Technologie, die Kostenplanung, die praktische Realisierung usw. und ist besonders fehleranfällig.

Übungsaufgabe
- Reflektieren Sie die Beispiele unter Berücksichtigung der bisher gemachten Aussagen zum Wissensmanagement!
- Wiederholen Sie die Übungsaufgabe, wenn Sie Kap. 4.3 durchgearbeitet haben!

4.4.3 Schule

Die Schule wird gemeinhin als Bildungsinstitution bezeichnet. Sie vermittelt Bildung und verleiht Bildungsabschlüsse. Sie ist, organisationssoziologisch gesprochen, ein Lernort für die in der Gesellschaft heranwachsende Generation. Im Sozialsystem Gesellschaft ist die Schule ein Subsystem, das einerseits selbstständig neben den anderen gesellschaftlichen Subsystemen (Politisches System, Rechtssystem, Wirtschafts- und Beschäftigungssystem, Freizeitsystem, Wissenschafts- und Forschungssystem, kulturell-ästhetisches System, weltanschauliches System) besteht, andererseits aber mit diesen anderen Subsystemen in Beziehung steht. Am engsten sind die Beziehungen mit dem Politischen und dem Rechtssystem (auf Grund der Sozialisationsfunktion) sowie zum Wirschafts- und Beschäftigungssystem (aufgrund der Qualifikationsfunktion der Schule). Im Kontext dieser Beziehungen klärt sich die Identität und Typik des Subsystems Schule, dessen Besonderheit (seit der Aufklärung) in seinem pädagogischen Anspruch (Mündigkeit, Bildung) zu sehen ist.

Im Auftrag der Gesellschaft nimmt die Schule Einfluss auf die Entwicklung der Sach-, Selbst- und Sozialkompetenz von Kindern, Jugendlichen und jungen Erwachsenen. Bei der Wahrnehmung dieser pädagogischen Aufgabe ist die Schule einer zweifachen Verpflichtung unterworfen, der Verpflichtung gegenüber den Kindern und Jugendlichen mit ihren individuellen Besonderheiten und ihrem Recht auf individuelle Förderung sowie der Verpflichtung gegenüber den Inhalten der Kultur, die es um der Identität der Mitglieder einer

Gesellschaft willen zu tradieren und weiterzuentwickeln gilt. Diese doppelte Verpflichtung macht eine „Filterung" der Erwartungen und Ansprüche nötig, die von den anderen Subsystemen der Gesellschaft an die Schule herangetragen werden und begründet die relative Autonomie der Schule.

Wie alle Systeme ist die Schule – und das heißt auch jede Einzelschule – eine Institution mit Selbstorganisation und Eigenlogik, insofern sie nämlich von den Beteiligten und Betroffenen mitgestaltet und veränderten Bedingungen angepasst wird.

Die Dynamik der Entwicklung, der kulturelle Fortschritt und die Veränderungen in der Lebenswelt der Gesellschaftsmitglieder bringen es mit sich, dass die Schule sich weiterentwickeln muss, um ihrem gesellschaftlichen Auftrag entsprechen zu können.

Unter organisationstheoretischem Gesichtspunkt kann die Schule heute nicht mehr als ein „closed-system-model" angesehen werden. Vielmehr ist in der Gegenwart von einem „open-system-model" auszugehen, entsprechend der modernen systemischen Organisationstheorie (Korinek 2000). Diese betrachtet nicht nur die Besonderheiten der Struktur einer Organisation, sondern auch das Individuum, das innerhalb der Struktur nach Selbstverwirklichung strebt. Zwar wird das Individuum in seinen Möglichkeiten durch die Struktur begrenzt und geleitet (Sozialisierung), es kann aber durch interne Prozesse der Kommunikation mitwirken und versuchen, die Organisation von innen zu verändern.

Die Schule ist Beschäftigungsort für verschiedene Personengruppen: Lehrer/Lehrerinnen, Schüler/Schülerinnen, mancherorts auch Sozialpädagogen, Sonderpädagogen und Förderlehrkräfte sowie das nichtpädagogische Personal wie Hausmeister und Reinigungsdienste. Das Besondere dabei ist:

- Der Arbeitsplatz Schule ist ein von der Gesellschaft eingerichteter verpflichtender Lernort für Kinder/Jugendliche von ca. 6 Jahren an über ca. 12 Jahre hinweg.
- Beim Arbeitsplatz Schule muss Sacharbeit (Vermitteln und Aneignen von Lerninhalten) gleichzeitig mit Beziehungsarbeit (sozial-emotionale Interaktionen zwischen Lehrern und Schülern/Schülern und Schülern) verrichtet werden.
- Der Arbeitsplatz Schule steht in vielfältigen Systembeziehungen zu anderen schulnahen oder außerschulischen Institutionen und Personen (z. B. Eltern, Schulaufsicht, Schulträger, Hort, Vereine, kommunale Kinder- und Jugendeinrichtungen usw.).
- Der Arbeitsplatz Schule weist eine hierarchische Struktur auf, die Zuständigkeiten und Rechtswege sowie den beruflichen Aufstieg des unterrichtenden Personals festlegt.

- Der Arbeitsplatz Schule ist durch zahlreiche Gesetze und Vorschriften, durch Autoritäts- und Kommunikationsmuster sowie durch Verhaltensregeln und Rituale bestimmt.
- Der Arbeitsplatz Schule gehört zum „non-profit"-Unternehmen „Bildungseinrichtungen"; die Ergebnisse der hier erbrachten Arbeitsleistungen lassen sich weder als Produkte verstehen und quantifizieren, noch dem Einsatz der beteiligten Personen allein und direkt zuordnen; trotzdem gibt es an diesem Arbeitsplatz ökonomisch relevante Fakten (z. B. Zahl der Lehrer/Schüler pro Klasse, Stundentafel, Lehrerpflichtstunden, Einsatz von Lehrmitteln, Kosten der Schülerbeförderung, Ausfall der Unterrichtsstunden, Zahl der Krankmeldungen, Kosten für Bau- und Instandsetzungsarbeiten usw.)
- Der Arbeitsplatz Schule ist nicht der alleinige berufliche Aufenthaltsort für Lehrer und Schüler, das häusliche Arbeitszimmer/der private Wohnbereich ist wegen der Halbtagsschule in Deutschland ebenfalls Ort beruflicher Tätigkeiten; gleiches gilt für außerschulische Lernorte, die zeitweilig berufsbedingt aufgesucht werden.

Zu den Professionsmerkmalen des *Lehrerberufs* zählen, dass er (1) ein Kulturberuf ist, der die heranwachsende Generation an die bestehenden kulturellen Lebensformen heranführt, (2) ein Gesellschaftsberuf ist, der politische, ökonomische und soziale Ziele realisieren hilft und der die Interessen verschiedener gesellschaftlicher Gruppen beachten muss, (3) ein Sozialberuf ist, der ethisch ausgerichtet ist und pädagogischen und psychologischen Anliegen nachgeht, (4) ein didaktischer Beruf ist, dessen Zweck das Lernen der Schüler ist und der für die Organisation und die Durchführung von Unterricht Verantwortung trägt, (5) ein bürokratischer Beruf ist, der administrative und kustodiale Tätigkeiten umfasst sowie (6) ein akademischer Beruf ist, für den eine Hochschulausbildung mit fachwissenschaftlichen und sozialwissenschaftlichen Kenntnissen nötig ist.

Zum *Schüler* gehört nicht nur die Rolle des Noch-nicht-Wissenden oder Noch-nicht-genug-Wissenden; in der Sprache des Schulrechts sind Schüler/Schülerinnen nämlich „nicht etwa bloß Objekte staatlicher Schulhoheit", sondern – unabhängig vom Alter – Träger von Rechten und Pflichten" (BVerfGE) und in ihrer Personenwürde und in ihren Grundrechten immer zu respektieren.

Nichtsdestotrotz „ist" man nicht Schüler oder Schülerin, sondern wird durch die Institution Schule mit dem Schuleintritt dazu gemacht. Schülersein ist allerdings nur ein Segment bei den Rollen und dem Status der Jungen und Mädchen aus der nachwachsenden Generation. Sie leben außer in der Schule noch in anderen formellen und informellen Institutionen, die ihre gesellschaftliche

Position und ihre Persönlichkeitsentwicklung ebenfalls mitbeeinflussen (vgl. Familie, peer-group, Vereine, Medien, Handlungspraktiken in der Gesellschaft usw.)

Da Schülerinnen und Schüler nun aber nicht Objekte der Belehrung, sondern Subjekte beim Lernen sind, haben sie in der Schule auch besondere Rechte. Diese wurden ihnen 1973 von der Kultusministerkonferenz öffentlich zuerkannt und haben Eingang in die Schulgesetze der Länder gefunden. Diese Rechte gelten für den einzelnen Schüler/die einzelne Schülerin und werden auch von den Schülervertretungen im Rahmen ihrer Schülermitverantwortungsaufgaben wahrgenommen. Es sind:

- das Recht auf Bildung und Förderung von Begabungen – entsprechend den nachgewiesenen Befähigungen
- das Recht auf Beteiligung und Mitwirkung in Unterricht und Schule – entsprechend dem Entwicklungsalter und den Interessen oder Neigungen
- das Recht auf Information – über die Unterrichtsplanung, den eigenen Leistungsstand und die Bewertungsmaßstäbe, die Schule mit ihrem Schulprofil und Schulprogramm, ihre Fördermaßnahmen, ihren Abschlüssen
- das Recht auf Beschwerde – bei ungerecht empfundener Behandlung oder Beurteilung unter Einhaltung des vorgesehenen Beschwerdewegs
- das Recht auf freie Meinungsäußerung (verbunden mit dem Recht auf Versammlung und Demonstration) in einer sachlich gebotenen Form und unter Wahrung der Persönlichkeitsrechte anderer, der Bestimmungen des Jugendschutzes sowie ggf. anderer Gesetze.

Grundsätzlich gilt, dass die Rechte des Schülers durch die Rechte anderer Mitglieder der Schulgemeinde sowie durch schulspezifische Bestimmungen eingegrenzt werden.

Diese Rechte der Schüler werden allerdings immer zusammen mit Pflichten genannt, nämlich

- Schul- und Unterrichtsteilnahmepflicht
- Pflicht zur Einhaltung der Schulordnung und
- Pflicht zur Unterlassung von Störungen in Schule und Unterricht

Die Funktionen, die die Schule in Abhängigkeit vom Staat und für ihn durch Unterricht und Schulleben ausübt, lassen sich aus Gesetzesformulierungen (vgl. Grundgesetz-Länderverfassungen, Schulgesetze) ableiten. Es sind das:

1. *die Qualifikation der jungen Gesellschaftsmitglieder* durch Vermittlung von Wissen und Können, Kenntnissen, Fertigkeiten und Fähigkeiten, zwecks ihrer Vorbereitung auf Arbeitswelt, Weiterbildung und Alltagsleben;
2. *die Personalisation der jungen Gesellschaftsmitglieder* als Entfaltung ihrer persönlichen Anlagen und Befähigungen durch Erziehung und Bildung;
3. *die Sozialisation der jungen Gesellschaftsmitglieder* als deren Einführung in das Leben in der Demokratie und als Sicherung der bestehenden Gesellschaftsform;
4. *die Enkulturation der jungen Gesellschaftsmitglieder* als Erlernen und Weiterentwickeln der Traditionskultur;
5. *die Selektion der jungen Gesellschaftsmitglieder*, sofern damit deren möglichst optimale Förderung unterstützt wird.

Bei der Qualifikationsaufgabe der Schule, um die es im Folgenden schwerpunktmäßig gehen soll, denkt man spontan an die Vermittlung der Kulturtechniken (Lesen, Schreiben, Rechnen, Umgehen mit dem Computer), an den mündlichen und schriftlichen Sprachgebrauch in der Muttersprache und in Fremdsprachen, an Kenntnisse in den Natur-, Sozial- und Geisteswissenschaften mit lebens- und berufspraktischer Relevanz (= materiale Dimension). Man assoziiert ferner praktische Fertigkeiten und Tätigkeiten, über die jemand verfügen soll, der erfolgreich in einen Beruf einsteigen will: Lern- und Arbeitstechniken wie sich selbstständig Informationen beschaffen und auswerten, Experimente und Beobachtungen durchführen, sich mündlich und schriftlich korrekt ausdrücken, Ergebnisse dokumentieren und präsentieren, mit anderen im Team lernen usw. sowie Arbeitstugenden wie Pünktlichkeit, Zuverlässigkeit, Konzentration, Anstrengungsbereitschaft usw. (= formale Dimension). Es geht bei der Qualifikation in der Schule also um Wissen, Können und Einstellungen. Systematisch betrachtet umfasst die Qualifikationsfunktion:

1. inhaltliches Wissen/Fachkenntnisse
Damit sind nicht mechanisch auswendig gelernte Einzelkenntnisse oder passives Verfügen über Faktenmengen gemeint, sondern ein „intelligentes Wissen" (F. Weinert).
2. lebenspraktisches Anwendungswissen
Sachlogisches, systematisches Wissen reicht nicht aus, hinzukommen muss situiert-anwendungsbezogenes Wissen, damit in der Schule Gelerntes nicht nur in der Institution und für die Institution Gelerntes ist bzw. bleibt (= träges Wissen). Dazu braucht es lebensnahe Lernumgebungen mit realistischen Aufgabenstellungen mit Projekten, Lernteams, Anwendungsaufgaben und Erkundigungen.

120

3. Schlüsselqualifikationen/metakognitive Kompetenzen/Methodenwissen
Die Liste der heute so genannten Schlüsselqualifikationen, verstanden als Qualifikationen allgemeiner Handlungsfähigkeit und Merkmale mündigen Verhaltens, über die Schüler am Ende ihrer Schulzeit verfügen sollen, ist lang: Lernen lernen, vernetztes Denken, Hypothesenbildung, Kommunikationsfähigkeit, Kooperationsfähigkeit, Argumentationsfähigkeit, Kreativität, Beweglichkeit im Denken, Ausdrucksfähigkeit, Reflexionsfähigkeit und Selbstkritik, Distanzierung durch Theoretisierung, Einfühlungsvermögen, Verminderung von Entfremdung, Mitverantwortung, Wissensmanagement, Informationsverarbeitungskompetenz usw. Nur wer über metakognitive Kompetenzen verfügt, kann das am konkreten Fall Gelernte erfolgreich transferieren.

4. Handlungs- und Wertorientierungen/Wertewissen
Aus und zusammen mit dem Wissen und den Kompetenzen, die in der Schule erworben werden, muss durch reflexive Diskurse und Gemeinschaftserfahrungen deren Wertgehalt für den Einzelnen und die Gemeinschaft thematisiert werden, um so verantwortliche Einstellungen und Verhaltensweisen anzubahnen.

Aus der Qualifikationsfunktion erklären sich die systematische Strukturierung der Schule in Fächer/Lernbereiche mit verbindlichen Lehrplänen, in Jahrgangsklassen mit Leistungsbewertungen und Versetzungsordnungen und in Abschlussprüfungen nach bestimmten Jahren Lernzeit.

Beispiele für Wissensmanagement - Bedarf:
- Svenja ist ein As in Geschichte. Im Grundkurs der 12. Klasse des Gymnasiums muss in Gruppenarbeit eine Quellenanalyse durchgeführt werden. Während der Arbeitsphase behält Svenja ihre Detailkenntnisse für sich. Nachdem ihre Mitschülerin Karin die Gruppenergebnisse vorgetragen und der Kursleiter nach Ergänzungen von Karins Gruppenbericht fragt, meldet sie sich mit der Frage, ob nicht diese und jene Einzelheiten, die ihr gerade einfielen, zum richtigen Verständnis der Quelle noch nötig wären.
- Im Deutsch-Schulbuch der 7. Klasse heißt ein Arbeitsauftrag: Führt eine Internetrecherche zum Thema „Kinderliteratur in Deutschland" durch!
- In den Mathematik-Schulbüchern verschiedener Zeitepochen des 20. Jahrhunderts finden sich die folgenden Textaufgaben:

Rechenaufgabe von 1915:
Unsere Infanterie ging in einer Front von 800 m vor und nahm eine feindliche Stellung von 600 m Länge, die 300 m entfernt gewesen war.
Wie groß war die eroberte Fläche?

Rechenaufgabe von 1939:
10 erbgesunde Ehepaare Berlins haben im Durchschnitt 17 Kinder, 10 erb-
kranke 35 – Nehmt an, daß von den Kindern rd. 64 % zur Heirat und Vermehrung kommen und dass die Gesunden (je zwei untereinander) mit 30
Jahren, die Kranken (ebenso) mit 25 Jahren heiraten. a) Wieviel neue Elternpaare stehen dann nach 30 bzw. 25 Jahren an Stelle der alten? b) Wie
groß ist also die jährliche Wachstumsrate in % für jede der Gruppen? c)
Wieviel Elternpaare werden aus jeder der Gruppen nach 50 (100, 200) Jahren hervorgegangen sein?

Rechenaufgabe von 1975:
Jemand legt 100.000 Kronen in die Sparkasse, er bekommt 10 % Zinsen.
a) Wieviel kann er am Ende des Jahres abheben?
b) Woher kommen die Zinsen?

- In einem Computersimulationsspiel wird für ein afrikanisches Dorf zur
  Lösung des Überbevölkerungsproblems vorgeschlagen, zwei Generationen
  lang 20 % der Bevölkerung auszusondern, die als nicht überlebensfähig
  angesehen werden und sie weniger gut zu ernähren.
- Die Klasse 9 hat ein Projekt „Unser Dorf zur Zeit des Nationalsozialismus"
  durchgeführt und ist dabei zu interessanten und bisher unbekannten Erkenntnissen gekommen. Nun will sie die Projektergebnisse der Öffentlichkeit vorstellen.
- Die Grundschule einer Kleinstadt plant ein Kooperationsprojekt mit einer
  italienischen Schule. Schulleitung, Lehrerkollegium, Eltern und Schüler
  sollen an der Entscheidung und der Auswahl mitbeteiligt werden.
- Tom hat ein Referat über Spinnen zugewiesen bekommen, kennt sich aber
  sehr wenig aus und hat bisher nur das entsprechende Kapitel im Biologie-
  buch durchgelesen. Er sucht Expertenwissen über Spinnen.
- Tina muss eine komplizierte Rechenaufgabe lösen. Sie ärgert sich, dass sie
  die für die Lösung nötigen Rechenoperationen nicht behalten hat.
- Lehrer Müller hat vor kurzem einen privat bezahlten Kurs „Kommunikati-
  ons- und Konfliktlösung" mitgemacht und wendet das dort Erlernte seitdem mit Erfolg in seiner Klasse an. Bei Konfliktsituationen im Lehrerkollegium und zwischen Schulleitung und Kollegium hält er sich heraus.

Übungsaufgabe

Identifizieren Sie bei den Beispielen Aspekte des Wissensmanagement! Verwenden Sie dabei die in den vorangegangenen Kapiteln ausgeführten Gesichtspunkte des Wissensmanagement.

4.4.4 Erwachsenenbildung

Die neuzeitliche Erwachsenenbildung geht zurück auf die Zeit der Aufklärung mit ihrem Postulat. dass jeder aus selbstverschuldeter Unmündigkeit zur Mündigkeit finden soll (vgl. I. Kant). Wurde dieses Postulat auch in bürgerlichen Gesellschaftskreisen stark rezipiert, so erreichte es die unteren sozialen Schichten doch erst ein Jahrhundert später durch die Arbeiterbildungsvereine, Gewerkschaften und Arbeiterparteien, kirchlichen Gesellenvereine, Volksakademien und Fortbildungsschulen im 19. Jahrhundert. Mit der Jahrhundertwende änderte sich die Organisationsform der Erwachsenenbildung; zu den Volksvereinsformen der Kirchen, Gewerkschaften, Gesellschaften und Genossenschaften kommen als neue institutionalisierte Formen die Abend- und Heimvolkshochschulen hinzu, die erst nach dem Ersten Weltkrieg in staatlicher Trägerschaft durchgeführt wurden. In ihnen sollte organisiertes Lernen fortgesetzt oder wiederaufgenommen werden. Nach Reduzierung ihrer Möglichkeiten im Dritten Reich wurde die Erwachsenenbildung 1945 wieder aufgenommen, wobei in der Deutschen Demokratischen Republik die berufliche Weiterbildung mehr im Vordergrund stand, in der Bundesrepublik Deutschland hingegen die Persönlichkeitsbildung.

Die Volkshochschulen, nach dem Zweiten Weltkrieg kommunalisiert, in Landesverbänden und im Deutschen Volkshochschulverband organisiert, stellen mehr als die Hälfte des derzeitigen Bildungsangebots der Erwachsenenbildung und sind programmatisch offen für alle Personengruppen, alle Themen vonInteresse und alle Kursmethoden. Dennoch hat sich in den letzten Jahren eine Konzentration und Profilierung in Richtung auf Hilfen für das Weiterlernen, persönliche Orientierung und praktische Berufskenntnisse und Fertigkeiten ergeben. Neben ihnen existieren seitdem aber eine Fülle von Weiterbildungsangeboten für Erwachsene, die von unterschiedlichen Gesellschaftsgruppen gemacht und ganz verschieden organisiert wurden, wobei der Gesetzgeber sich mit staatlicher Regulierung von jeher sehr zurückhielt. Die Erwachsenenbildung der Nachkriegszeit „zeichnet sich [...] durch eine Vielfalt, ja Buntheit ihrer organisatorischen Strukturen, ihres theoretischen Selbstverständnisses und ihrer inhaltlichen Ausprägung aus, die je nach Standpunkt als Wildwuchs oder aber als Ausdruck von Flexibilität und Anpassung an die Erfordernisse der Lebenspraxis begriffen wird." (Mattl 1991, S.528)

Traditionell ist das Engagement sogenannter freier Träger (Kirchen, Gewerkschaften, Unternehmerverbände, Parteien, Betriebe, Konzerne usw.) in der Erwachsenenbildung im Vergleich zum Schulwesen sehr hoch, wobei das Personal der Dozenten und Referenten vielfach nebenberuflich arbeitet und nicht immer spezielle Kompetenzen oder Professionalität nachweisen muss. Allerdings nehmen von jeher die Volkshochschulen eine Vorrangstellung im öffentlichen Weiterbildungssystem ein.

In den 60er Jahren und im Zuge der großen Bildungsreform (1965-1975) wurde das Interesse des Staates an der Erwachsenenbildung größer. „Die Erwachsenenbildung wurde zu einem ‚vierten Bildungssektor' des öffentlichen Bildungssystems ausgebaut." (Siebert 1991, S. 632) Es entstand ein Trend zur Institutionalisierung und Professionalisierung, zur Systematisierung und Rationalisierung ihres Bildungsangebots, der seitdem anhält.

Unter dem Einfluss veränderter Lebensverhältnisse und der Neujustierung von Arbeit und Freizeit wird in dieser Epoche dem Erwachsenenalter als (nach Familie und Schule) sogenannter tertiärer Phase der Sozialisation besondere Aufmerksamkeit geschenkt (vgl. Griese 1979, 1990). Man spricht nun dem frühen, mittleren und späteren Erwachsenenalter spezifische Lernmöglichkeiten zu, die am Anfang eine stark berufsbezogene Weiterbildung, später eine mehr freizeitkulturelle und interessenorientierte Erwachsenenbildung betreffen. Das Besondere der tertiären Sozialisationsphase liegt im höheren Grad an Unabhängigkeit, Selbstverantwortung und Selbststeuerung der Betroffenen. Infolgedessen setzt sich im deutschen Sprachraum auch die Redeweise von der Erwachsenenbildung (und nicht der Erwachsenenerziehung) durch.

In der Folgezeit entwickelt sich die Erwachsenenbildung als gesellschaftliche Institution in zwei unterschiedlichen Richtungen weiter:

1. Erwachsenenbildung als berufliche Weiterbildung

Der Deutsche Bildungsplan gliedert die Erwachsenenbildung 1970 in „eine primär beruflich orientierte Fortbildung und Umschulung" und eine „nicht primär unter beruflichen Vorzeichen stehende Erweiterung der Grundbildung sowie die politische Bildung" (S. 53) und betrachtet die nunmehr „Weiterbildung" genannte Erwachsenenbildung „als Fortsetzung oder Wiederaufnahme organisierten Lernens nach Abschluss einer unterschiedlich ausgedehnten ersten Bildungsphase" (S. 197).

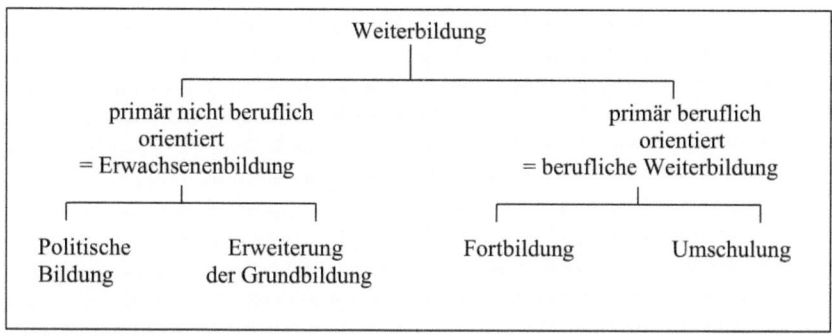

Abbildung 12: Weiterbildung

Weiterbildung meint daraufhin in den 1980er Jahren vorwiegend Einführung in neue Trends der Technik, Wirtschaft und Politik und wird „im Dienste einer primär an Produktivitätssteigerung und Wettbewerbsfähigkeit interessierten Qualifizierung funktionalisiert und instrumentalisiert." (Weber 1999, S. 430) Die Weiterbildung wird der Ökonomie untergeordnet und gleichzeitig zieht sich der Staat weitgehend zugunsten der Wirtschaft aus der Verantwortung dafür zurück. Sie verliert ihren allgemeinbildenden Schwerpunkt und wird vorwiegend berufsbildend, die qualitätsfördernden Lernhilfen und Lernprozesse dominieren die identitätsfördernden bildenden, die Qualifizierung rangiert vor der Aufklärung, die Schlüsselqualifikationen, Kompetenzen und Potenziale dienen mehr dem Betrieb als der Persönlichkeitsentwicklung und der Humanität der erwachsenen Betriebsmitglieder.

2.   Erwachsenenbildung als Sinnorientierung und Identitätsstiftung
Ebenfalls in den 1970er Jahren wird seitens der nun neu etablierten Andragogik „das Identitäslernen als Dimension des bildenden Lernens und zentrale Aufgabe der Erwachsenenbildung als Bildungshilfe thematisiert" (Weber 1999, S. 74) und der identitätstheoretische Ansatz wird die Grundlage für ein praxisrelevantes Theoriemodell der Andragogik. (vgl. Sieber 1983, 1993) Die Erwachsenenbildung versteht sich hier als Bildungshilfe. Die Erwachsenen reflektieren den Sinn, den Zweck und die Relevanz des Lernens unter diesem Gesichtspunkt und gewinnen so als individuelle Subjekte ihre personale Identität. Infolgedessen gelingt es ihnen besser, die Konflikte, Risiken, Unübersichtlichkeiten, Krisen und Widersprüchlichkeiten in der postmodernen Gesellschaft zu bestehen.

H. Siebert (1983, S. 41 ff.) nennt unterschiedliche Möglichkeiten, wie Erwachsene ihre Identität erweitern und festigen können:

- Identitätserweiterung durch Erschließung neuer Erfahrungs- bzw. Interessenfelder und durch Weitung des geistigen Horizonts (vgl. z. B. durch Sprachkurse, Malkurse etc.)
- Identitätsstabilisierung durch Erwerb von Zertifikaten und Erlangen von Qualifikationen (vgl. z. B. Fremdsprachen)
- Identitätsbestätigung durch Sozialkontakte (vgl. z. B. in Gesprächskreisen)
- Identitätsumorientierungen durch zukunftsgerichtetes Lernen (vgl. z. B. durch Umschulungen)
- Identitätskrisenbewältigung durch Nutzung von Bildungshilfen, Supervisions- und Copingangeboten (vgl. z. B. bei privaten Krisen, Übergang in die Ruhestandsphase usw.)

„Erwachsenenbildung soll das Identitätslernen fördern und selbst zu einem Faktor der Identitätsentwicklung werden. Identitätslernen ist generell ein reflexives Lernen [...] und (vor allem im Rahmen der Erwachsenenbildung) ein biographisch orientiertes Lernen, das über die eigene Lebensgeschichte und ihre Schlüsselerlebnisse, über die im persönlichen Leben entstandenen Interessen und Ablehnungen, die individuell im curriculum vitae ausgebildeten Lernstärken und Lernschwächen nachdenkt, das eigene Leben rückblickend bilanziert und vorausschauend neue Lebensorientierungen bzw. -pläne entwirft. [...] Identitätslernen darf sich allerdings nicht auf Selbstreflexion und Selbstthematisierung (z. B. in modischen Selbsterfahrungsgruppen) beschränken, da zum pädagogischen Begriff von Identität nicht nur das Selbstbild und Fremdbild des Ego, sondern auch die Erfahrungen und Wissensbestände, die Qualifikationen und Themen gehören, die nicht nur subjektiv interessant, sondern auch gesellschaftlich relevant sind". (Weber 1999, S. 75f.)

Institutionen der Erwachsenenbildung weisen eine Reihe von spezifischen Organisationsmerkmalen auf (vgl. Künzel 1991, S. 1066f; Orthey 1999, S. 544ff):

- Sie sind von gruppenpolitischer Einflussnahme durch die Träger abhängig.
- Sie weisen Formen offener Angebotsweiterbildung und geschlossener, zweckbestimmter Qualifizierungsweiterbildung auf.
- Sie sind sehr unterschiedlich institutionalisiert, teils stark abhängig, teils relativ selbstständig.
- Sie sind den Marktmechanismen von Angebot und Nachfrage unterworfen.
- Sie befriedigen unterschiedliche Lehr-Lern-Zielsetzungen wie
  - den Erwerb systematischer, an Lernzielen orientierter, überprüfbarer Qualifikationen

126

- den Erwerb von lebensweltlich-sinnorientierter Bewusstseins-
  bildung die Entfaltung fantasiebestimmter, musisch-ästhe-
  tischer und praktischer Befähigungen
- die Gewinnung sozialer Erfahrungen und Rollenverhaltens-
  weisen
- die Gewinnung kritisch-aufklärerischer Kompetenzen des Re-
  dens und Handelns.

- Sie haben mit einer ambivalenten Rolle des Staats zu tun, der als bildungs-
  politische Ordnungsmacht, als Finanzier und als Anbieter von Weiterbildung auftritt.
- Sie haben bisher keine trägerübergreifenden, problemorientierten und bil-
  dungssystematischen Strukturen entfaltet.
- Sie sind eine spezifische Form gesellschaftlicher Kommunikation, die mit
  dem Code Wissen/Nichtwissen operiert und dadurch Selektion und gesellschaftliche Reproduktion fördert.
- Sie sind durch das Auslösen von Lernprozessen ein attraktives Veränder-
  ungsmodell für Individuen und für die Gesellschaft insgesamt, insofern
  Anpassungsweiterbildung, Aufstiegsweiterbildung, Erwerbsweiterbildung,
  berufliche Reaktivierung, Resozialisation und Rehabilitation bedient werden.

„Die Weiterbildung ... umfasst all das, was Erwachsene tun, wenn sie lernen, umfasst den weitgefächerten Bereich von Trägern, Veranstaltern und Institutionen, die
Weiterbildung anbieten, umfasst rechtliche Grundlagen und die materiellen und finanziellen Aspekte. Weiterbildung und Erwachsenenbildung umfassen gleichermaßen öffentliche, private, betriebliche, berufliche, politische und allgemeinbildende
Lehr- und Lernveranstaltungen für Erwachsene." (Faulstich 1992, S. 9)

Beispiele für Wissensmanagement - Bedarf:
- Frau Meyer, 48 Jahre, verheiratet, zwei erwachsene Kinder außer Haus,
  gelernte Grafikerin, aber wegen der Kindererziehung aus dem Beruf ausge-
  schieden, würde gerne wieder berufstätig werden. Am liebsten würde sie
  „etwas Kreatives" machen, traut es sich aber nicht zu.
- Herr Kern, Abteilungsleiter in einem Konfektionshaus, legt Wert auf kor-
  rektes Auftreten, genaue Einhaltung der Arbeitzeiten und zügiges Ausführen seiner Anordnungen, die er gründlich überlegt hat und uneigennützig
  nur zum Wohle der Firma trifft. Im Konfektionshaus ist die Mitarbeiter-
  fluktuation sehr groß. Er beschreibt sein Führungsverhalten als gut und erfolgreich.
- Frau Wagner fühlt sich von anderen Menschen ausgenutzt. Sie sieht sich

als „Mülleimer" für die Probleme anderer, findet selbst aber kein Gehör, wenn sie auf ihre eigenen Probleme zu sprechen kommt. Immer bringen ihr die anderen dann schnell bei, dass ihre Probleme nichts gegen deren viel schwierigere und größere seien. Sie weiß nicht, wie das kommt.

- Herr Keller hat in der Volkshochschule einen Rhetorik-Kurs mitgemacht. Dort wurden Kommunikationssituationen ausgewählt, strukturiert, in Rede und Gegenrede ausgearbeitet und dann praktisch erprobt und trainiert. Er ist enttäuscht, dass das Gelernte im Alltag doch nicht so richtig funktioniert.

Inhaltsverzeichnis			
Junge Volkshochschule	**Berufliche Weiterbildung**	**Natur/Umwelt**	**Künstlerisches**
		Rund ums Tier	**Gestalten**
Offene Akademie	**EDV**	Astronomie/Physik	Zeichnen/Malen
	Basiswissen		Drucktechnik
Bürgerforum	PC für Senioren	**Technik**	Fotografie/Video
Geschichte	Betriebssysteme	Verkehr	Bildhauerei, Skulptur,
Politik/Zeitgeschehen	Netzwerke	Rund ums Haus	Plastik, Objekt
Medien	MS Office	Wohnen und Eigentum	
	Textverarbeitung		**Kunsthandwerk**
Geisteswissenschaften	Kalkulation	**Betriebsführung**	Keramik
Philosophie	Datenbanken		Textiles Werken
Religion	Grafik/Layout	**Wandern**	Holzbearbeitung
Lerntechniken	Internet		Metall, Schmuck
Pädagogik	Programmierung	**Gesundheit**	Puppen
	Sonstige Programme	Psychologie	Sonstige Techniken
		Medizin	
Studium Generale	**Wirtschaft**	Erste Hilfe	**Musik**
	Management	Gesundheitsvorsorge	Musikinstrumente
Kulturforum	Geldanlagen	Ernährung	Musiktheorie
Kunstgeschichte	Recht	Entspannung	Musikpraxis
Augsburger Führungs-		Fernöstliche Methoden	
netz	**Führung und Kom-**	Bewegung	**Spiele**
Theater	**munikation**		
Literatur	Lernpfad Führung	**Freizeitaktivitäten**	**Zielgruppen**
		Verschiedene Sportar-	Frauen
Länder/Völker	**Rhetorik/**	ten	Familie
	Sprecherziehung	Tanz	Senioren
Bildungsreisen			Dozentenfortbildung
	Bürokommunikation	**Hauswirtschaft**	
Sprachen		Genuss und Etikette	**Geschäfts-**
Deutsch als Mutterspra-	**Schulische**	Koch und Backkurse	**bedingungen**
che	**Abschlüsse**	Nähen/Schneidern	
Deutsch als Fremdspra-	Hauptschule		**Kalender**
che	Realschule	**Kosmetik/Outfit**	
Englisch	Fachoberschule		**Veranstaltungs-räume**
Französisch	Gymnasium		
Italienisch	Bayernkolleg		**Anmeldeschein**
Spanisch			
Andere Fremdsprachen			

Tabelle 6: Auszug aus dem Inhaltsverzeichnis der Volkshochschule Augsburg

Wie gewinnt mein Kind Selbstvertrauen?
Ein sicheres Selbstwertgefühl macht
standfest. Daheim und draußen in der
Welt müssen sich unsere Söhne und
Töchter in Gemeinschaften einordnen
und gleichzeitig sollen sie sich darin
behaupten.
Unser Bestreben ist es, den Kindern eine
Portion Selbstsicherheit mit auf den
Weg zu geben. So gerüstet können sie
ihre individuelle Eigenart entfalten und
sie lassen sich nicht so leicht „beeindru-
cken"
Mit einem Drei-Punkte-Plan möchte Sie
die Dozentin bei dieser Aufgabe
unterstützen

*Kommunikation gelingt durch gutes
Selbstwertgefühl*
Oft fragen wir uns, warum die Gespräche
misslingen. Was ist überhaupt mein
Selbstwert, wie kann ich lernen, welchen
Wert ich habe, welchen Wert andere
Menschen haben? Wie gehe ich mit mir
und anderen um? Wann fühle ich mich
angegriffen? Wann fühle ich mich geach-
tet? Daraus ergibt sich die Wertschätzung
und die Kommunikation zu anderen
Menschen.
Bitte mitbringen: Schreibzeug

Coaching
Coaching ist Anregung zur persönlichen
Bestleistung in Balance mit der
beruflichen und privaten Umwelt. Es gibt
Hilfen zu Selbstverwirklichung,
Wachstum, Flexibilität und Effizienz. In
diesem Seminar werden wir am Beispiel
der Themen Zielerreichung, Kreativität
und Motivation den Coaching-Prozess
exemplarisch durchlaufen. Am Anfang
des Gesamtprozesses wählen Sie ein
Thema und formulieren dazu Ihr Ziel. Sie
prüfen, wie das Ziel in Ihre Lebenswelt
integrierbar ist und erarbeiten kreative
Lösungen, um Unstimmigkeiten zu
optimieren. Nach einer neuen Ausrichtung
aller Ebenen Ihrer Person motivieren Sie
sich auf das, was Sie in Zukunft erreichen
wollen.

Italienisch Superlearning I
Eine Reise nach Italien
Nehmen Sie sich ein Wochenende Zeit, sich besser auf die Sprache zu konzentrieren. Lernen Sie das Wichtigste für den Urlaub/die Reise!
Kompakter, wenig anstrengender Sprachkurs für Teilnehmer/-innen ohne bzw., mit geringen Vorkenntnissen.
Die Suggestopädie ermöglicht ein schnelles, leichtes und individuelles Lernen, fordert Kopf, Geist und Körper und schafft einen positiven Zugang zum Lernen durch Elemente wie Entspannung, klassische Musik, Phantasiereisen und spielerische Sequenzen.
Neben optimaler Ausnützung der Fähigkeiten des Gehirns und einem etwa verdreifachten Lerntempo bietet Superlearning auch eine Menge Spass.
Bitte mitbringen: Bequeme Kleidung, Decke, warme Socken, Mineralwasser

Frei werden für den Erfolg
Persönlichkeitstraining
Persönlicher Erfolg und Zufriedenheit im Beruf setzen ein klares Selbstbild der eigenen Person voraus und die Einschätzung der eigenen Möglichkeiten und Grenzen. Mittelpunkt des Trainings ist die eigene Selbst- und Fremdwahrnehmung durch erlebnisintensive Übungen und Rollenspiele aus den Themen der Teilnehmer. Sie erreichen ein stärkeres Selbstbewusstsein durch realistische Einschätzung der eigenen Schwächen und Stärken, Kompetenz im Umgang mit Anderen, konstruktives Denken und klare Zielvorstellungen, die Fähigkeit, sich selbst zu führen.
Nach 6 Wochen findet der zweite Seminarteil als Ergänzung und Nachbereitung statt. Hier können Sie im Erfahrungsaustausch über die Umsetzung Ihrer Erkenntnisse im beruflichen und privaten Alltag miteinander und voneinander lernen

Konstruktiver Umgang mit Stress
Praktisches Zeitmanagement
Berufsalltag und Privatleben stellen ständig steigende Anforderungen an uns. Dabei ist Stress nicht immer negativ. Im Gegenteil: Er kann uns zu Höchstleistungen bringen. Wird uns der Stress aber zuviel, kann er verheerende Auswirkungen haben. Um es gar nicht erst so weit kommen zu lassen, erhalten Sie Informationen über den Sinn der Stressreaktionen. Sie schätzen ihre eigene Stress-Situation ein und lernen Methoden kennen, um negativem Stress vorzubeugen. So wird jeder in die Lage versetzt, sein persönliches Stressmanagement zu gewinnen.

Psychodrama
zum Kennenlernen
Psychodrama ist ein gruppendynamischer Prozess, der durch ein spontanes dramatisches Ausspielen das Verhalten der Menschen anschauen lässt.
Durch das spontane, improvisierte Spiel kommen der oder die Protagonisten über Darstellung ihrer Probleme und inneren Konflikte zur Wahrheit, d. h. er oder sie erleben ihr Unbewusstes. Durch diesen Prozess, durch eine Einsicht und durch konkrete emotionale Erfahrung wird der Mensch befähigt, effektivere, befriedigendere Verhaltens- und Erlebnismuster im Leben zu realisieren.
Es werden u. a. Elemente wie Soziodrama, Stegreifspiel, Aufstellungen von sozialen oder beruflichen Beziehungen,

	Protagonistenspiele oder Märchen in der praktischen Umsetzung vorgestellt. Neue Rollen können von den Teilnehmern erprobt und alte erweitert werden.

Tabelle 7: Auszug aus dem Progamm der Volkshochschule Augsburg

Übungsaufgabe

Reflektieren Sie die Beispiele unter Verwendung der in Kap. 2 genannten Aspekte zum Wissensmanagement!

- Finden Sie heraus, welche Aspekte von Wissensmanagement hier angesprochen sind.
- Überlegen Sie, ob und wie das organisationale und das technische Wissensmanagement sich in der Erwachsenenbildung auswirken könnten!
- Ermitteln Sie bisher nicht beachtete Aspekte von Wissensmanagement!

4.5 Zusammenfassung

In diesem Kapitel standen die Fragen und Probleme des organisationsbezogenen Wissensmanagements im Vordergrund. Grundlage aller Überlegungen zum Wissensmanagement in Unternehmen und Institutionen ist das Konzept der „lernenden Organisation". Im Verständnis dieses Konzepts müssen sowohl die Mitglieder der Organisation permanent zur Verbesserung der Institution lernen als auch die Struktur der Organisation, in die Wissen eingeflossen ist. Für diesen Lernprozess stehen technische Hilfsmittel zur Verfügung. Mensch, Organisation und Technik sind deshalb die zentralen Dimensionen bei der Innovation im Bereich „Wissen".

Wenn auch die „lernende Organisation" zentral auf die Selbsttätigkeit und die Eigenverantwortung jedes einzelnen Mitarbeiters setzt, so kommt die Weiterentwicklung des Wissens bei den Mitarbeitern und in der Organisation nicht ohne Management aus. Dessen Aufgabe muss es sein, das Wissensmanagement als Lernprozess im Unternehmen zu implementieren. Hier stellen sich „klassische" Management-Aufgaben:

Die *Planung* der Umsetzung des Wissensmanagements in Organisationen beginnt mit einer Ist-Soll-Analyse hinsichtlich des impliziten und expliziten Informations- und Handlungswissens und reflektiert Wege zu neuen Zielen der Organisation.

Die *Entscheidung* zur Umsetzung des Wissensmanagements im Unternehmen klärt, wer im Sinne der Zielerreichung welches Wissen auf welchem Wege mit wem zusammen unter Nutzung welcher Informations- und Kommunikationstechnologien mit welcher Unterstützung der Geschäftsleitung und mittels welcher förderlichen Organisationskultur erwerben soll.

Die *Umsetzung* erfolgt dann nach Maßgabe dieser Entscheidungen in Prozessschritten, die von Experten zwar unterschiedlich konzipiert sein können, die aber alle dem Ziel einer Verbesserung der individuellen und organisationalen Wissensbasis der Organisation dienen. Dazu werden verschiedene, Erfolg versprechende technische und methodische Möglichkeiten genutzt.

Die *Kontrolle* des Erfolgs solcher Maßnahmen des Wissensmanagements erfolgt durch interne und externe Evaluation jedes einzelnen Schrittes beim Wissensmanagement-Prozess durch die Führung oder durch von ihr dafür bestellte Personen.

Da gemeinhin Wissen immer eher mit Personen in Verbindung gebracht wird als mit Organisationen, in diesem Kapitel aber ein besonderer Akzent auch auf das organisationale Wissen gelegt werden soll, wird dieser Aspekt zum Schluss mit Hilfe der folgenden Checkliste (Reinmann-Rothmeier 2001, S. 84) noch einmal verdeutlicht:

Checkliste zur Projektplanung

Inwieweit und wo unterstützt und/oder behindert Ihre Organisation den systematischen Umgang mit Wissen?

Leitbild und Wissensmanagement
- Welchen Stellenwert hat Wissen im Leitbild Ihrer Organisation?
- Welche Rolle spielt der systematische Umgang mit Wissen in diesem Leitbild?
- Gab oder gibt es Bestrebungen, das Thema Wissen und den Umgang mit Wissen in das Leitbild aufzunehmen, und wenn ja welche?

Organisationskultur und Wissensmanagement
- Wo sehen Sie günstige kulturelle Gegebenheiten für die Einführung von Wissensmanagement in Ihrer Organisation?
- Wo sehen Sie erschwerende kulturelle Gegebenheiten für die Einführung von Wissensmanagement in Ihrer Organisation?
- Gab oder gibt es kulturelle Veränderungsprozesse, die in die Richtung einer Wissensperspektive für die Organisation gehen?

Anreizgestaltung und Wissensmanagement
- Inwieweit gibt es in Ihrer Organisation wissensmanagementförderliche Anreizsysteme und motivationale Bedingungen?
- Inwieweit gibt es in Ihrer Organisation wissensmanagementhinderliche Anreizsysteme und motivationale Bedingungen?

Organisationsaufbau und Wissensmanagement
- In welcher Hinsicht könnte der Aufbau Ihrer Organisation (Hierarchien, Organisationseinheiten, Projektorganisation, Matrixorganisation etc.) dem Wissensmanagement nutzen?
- In welcher Hinsicht könnte der Aufbau Ihrer Organisation dem Wissensmanagement schaden?

Organisationsmitglieder und Wissensmanagement
- Wie schätzen Sie die Bereitschaft und Einstellung der Menschen in Ihrer Organisation im Hinblick auf Wissensmanagement ein?
- Wie schätzen Sie die Kompetenzen der Menschen in Ihrer Organisation im Hinblick auf Wissensmanagement ein?
- Wo sehen Sie in Bezug auf Wissensmanagement Lern- und Entwicklungsbedarf?

Übungsaufgabe
- Stellen Sie die Gemeinsamkeiten und die Unterschiede der drei dargestellten Konzeptionen zusammen!
- Überlegen Sie sich, welche Bedeutung die für Unternehmen vorgebrachten Aspekte des Wissensmanagements auch für die Institutionen Erwachsenenbildung und Schule haben könnten.

5 Personbezogenes Wissensmanagement

Wissen ist primär und zentral an die mentalen Systeme von Personen gebunden. Es ist für Außenstehende eine unsichtbare Ressource, auf die im Sinne des Wissensmanagemenst eingewirkt werden soll. Letztlich kann aber niemand dazu gezwungen werden, sich Wissen anzueignen, sein Wissen anderen mitzuteilen oder es produktiv für andere (z. B. einen Betrieb oder eine Institution) einzusetzen.

Um das Wissen anderer zu managen oder andere dazu zu bringen, ihr eigenes Wissen zu managen, bedarf es grundlegender Kenntnisse darüber, wie es beim Menschen zum Aufbau von Wissen kommt, was dabei förderlich und was hemmend ist. Dazu sind folgende Überlegungen zum Lernen und zum Instruieren anzustellen.

5.1 Lernen als Informationsverarbeitung

Wissen ist das Ergebnis eines Lernprozesses, der in die Phasen „Informationsaufnahme", „Informationsverarbeitung" und „Informationsspeicherung" aufgegliedert werden kann.

Zur *Informationsaufnahme* zählen alle kognitiven Prozesse, die von der Wahrnehmung eines Reizes bis zu seiner Übernahme ins Kurzzeitgedächtnis reichen. Bei der ersten Aufnahme eines Reizes in das sensorische Register muss zwischen reaktiver Informationsaufnahme und aktiver Informationssuche unterschieden werden. Im ersten Fall bedarf es einer möglichst starken Auslösung (Motivierung). Soll diese Aktivierung erfolgreich ablaufen, muss sie Reize enthalten, die für den Lernenden emotional positiv besetzt sind, oder sie muss angeborene Reaktionen hervorrufen (z. B. werden mehrfarbige Darstellungen meist als „schön" empfunden). Solches „Anstoßen der Informationsaufnahme" nennt man extrinsische Motivation. Von intrinsischer Motivation spricht man dagegen, wenn jemand aktiv, innengesteuert, selbst- und sachbezogen mit Interesse, Neugier, Spaß und Freude am Vollzug bestimmter Handlungen an eine Sache herangeht. Bereits in diesem ersten Stadium kann es zu Störungen kommen, die Wissen gar nicht erst entstehen lassen, nämlich wenn der Reiz nicht bemerkt oder nicht adäquat wahrgenommen wird, weil es z. B. an der nötigen Aufmerksamkeit fehlt.

Am Beginn der *Informationsverarbeitung* stehen die Bewusstwerdung der Wahrnehmung und der Versuch, sie zu verstehen. Die komplexe Struktur der Informationen löst beim Beobachter nämlich sofort Selektionsmechanismen aus. Das lernende Subjekt kategorisiert die Informationen, stellt etwas fest und folgert etwas. Entspricht das dann nicht oder nur teilweise seinen Erwartungen, entwickelt sich der Wissensbildungsprozess nicht intensiv weiter. Denn das Subjekt stellt spontan zur Information eine emotionale Beziehung her (Interesse, Gleichgültigkeit, Ablehnung), die für den weiteren Verlauf des Prozesses entscheidend ist. Wie es selegiert, hängt von seinem jeweiligen psycho-physischen Zustand ebenso ab wie von der Gesamtheit seiner Persönlichkeitsfaktoren (Alter, Geschlecht, Lernfähigkeit, körperliche Eigenschaften, sozio-ökonomische Faktoren, Gewohnheiten, Einstellungen, subjektive Theorien, vorangegangene Erfahrungen, Lebenspläne usw.). Dabei sind wiederum einige Komponenten der Information bedeutsamer als andere: die Information selbst, die Art und Weise, wie sie dargeboten wird, ihre Komplexität oder Kompliziertheit, die Vorkenntnisse, die man schon davon hat. Der Speicherplatz dafür ist das Kurzzeitgedächtnis/Arbeitsgedächtnis.

Soll der Informationsprozess von außen gesteuert werden, so ist der enge Zusammenhang der Wahrnehmung mit den Emotionen/Einstellungen des Menschen zu berücksichtigen. Andernfalls kommt es auch in diesem Stadium zu Störungen: Informationen werden nicht verstanden, nicht für wichtig befunden, als langweilig, fremd, beängstigend oder stressfördernd emotional abgelehnt und deshalb nicht gemerkt. Eine erste Enkodierung der Informationen erfolgt durch Assoziieren, Strukturieren, Erkennen von Mustern, Verstehen, Klassifizieren und Einordnen in vorhandene Kognitionen und Empfindungen, die im Langzeitgedächtnis des Menschen bereits vorhanden sind. Wissen entsteht auf Grund bildhaft-ikonischer, symbolisch-sprachlicher und aktional-handlungsmäßiger Repräsentation des Neuen im Gehirn. Es muss in die bestehenden Strukturen des Denkens, Fühlens, Wollens und Handelns integriert werden und macht diese Strukturen differenzierter; außerdem intensiviert es die neuronalen Netze im Gehirn.

Die *Informationsspeicherung* beginnt bereits im Kurzzeitgedächtnis, das eine Haltezeit von durchschnittlich 10 – 30 min hat. Wird in dieser Zeitspanne die neue Information nicht rezipiert, wiederholt, memoriert und in einem umlaufenden Echo gesichert, kann sie nicht in das Langzeitgedächtnis, das eine unbegrenzte Haltezeit hat, überführt werden. Das Lernprofil des Menschen, seine individuelle Lernweise und seine Lernstrategien sind hier von großer Bedeutung. Bei der Langzeitspeicherung kommt es zu Gedächtnisspuren (Engrammen) im zentralen Nervensystem. Wichtigste Aufgabe ist es dabei, das Behalten zu sichern und Hemmnisse oder nachträgliche Veränderungen der schon gespeicherten Informationen möglichst zu verhindern. Letztere können durch physiologische Rückbildungen der Neuronensubstanz oder durch Interferenz (proaktive/retroaktive Hemmungen) entstehen. Zum Vergessen im eigentlichen Sinne kommt es aber nur im Kurzzeitspeicher, nämlich bei untauglichen Versuchen, sich Informationen einzuprägen und bei ausbleibender Wiederholung.

Allgemein lässt sich die Informationsspeicherung in zwei Phasen aufgliedern:

- die Übungsphase zum Einprägen der neuen Informationen und
- die Gedächtnisphase zur dauerhaften Absicherung der neuen Informationen.

Strategien des Einprägens helfen, Informationen sowohl beliebig lange im Kurzzeitgedächtnis zu halten, als auch sie in das Langzeitgedächtnis zu überführen.

Bei der Aufnahme und Speicherung von Informationen werden nach neueren Forschungen vor allem fünf *Gedächtnisarten* unterschieden (Markowitsch 1997):

- das episodische Gedächtnis für autobiografische und singuläre Ereignisse im Lebenslauf
- das semantische Gedächtnis, in dem Fakten, Welterkenntnisse, Schulwissen, grammatische Regeln, Wissen um Zusammenhänge usw. gespeichert werden,
- das prozedurale Gedächtnis für erlernte Bewegungsabläufe, mechanische und motorische Fertigkeiten, Handlungsstrategien und Übungen
- das Priming - Gedächtnis - („Prägung"), durch das ähnlich erlebte Situationen und früher wahrgenommene Sinneseindrücke (wieder) erkannt und erinnert werden
- schließlich das autonome Gedächtnis, das bewirkt, dass man starke emotionale Erlebnisse (Schockerlebnisse) sehr fest behält und dass durch sie unwillkürliche, kaum kontrollierbare Körperreaktionen hervorgerufen werden.

Diese „Gedächtnisse" sind im Gehirn unterschiedlich lokalisiert, arbeiten aber in komplexverknüpfender Weise zusammen. Die beiden erstgenannten Gedächtnisarten, die mit Sprache und Kognition zusammenhängen, kooperieren allerdings enger, wobei das episodische Gedächtnis dem Faktengedächtnis übergeordnet ist. Die persönliche Bedeutsamkeit und die erfahrene Bedeutung einer Information sind also besonders behaltenswirksam. Beide haben auch das limbische System als Informationsfilter vorgeschaltet, der alle Wahrnehmungen gefühlsmäßig einfärbt. Emotional belegte Informationen werden vom Gehirn nachhaltiger bearbeitet als neutrale, persönlich unbedeutende. Letztere bedürfen deshalb zusätzlicher Unterstützung durch das prozedurale Gedächtnis (z. B. durch wiederholte Übungen).

Der „*Abruf*" des gespeicherten Wissens erfolgt in der konkreten Praxissituation. Hier geschieht die Überprüfung des erworbenen Wissens auf Sinn, Wert und Relevanz bei Ausführung, Anwendung und Übertragung. Je nachdem wie diese Überprüfung ausfällt, wird der Mensch sein erworbenes Wissen als wichtig oder unwichtig einstufen und dann entsprechend damit weiter umgehen.

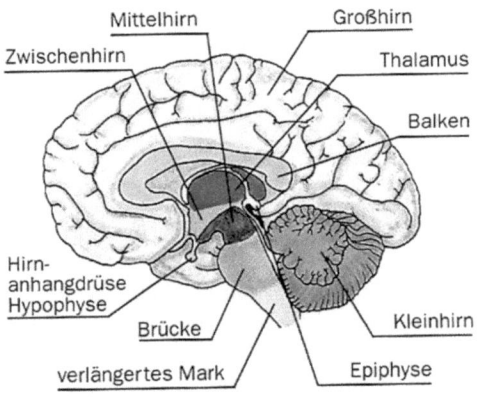

Abbildung 13: Das menschliche Gehirn (Höll-Stüber/Dachroth 1997, S. 159)

„Der Lernprozess beginnt mit der Informationsaufnahme. Aufgrund von Aufgaben- und Problemstellungen nehmen die Lernenden viele Erscheinungen in der Umwelt wahr. Alle diese Eindrücke, die noch ungeordnet sind, werden im sensorischen Gedächtnis aufgenommen. In einem Schritt der Verwesentlichung müssen sie auf die Aufgaben- oder Problemstellung ausgerichet werden und Sinn erhalten (Mustererkennung und Sinngebung). Ziel dieses Schrittes ist es, das Wesentliche zu erkennen, es als Wissen zu strukturieren und es zu verstehen (Wissenskonstruktion). Dies gelingt nur, wenn dieses Wissen, das im Kurzzeitgedächtnis Eingang gefunden hat, mit dem im Langzeitgedächtnis vorhandenen Wissen verknüpft wird, indem erweiterte und verfeinerte thematische Strukturen oder propositionale Netze konstruiert werden (Wissensintegration). Erst wenn die Wissensintegration stattgefunden hat, kann von dauerhaftem Lernen gesprochen werden, denn nur diese Verknüpfung des Neuen mit dem vorhandenen Wissen trägt dazu bei, dass es im Langzeitgedächtnis gespeichert wird. Schließlich sind durch das Bearbeiten von Aufgaben und das Lösen von Problemen im Zusammenhang mit dem deklarativen Wissen Verfahrensstrukturen (Denkpläne) zu konstruieren und weiterzuentwickeln. Dadurch wird einerseits das deklarative Wissen in Denkpläne eingebunden und andererseits entstehen auf diese Weise laufend neue Verfahrensstrukturen (Denkpläne), die teilweise automatisiert werden können, so dass immer mehr Aufgaben und Probleme ohne große Anstrengungen gelöst werden können." (Dubs 1995, S. 170)

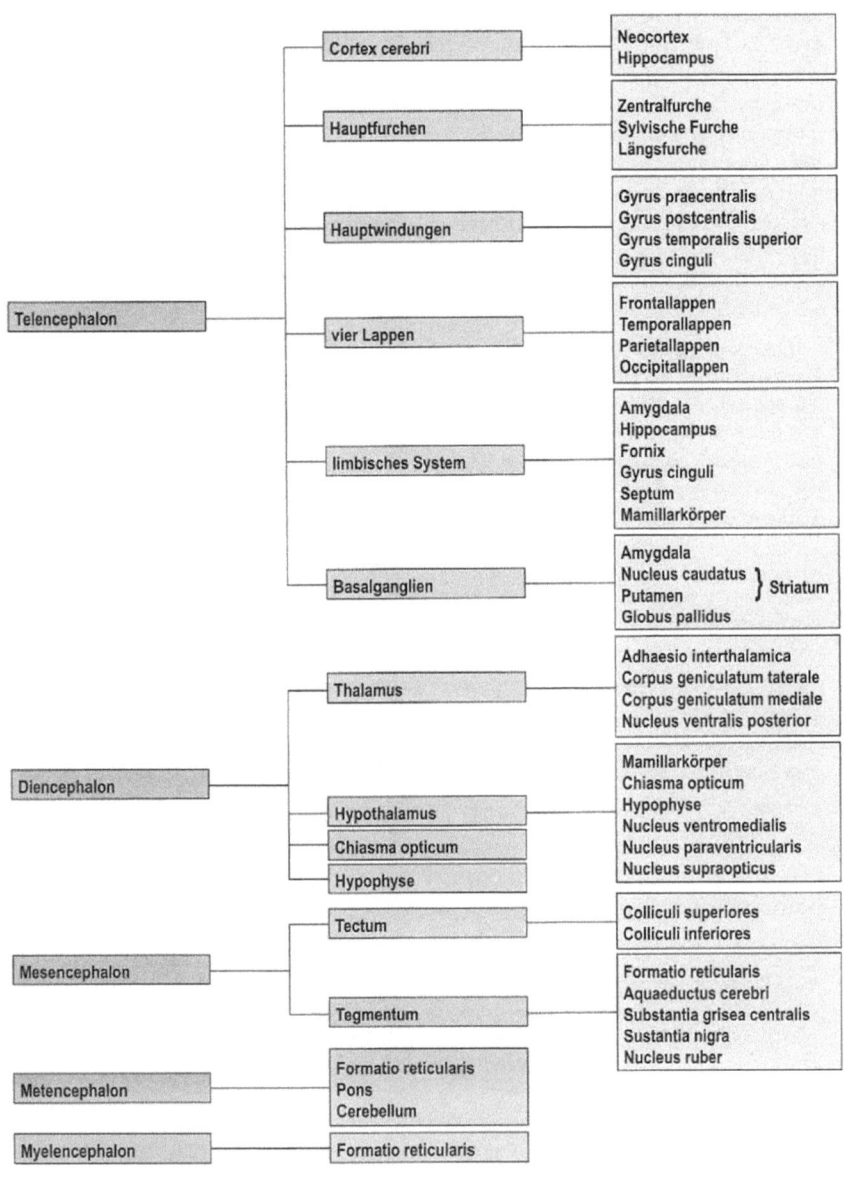

Abbildung 14: Die wichtigsten Hirnstrukturen im Überblick (Pinel 1997, S. 78)

5.2 Lernen als Konstruktion von Bedeutungen

Wer Veränderungen in seinem Lebensumfeld meistern und mitgestalten will, muss umlernen und dazulernen. So wundert es nicht, dass in den letzten Jahren der Lernbegriff und die Lerntheorie wieder besondere Beachtung gefunden haben. Lernen ist zum Zentralbegriff für alle selbstinitiierten oder fremdinitiierten Veränderungsprozesse im Bereich menschlichen Denkens, Fühlens, Könnens und Wollens geworden, die nicht auf Instinkte, Reifung oder medikamentöse Einflüsse zurückgeführt werden können. Die gesamte Persönlichkeitsentwicklung wird neuerdings als Ergebnis von Lernprozessen betrachtet, alle pädagogischen Maßnahmen und Initiativen werden unter dem Gesichtspunkt des Auslösens von Lernprozessen beim Menschen bewertet. Als theoretisches Erklärungsmodell wird seit einigen Jahren verstärkt (fast ausschließlich) auf die Kognitionspsychologie rekurriert, was zur Reduzierung behavioristischer und psychoanalytischer Ansätze geführt hat. Kognitionspsychologen und Vertreter der Humanistischen Psychologie (wie G. Kelly, A. Bandura, W. Mischel, C. Rogers, R. Colin u.a.) setzen auf das Selbst als aktiver Ich- oder Personkern, das sich weiterentwickeln will und sich dazu in letzter Konsequenz nur auf das Potenzial seiner eigenen Kräfte verlassen kann.

Im Kontext einer solchen Umakzentuierung in der Persönlichkeitstheorie kam es in den letzten Jahren auch zu einem neuen Verständnis des Lernvorgangs beim Menschen. Dieses verbindet sich noch mit wissenschaftstheoretischen Überlegungen der Systemtheorie und des Konstruktivismus sowie mit neueren neurophysiologischen Forschungen. Der heute übliche systemisch-konstruktivistisch (auch sozial-konstruktivistisch oder kognitivistisch-konstruktivistisch genannte) Lernbegriff versteht dementsprechend Lernen als eine individuelle Konstruktion von Denk-, Gefühls-, Handlungs- und Wollensstrukturen auf Grund von Erfahrungen, die der/die Einzelne mit sich, mit anderen Menschen und mit Sachverhalten, Situationen oder Dingen seiner Lebenswelt gemacht hat.

Nach diesem Lernbegriff steht der Mensch der Umwelt als ein autopoietisches System gegenüber, das sich selbst organisiert, demzufolge selbstbezüglich an seine Außenwelt herangeht, um personale Identität und Kontinuität bemüht ist und von außen nicht direkt oder unmittelbar beeinflusst werden kann. Lernen ist ein Vorgang, bei dem der Mensch als realitätsverarbeitendes Subjekt agiert, bei dem er sich sein individuelles Bild von der Welt konstruiert. Die Erfahrungen, die er mit sich, seinen Mitmenschen, den Gegenständen und Situationen um ihn herum macht, integriert er in seinen individuellen Personenkern, sein Selbst, den Motor seines Denkens, Fühlens, Wollens, Handelns und Verhaltens.

Im Selbst wirken auf einmalige, individuelle Weise die Erbanlagen, Umwelteinflüse und bewussten/unbewussten Selbststeuerungskräfte des Menschen zusammen. Deshalb hat jedes Individuum seine eigene „Logik", denn seine Kognition, Emotion, Volition und Aktionalität ist – auf der jeweils erreichten Stufe – höchst subjektiv strukturiert. Und jeder Mensch kann seine Erfahrungen immer nur entsprechend dieser Strukturen in seinen Personenkern integrieren, kann nur mit Hilfe seiner verfügbaren Strukturen Wissen hervorbringen, dadurch neue Teilstrukturen ausdifferenzieren und die Struktur transformieren. Wie der Einzelne mit Anregungen und Anforderungen aus seiner Umgebung umgeht, entscheidet sich an seiner internen Struktur. Diese aber ist für Außenstehende schwer zu erkennen und zu erschließen. Wenn der Mensch lernt, vollzieht er also zum einen Prozesse der Konstruktion, indem er sich selbstständig und selbsttätig neue Informationen (im weiten Sinne) aneignet, zum anderen Prozesse der Rekonstruktion, wenn er in sich die Bedeutungen aus Informationen rekapituliert, die andere diesen Informationen (z. B. Texten) beigegeben hatten, und schließlich Prozesse der Dekonstruktion, insofern er merkt, dass er mit seinen bisherigen Konstruktionen – d. h. seinen kognitiven, emotionalen, volitionalen, aktionalen Strukturen - nicht oder nicht mehr zurechtkommt und diese deshalb verändern muss. Was also von der Außenwelt, von der sozialen Umwelt, der Familie oder der Schule zum Lernen der Kinder und Jugendlichen beigetragen werden kann, sind strukturierte Anstöße, Anregungen, Problemstellungen, gelebte Verhaltensvorbilder, didaktisch aufbereitete Materialien und pädagogische oder didaktische Situationen, die solche konstruierenden, rekonstruierenden und dekonstruierenden Lernprozesse bei ihnen auslösen.

Zwar legen bestimmte Systemumwelten dem Menschen bestimmte Denk-, Gefühls- und Verhaltensmuster nahe (vgl. Bourdieus Habitustheorie) und auch sein geistiger, emotionaler und motorischer Entwicklungsstand lässt jeweils andere Lernarten stärker zu (Reiz-Reaktions-Lernen, Imitationslernen, Lernen durch Einsicht); doch bleibt das innere „Resultat" immer eine individuelle Weltkonstruktion. Der Mensch ist nicht das Produkt seiner Lebensumstände, sondern stets Akteur seiner Entwicklung. (dazu: Wiater 2000, S. 14 – 36)

Wissen wird erlernt und wissen managen, kann nur über Lernprozesse beim Menschen gelingen. Deshalb müssen alle Initiativen dazu die Besonderheiten des menschlichen Lernens beachten. Zu den konstitutiven Merkmalen des heutigen Lernverständnisses gehört, dass Lernen

- ein aktiver Prozess ist, also nur Erfolg hat, wenn der/die Lernende selbst dabei tätig und eigenverantwortlich beteiligt ist;
- ein konstruktiver Prozess ist, d. h. dass der/die Lernende immer nur auf der

Grundlage seiner bestehenden individuellen Denk-, Gefühls-, Könnens- und Wollensstruktur neue Bedeutungen (neues Wissen, Können, Verhalten) aufbauen kann; Lernen ist nicht automatisch das Pendant zu Belehrung!

- ein situativer und sozialer Prozess ist, womit – erstens – ausgedrückt wird, dass es in und aus bestimmten Situationen des Denkens, Fühlens und Handelns heraus erfolgt, die besonders motivierend sind, wenn sie authentische Problemsituationen darstellen oder lebensnahme Anwendungsmöglichkeiten erkennen lassen; ferner – zweitens – wird damit ausgedrückt, dass es meist gebunden ist an den sozialen Diskurs und die Interaktion mit anderen Menschen, also aus sozialen Kontexten seine Bedeutung und Bedeutsamkeit bekommt.
- ein selbstgesteuerter Prozess ist, also der/die Lernende mit seinem Selbst, mit der eigenen Persönlichkeit steuernd und kontrollierend beteiligt ist und nur bei vorhandener Bereitschaft zur Selbststeuerung neues Wissen, Können, Fühlen und Wollen aufbauen kann
- ein kumulativer Prozess ist, worunter zu verstehen ist, dass Lernen nicht sukzessiv und assoziativ aufbauend geschieht, sondern die Quantität und Differenziertheit des Vorwissens und des vorhandenen Handlungswissens unterschiedlich viele Verknüpfungen im Gehirn mit sich bringt und daher Wissen exponentiell wächst.

5.3 Lehren als direkte Steuerung

Über die heute geläufige Vorstellung vom Lehren informiert die jüngere Instruktionsforschung. (Weinert 1996)

„Instruktion lässt sich als Inbegriff jener Handlungen und Maßnahmen unterschreiben, die darauf gerichtet sind, die Bedingungen, Prozesse und Ergebnisse des Lernens kollektiv, differentiell oder individuell zu optimieren; Instruktionsprinzipien sind dementsprechend grundlegende Aussagen darüber, was zu tun oder zu unterlassen ist, um Lernen in erwünschter Weise zu beeinflussen." (a.a.O., S. 37f.)

Über den Zusammenhang zwischen Lerntheorien und der Instruktionstheorie lässt sich sagen: „Instruktionsmodelle sind ... Resultate wissenschaftlicher Bemühungen, um aus deskriptiven und explikativen Postulaten von Lerntheorien präskriptive Schlussfolgerungen für die Lernoptimierung zu ziehen und diese anschließend empirisch zu validieren bzw. systematisch weiterzuentwickeln" (a.a.O., S. 4). Im Unterschied zu den „klassischen" Lerntheorien, die den

Lernenden als Individuum vernachlässigten, geht die Instruktionstheorie davon aus, dass Lernen – ganz im Sinne des heutigen Lernbegriffs – ein aktiver, konstruktiver, kumulativer Prozess und keine extern vermittelte, passiv aufgenommene und mechanisch verarbeitete Informationsmenge ist. Sie bedenkt, dass Lernen in dem Maße effektiver und produktiver ist, wie der Lernende den Lernstoff als Teil eines für ihn selbst bedeutsamen Kontextes erfährt (kontextuiertes und situiertes Lernen). Sie weiß um die Wichtigkeit von intrinsischer Motivation, von Interesse am Lerninhalt und von der Stimulation erlebter Lernfortschritte, wenn neue Informationen aufgenommen und verarbeitet werden sollen. Sie beachtet, dass selbstorganisiertes und selbstkontrolliertes Lernen wichtig ist, und zwar als Voraussetzung, Mittel und Ziel des Lehrens.

Unter instruktionstheoretischem Gesichtspunkt lassen sich Lehrhandlungen nach vier komplexen Instruktionsstrategien typisieren, die meist als Mischformen vorkommen. Diese Strategien stehen in Abhängigkeit zur Art der zu erlernenden Kompetenz. F. Weinert stellt folgende Strategien zusammen:

1. *Direkte Instruktion zum Erwerb intelligenten Wissens*
   Unter direkter Instruktion ist weder Paukunterricht noch Drill in Form des lehrerzentrierten Frontalunterrichts verstanden, sondern eine Lehrform, bei der die Lerner aktiv und konstruktiv, allein, mit Tutoren oder in Gruppen arbeiten, bei denen sie aber zum Erreichen maximaler Lern- und Leistungsfortschritte der Expertise eines Lehrers bedürfen. Aufgabe des „Instrukteurs" ist es dabei, für die „Schüler" angemessene Lehrziele festzulegen, den Lernstoff in fachlich-sinnvolle Lerneinheiten zu zerlegen, anhand von geeigneten Fragen und Problemstellungen das notwendigste Wissen zu vermitteln bzw. von ihnen hervorbringen zu lassen, es durch ausreichende Übung und Lernzeit zu sichern, bei Lernschwierigkeiten Hilfe anzubieten und den Lernfortschritt jedes Einzelnen zu kontrollieren. Wird so vorgegangen, hat die direkte Instruktion – wie empirische Untersuchungen belegen – bei größeren Lerngruppen die größten Leistungszuwächse und besten individuellen Lernergebnisse (auch bei schwächeren Lernenden). Für den Erwerb von so genanntem „intelligentem Wissen" ist die direkte Instruktion die zweckmäßigste und effektivste Instruktionsstrategie. Unter intelligentem Wissen versteht man nicht „mechanisch reproduzierte" Kenntnisse oder die passive Verfügbarkeit von Fakten, sondern „ein wohlorganisiertes, disziplinär, interdisziplinär und lebenspraktisch vernetztes System von flexibel nutzbaren Fähigkeiten, Fertigkeiten, Kenntnissen und metakognitiven Kompetenzen", kurz: verfügbares Wissen (Weinert 1998, S. 115). Dieses ist gerade nicht durch formale Techniken des Lernenlernens, auch nicht durch Schlüsselqualifikationen oder selbstbestimmte intrinsische Lernmotivationen der Lernen-

den zu erreichen. Hier ist lehrergesteuertes Lernen nötig, eine Lehrform, die vom Lehrer schülerorientiert vorgeplant ist und die durch Selbsttätigkeit das Verstehen des Lernstoffs fördert, Wissensdefizite oder Verständnisprobleme durch ein sachlogisch aufgebautes, systematisches, inhaltbezogenes Lernen möglichst vermeidet.

2. *Projekte, Lernteams, Recherchen zum Erwerb situierter Strategien der Wissensnutzung*
   Außer dem „intelligenten Wissen" müssen bei Lernenden noch andere Kompetenzbereiche aufgebaut werden. Dazu sind andere Unterrichtsformen als die direkte Instruktion nötig; denn diese ist für den Erwerb situierter Strategien der Wissensnutzung erfahrungsgemäß uneffektiv. Intelligentes Wissen flexibel und kompetent anwenden zu können, setzt voraus, dass die „Schüler" zur sachlogischen Systematik des Wissens dessen mögliche Anwendungsbereiche und situative Kontexte mit gelernt haben, um es richtig und kreativ einsetzen zu können. Dazu muss ihnen Gelegenheit gegeben werden, die relevanten Informationen aktiv, kreativ, situativ, in lebensnahen Lernarrangements zu erwerben, und nicht, sie erst nachträglich auf diese anzuwenden! Die dafür geeigneten Unterrichtsformen sind Projektarbeit, Lernteams, lebenspraktische Recherchen, originelle und variable Übungs- und Anwendungsaufgaben (Weinert 1998, S. 116).

3. *Selbsttätiges Lernen, freie Arbeit und Gruppenarbeit zum Erwerb metakognitiver Kompetenzen*
   Sollen metakognitive Kompetenzen - neben intelligentem Wissen und situiertem Wissen ein dritter Lernbereich - erworben werden wie beispielsweise Lern- und Arbeitstechniken, Strategien der Informationsbeschaffung oder Lernenlernen bedarf es eines angeleiteten selbstständigen Lernens der „Schüler" in Verbindung mit inhaltsspezifischen Lehr-Lern-Einheiten. Die dafür geeigneten Formen sind das selbsttätige Erarbeiten, die freie geistige Tätigkeit, die Gruppenarbeit und alle Arten „offenen Unterrichts". Denn nur in solchen Unterrichtsformen können sich die Lernenden Lernstrategien aneignen, Erfahrungen mit ihren eigenen Stärken und Schwächen machen, die Bedeutung von Lernvoraussetzungen und Lernanstrengungen ermessen usw.

4. *Diskurse, gewohnheitsmäßiges Handeln und positive Lernkultur zum Erwerb von Handlungs- und Wertorientierungen*
   Sind Handlungs- und Wertorientierungen Zielbereich des Lernens, ist direkte Unterweisung ebenfalls unbrauchbar. Hier geht es darum, dass die Lernenden aus ihrem kognitiven Wissen über die Welt und den Menschen Orientierungen und Motivationen für ein verantwortliches Leben und Handeln entwickeln. Dazu müssen persönliche Erfahrungen reflexiv verarbeitet werden und Gewohnheitsbildungen angebahnt werden. Die infrage kommenden

Lehrformen sind reflexive Diskurse, der Aufbau von verhaltenssichernden Gewohnheiten, vorbildhaftes Handeln des „Lehrers", die Verwendung lebensnaher Beispiele für verantwortliches Handeln und Verhalten in der Gesellschaft, eine ermutigende Dialog-, Reflexions- und Toleranzkultur, aber auch verbindliche Verhaltensregeln, die individuelle Entscheidungsfreiheit mit fairem Sozialverhalten verbinden (nach Weinert 1998, S. 115-119).

Für die Instruktion ist grundsätzlich zu fordern, dass sie adaptiv ist, d.h. die individuellen Unterschiede zwischen den Lernenden berücksichtigt. Sie muss versuchen, deren kognitive, motivationale und affektive Verschiedenheit didaktisch so zu beachten, dass jeder bestmöglichst gefördert wird. Dazu sind vielfältige Lehrformen neben und miteinander zu praktizieren. Hier kann auch die durch Tutoren unterstützte Instruktion (als punktuelle, sequenzielle und personale Anpassung der Instruktion an den Lerner) hilfreich sein, bei der „Mitschüler", pädagogische Assistenten, der Lehrer oder auch das Computerprogramm den Lernprozess unterstützen. Gleiches gilt für das kooperative Lernen als Instruktion in der und durch die (heterogene) Gruppe - eine Strategie, bei der Planung, Erarbeitung und Anwendung neuer Wissensgebiete über eine arbeitsteilige Beschäftigung mit Lerninhalten, Projekten oder Problemen erfolgt. Positive oder negative Effekte hängen hier nicht nur von der Persönlichkeitsstruktur der kooperierenden und sich gegenseitig instruierenden Lerner ab, sondern auch entscheidend von der Vorbereitung, Unterstützung und Nachbereitung durch den Instrukteur. Die heute viel genannte Strategie des selbstständigen Lernens als Selbstinstruktion ist zweifellos eine wichtige Voraussetzung, ein bedeutsames Mittel und letztendlich das eigentliche Ziel allen Lehrens. Der Erfolg dieser Instruktionsstrategie hängt aber davon ab, ob bei den Lernenden kognitive und metakognitive Kompetenzen (Vorwissen, Kenntnis des Wissensaufbaus und des eigenen Lernens usw.) in ausreichendem Maße vorhanden sind, ob bei ihnen die erforderlichen motivationalen und volitionalen Voraussetzungen gegeben sind sowie ob sie über die notwendigen „Techniken" der Handlungsvollzüge und der Selbstmanipulation von Gefühlen, Einstellungen und Aufmerksamkeitsverteilungen verfügen (vgl. Weinert 1996, S. 29 - 36).

5.4 Lehren als indirekte Steuerung

Nur durch Instruktion (auf Lehrerseite) und Rezeption (auf Lernerseite) lässt sich flexibel nutzbares Wissen nicht erzielen; es bleibt vielmehr „träges Wissen" („inert knowledge"), das in der Regel lediglich in den Lernsituationen und Lerninstitutionen vom Lerner reproduziert werden kann, in denen es erworben wurde. Bessere Erfolge verspricht ein - dem konstruktivistischen Lernbegriff verpflichtetes - Konzept, bei dem die Lerner intelligentes und produktives Wissen sich selbst mit Hilfe vorbereiteter Lernumgebungen erarbeiten. „Eine Lernumgebung besteht aus einem Arrangement von Unterrichtsmethoden und -techniken, sowie Lernmaterial und Medien. Sie stellt gleichzeitig aber auch die aktuelle zeitliche, räumliche und soziale Lernsituation dar und schließt letztlich auch den jeweiligen kulturellen Kontext ein" (Mandl/Reinmann-Rothmeier 1995, S. 15). In diesem Konzept werden Gedanken amerikanischer Psychologen verarbeitet wie der „Anchored-instruction-Ansatz", der „Cognitive-flexibility-Ansatz" und der „Cognitive-apprenticeship-Ansatz", in denen der Lernerfolg auf „situiertes" Lernen und „situierte" Lernumgebungen zurückgeführt wird. Mit deren Hilfe stellen Mandl und Reinmann-Rothmeier einige Leitlinien für die Gestaltung erfolgversprechender Lernumgebungen auf:

1. *„Situiert und anhand authentischer Probleme lernen"*: d. h. mindestens die Lerninhalte an aktuelle Probleme, authentische Fälle oder persönliche Erfahrungen anknüpfen, besser noch die Lernenden in reale Problemsituationen versetzen, die sie zum Handeln herausfordern.
2. *„In multiplen Kontexten lernen"*: d. h. mindestens die Lerninhalte auf mehrere unterschiedliche Anwendungssituationen gedanklich transferieren lassen, besser noch die Lernenden das Gelernte in mehreren verschiedenen Problemstellungen tatsächlich realisieren lassen.
3. *„Unter multiplen Perspektiven lernen"*: d. h. mindestens bei den Lerninhalten unterschiedliche Sichtweisen ansprechen, besser noch in der Realität diese Perspektiven ausmachen und das Gelernte dort thematisieren.
4. *„In einem sozialen Kontext lernen"*: d. h. mindestens bei der Erarbeitung der Lerninhalte Gruppen- und Partnerarbeit vorsehen, besser noch die Lernenden in einer Expertengemeinschaft mitlernen und mitarbeiten lassen. (a .a. O., S. 37ff)
Lernumgebungen, seien sie herkömmlicher Art (z. B. Freiarbeitsmaterialien, Werkstätten, Lernzirkel usw.) oder moderner Art (z. B. Multimedia, Telemedia usw.), fördern die Selbsttätigkeit, die Eigenverantwortlichkeit, die Selbstkontrolle, die realistische Selbsteinschätzung, das Ordnungsverhalten und die Konzentration der Lernenden; sie berücksichtigen ferner deren unterschiedliche Lernweise (vgl. Lerntypen, Lernstrategien und Arbeitstechniken).

Die Aufgabe des Lehrenden liegt bei den Lernumgebungen in der Auswahl und der Präsentation der Materialien und Medien sowie in der präzisen Beschreibung der Aufgabenstellungen; ferner zählen dazu Vorüberlegungen zu deren sozialem

Kontext und zur Kommunikationsstruktur; schließlich gehört noch die Lerndiagnostik dazu.

Bei den Lernumgebungen lassen sich in systematischer Hinsicht *zwei Grundtypen* unterscheiden:

1. Lernumwelten mit großem oder weniger großem Aktivierungspotenzial
   Großes Aktivierungspotenzial liegt vor, wenn reale komplexe Probleme herausgefunden und selbsttätig gelöst werden müssen. Geringes Aktivierungspotenzial liegt vor, wenn die zu lösenden Probleme definiert, gut strukturiert und mit dem vorhandenen Wissen gelöst werden können.
2. Offene und geschlossene Lernumwelten
   Von offenen Lernumwelten spricht man, wenn die Lernenden über alle ihre Lernhandlungen selbst entscheiden können, allenfalls durch Orientierungshinweise gesteuert werden. Von geschlossenen Lernumwelten spricht man, wenn der Lernweg der Lernenden zeitlich und sequenziell vorgegeben ist.

Neuere medienbasierte Lernumgebungen weisen demgegenüber spezifische Besonderheiten auf. (Kerres 2001, S. 33; Sacher 2000, S. 133ff)
Sie:

- sind multimedial, kombinieren also unterschiedliche Medien zu einem Thema
- weisen ein „weiches Treatment" auf, lassen dem Lerner bei den Zielen, den Methoden und der Zusammensetzung der Lerngruppe viele Wahlmöglichkeiten
- fördern ein ganzheitliches Lernen mit allen Sinnen und mit Emotionen durch Spielszenarien, Simulationen, virtuelle Räume usw.
- sind für verschiedene Funktionen zu nutzen (vgl. Suche, Bearbeitung, Präsentation usw.)
- sehen Interaktionen vor und zwar mit dem Einzelnutzer durch Feedback, Support, Monitoring und mit dem Gruppennutzer durch soziale Schnittstellen und Tools.
- können sich dem Nutzer, seinen Interessen und Fähigkeiten anpassen
- erlauben dem Lernenden (und ggf. auch anderen) die Kontrolle des Lernwegs, des Lernniveaus und der Lernergebnisse.
- erhöhen durch die Integration von Text, Bild, Audio und Video den Behaltenseffekt des Lernstoffs, den Aufbau mentaler Modelle und das kreative Weiterdenken.
- sind didaktisch vielseitig einsetzbar. (Sacher 2001, S. 74f; Reinmann-Rothmeier 2003, S. 13f)

Übungsaufgabe

Das personale Wissensmanagement betrifft Sie als Studierende unmittelbar. Nennen Sie mindetens 5 Konsequenzen für Sie als Lernende und Ihre Dozenten als Lehrende!

5.5 Personales Wissensmanagement

Die *Schule* gilt unbestritten als die Institution schlechthin, die Wissen vermittelt und an der Wissen erworben wird. Für das Vermitteln von Wissen sind i. d. R. die Lehrerinnen und Lehrer kraft ihrer Professionalität zuständig (wobei nicht ausgeschlossen werden soll, dass auch Schüler/Schülerinnen Wissen vermitteln!), und für das Erwerben von Wissen i. d. R. die Schülerinnen und Schüler (wobei auch hier nicht ausgeschlossen werden soll, dass auch Lehrer/Lehrerinnen in der Schule Wissen erwerben!). In didaktischer Terminologie ausgedrückt: In der Schule geht es um das Unterrichten (als Tätigkeitsbereich der Lehrer) und das Lernen (als Tätigkeitsbereich der Schüler) und speziell um die Frage, wie die Unterrichtstätigkeit durchgeführt werden soll, damit Schüler dadurch zum Lernen kommen. Auf Lehrerseite ist dazu vorrangig (aber nicht ausschließlich!) Handlungswissen nötig, bei der Schülerseite spielt hingegen das Informationswissen (aber nicht ausschließlich!) eine wichtige Rolle.

Auf der Grundlage dieser reduzierten Typisierung – Handlungswissen der Lehrer, Informationswissen der Schüler – wird im Folgenden das Wissensmanagement in der Schule betrachtet werden. Dabei ist stets mitzudenken, dass das auf Veranlassung der Lehrer gelernte Fachwissen der Schüler eine Engführung bedeutet, die lediglich aus Gründen einer exemplarischen Vorgehensweise legitimiert ist. Denn Schulwissen ist sehr viel mehr.

Unter „Schulwissen" versteht man die Eingrenzung alles Wissbaren und allen menschlichen Vermögens auf das, was zu einer bestimmten Zeit in einer bestimmten Gesellschaft für so wissenswert erachtet wird, dass die nachwachsende Generation es erwerben soll. Die Wissensproduktion in den Wissenschaften veranlasst zwar die Schule (besser: die Bildungspolitik) zur permanenten Revision ihrer Lehrgüter in den Lehrplänen; jedoch ist und bleibt das in den Schulfächern behandelte Wissenschaftswissen hinsichtlich seiner Struktur, seiner Funktion und seinen Gliederungsprinzipien stets von diesem unterschieden. Schulunterricht ist nicht zu verwechseln mit der Weitergabe von Wissenschaftswissen!

Schulwissen muss - wie die folgende Grafik zeigt - noch weiter differenziert werden, nämlich
1. nach verschiedenen Wissensarten,
2. nach den „Trägern" des zu vermittelnden Wissens und
3. nach dem Zustandekommen des Lernens auf Seiten des Schülers.

Wie mit Hilfe des Quaders veranschaulicht werden soll, gibt es viele Kombinationsmöglichkeiten in schulischen Lernsituationen, bei denen es um Wissen geht.

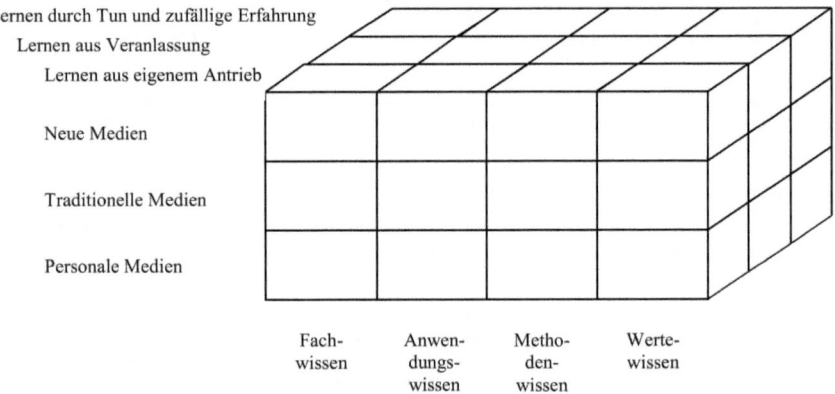

Abbildung 15: Wissen – Lernen – Medien

Doch ist es damit noch nicht genug. Zu jeder der vier Wissensarten, die in der Schule angestrebt werden (Fachwissen, Anwendungswissen, Methodenwissen, Wertewissen), müssen weitere Differenzierungen angebracht werden. Bereits in den 50er Jahren des letzten Jahrhunderts wurden diese von der Arbeitsgruppe um den amerikanischen Bildungsforscher B. S. Bloom erarbeitet (Bloom 1956). Diese hatte nämlich die Aufgabe zu erledigen, an Colleges und Universitäten Prüfungen abzunehmen, auszuwerten und zu vergleichen.

Dafür benötigten sie ein Instrumentarium, um kognitve Lernziele voneinander abzugrenzen. Sie gingen von Lehr- und Lernzielen aus, die in den Schulen angestrebt wurden, und versuchten, diese aus Lehrplänen, praktischen Unterrichtsbeobachtungen und Lehrbüchern gewonnenen Ziele in operationalisierter Form in eine logische Ordnung zu bringen („Taxonomy of Educational Objectives").

Bei den Wissenszielen des Schulunterrichts unterschieden sie sechs hierarchische Anspruchsniveaus, die sich als „Wissen/Kenntnisse (Stufe 1) und als „Intellektuelle Fähigkeiten/Fertigkeiten" (Stufe 2-6: Verstehen, Anwendung, Analyse, Synthese, Bewertung/Beurteilung) zusammenfassen lassen:

Im Einzelnen differenzierten sie wie folgt:

„1.00 Knowledge
1.10 Knowledge of Specifics
1.10 Knowledge of Terminology
1.20 Knowledge of Specific Facts
1.20 Knowledge of Ways and Means of Dealing with Specifics
1.21 Knowledge of Conventions
1.22 Knowledge of Trends and Sequences
1.23 Knowledge of Classifications and Categories
1.24 Knowledge of Criteria
1.25 Knowledge of Methodology
1.30 Knowledge of the Universals and Abstractions on a Field
1.31 Knowledge of Principles and Generalizations
1.32 Knowledge of Theories and Structures
2.00 Comprehension
2.10 Translation
2.20 Interpretation
2.30 Extrapolation
3.00 Application
4.00 Analysis
4.10 Analysis of Elements
4.20 Analysis of Relationships
4.30 Analysis of Organizational Principles
5.00 Synthesis
5.10 Production of a Unique Communication
5.20 Production of a Plan for Proposed Set of Operations
5.30 Derivation of a Set of Abstract Relations
6.00 Evaluation
6.10 Judgement in Terms of Internal Evidence
6.20 Judgement in Terms of External Criteria" (Bloom 195, S. 59 f.).

D. Krathwohl hat vor einigen Jahren die breit rezipierte Taxonomie von Bloom überarbeitet. Dabei ist er zu der folgenden neuen Taxonomie gekommen:

Structure of Knowledge Dimension of the Revised Taxonomy

A. *Factual Knowledge* – The basic elements that students must know to be acquainted with a discipline or solve problems in it.
   Aa.   Knowledge of terminology
   Ab.   Knowledge of specific details and elements

B. *Conceptual Knowledge* – The interrelationships among the basic elements within a larger structure that enable them to function together.
   Ba.   Knowledge of classifications and categories
   Bb.   Knowledge of principles and generalizations
   Bc.   Knowledge of theories, models and structures

C. *Procedural Knowledge* – How to do something; methods of inquiry, and criteria for using skills, algorithms, techniques, and methods.
   Ca.   Knowledge of subject-specific skills and algorithms
   Cb.   Knowledge of subjekt-specific techniques and methods
   Cc.   Knowledge of criteria for determining when to use appropriate procedures

D. *Metakognitive Knowledge* – Knowledge of cognition in general as well as awareness and knowledge of one´s own cognition.
   Da.   Strategie knowledge
   Db.   Knowledge about cognitive tasks, including appropriate contextual and conditional knowledge
   Dc.   Self-knowledge

Zu dieser neuen Taxonomie hat er auch kognitive Prozessdimensionen wie folgt unterschieden:

Structure of the Cognitive Process Dimension of the Revised Taxonomy

1.0 *Remember* – Retrieving relevant knowledge from long-term memory.
   1.1 Recognizing
   1.2 Recalling
2.0 *Understand* – Determining the meaning of instructional messages, including oral, written, and graphic communication.
   2.0 Interpreting
   2.1 Exemplifying
   2.2 Classifying
   2.3 Summarizing
   2.4 Inferring
   2.5 Comparing
   2.6 Explaining

3.0 Apply – Carrying out or using a procedure in a given situation.
　　3.1 Executing
　　3.2 Implementing

4.0 Analyze – Breaking material into its constituent parts and detecting how the parts relate to one another and to an overall structure or purpose.
　　4.1 Differentiating
　　4.2 Organizing
　　4.3 Attributing

5.0 Evaluate – Making judgments based on criteria and standards.
　　5.1 Checking
　　5.2 Critiquing

6.0 Create – Putting elements together to form a novel, coherent whole or make an original product.
　　6.1 Generating
　　6.2 Planning
　　6.3 Producing
(Krathwohl 2002, S. 214f)

In der deutschen Schulpädagogik hat sich daraus eine Unterscheidung von Wissenszielen folgender Art ergeben:

- Wiedergabe von bloßem Faktenwissen
- Nachweis, das Gelernte verstanden zu haben und anwenden zu können
- Erweis der Fähigkeit zu wissen, wie man Analysen und Synthesen herstellt
- Nachweis, auf der Grundlage von Wissen Bewertungen und Beurteilungen aussprechen zu können.

Ist hier von Fachwissen die Rede, dann im Sinne des von F. Weinert so genannten „intelligenten Wissen", das als verfügbares Wissen zwar in bestimmten Unterrichtsfächern erworben wird, von dort aber flexibel auf andere Anwendungsbereiche transferiert werden kann. Es soll also als Gegenbegriff zum sogenannten „trägen Wissen" verstanden werden. (von H. Gruber, H. Mandl und A. Renkel)

„Erwerb intelligenten Wissens
Jedes sinnerfüllte Lernen erfordert auf Seiten des Lernenden eine inhaltlich relevante Vorwissensbasis. Neue Informationen können weder in ihrer aufgabenspezifischen Bedeutsamkeit beurteilt noch in ihrer inhaltlichen Besonderheit produktiv verarbeitet werden, ohne dass der Lernende dabei auf verfügbares Wissen-

zurückgreifen muss. Jeder Ansatz ist zum Scheitern verurteilt, der durch formale Techniken des Lernen Lernens, mit Hilfe einiger weniger Schlüsselqualifikationen oder einer funktional autonom gewordenen intrinsischen Lernmotivation versucht, fehlendes oder mangelhaftes inhaltliches Vorwissen zu kompensieren. Dabei geht es nicht um Wissen im Sinne mechanischer Kenntnisse, um eine passive Verfügbarkeit von Fakten oder um unverstandene Leistungsdispositionen, sondern um den Erwerb intelligenten Wissens. Darunter versteht man ein wohlorganisiertes, disziplinär , interdisziplinär und lebenspraktisch vernetztes System von flexibel nutzbaren Fähigkeiten, Fertigkeiten, Kenntnissen und metakognitiven Kompetenzen. Voraussetzung dafür und Resultat davon ist ein sachlogisch aufgebautes, systematisches, inhaltsbezogenes Lernen, das grundlegende Kenntnislücken, Verständnisdefizite und falsche Wissenselemente vermeidet. Der kognitive Mechanismus dieser Lernform ist der vertikale Lerntransfer, durch den automatisch die Wirksamkeit des Wissenserwerbs im gleichen Inhaltsgebiet erleichtert, zum Teil überhaupt erst ermöglicht wird. Die zweckmäßigste Unterrichtsform dafür ist die direkte Unterweisung - also weder der zu Recht kritisierte Frontal- oder Paukunterricht noch eine lehrerzentrierte und schülerrezeptive Didaktik, sondern eine lehrergesteuerte, aber schülerzentrierte, also die Lernenden aktivierende, verständnisförderliche und auf die Vermeidung oder schnelle Beseitigung von Wissensdefiziten bei einzelnen Schülern ausgerichtete Unterrichtsform. Weiterhin unverzichtbar bleibt auch eine in der pädagogischen und öffentlichen Diskussion zu Unrecht diskriminierte, für den Lehrer extrem aufwendige und für den Erwerb intelligenten Wissens auf Seiten der Schüler unverzichtbare Form des lehrergesteuerten Lernens." (Weinert 1998, S. 115)

"Träges Wissen - ein leider alltägliches Problem
Stellen Sie sich folgende Szenarien vor: Ein Diplompsychologe, der vor vier Wochen sein Examen bestanden hat, übernimmt die psychologische Behandlung eines Ihrer Freunde. - Ein Bekannter von Ihnen hat einen Herzfehler, die Behandlung übernimmt ein Arzt im Praktikum, der soeben sein Studium beendet hat. - Ein Jurastudent, der gerade sein Examen erfolgreich absolviert hat, wird Sie in einem Rechtsstreit über eine große Geldsumme vertreten.
    Dass bei derartigen Vorstellungen leise Bedenken entstehen, ist wahrscheinlich eine eher euphemistische Beschreibung Ihrer Gefühle. Sie hätten sicherlich großen Zweifel, ob die Szenarien einen guten Ausgang nehmen. Studierende, die unmittelbar nach ihrem Examen nachweislich umfangreiches theoretisches Wissen besitzen, vielleicht sogar soviel wie später nie mehr, sind meist (noch) nicht in der Lage, komplexe Probleme in ihrem jeweiligen Fach zu lösen. Sie können ihr Wissen nicht in effektives Handeln umsetzen. Sie haben an der Universität nicht gelernt, ihr theoretisches Wissen für die Lösung komplexer, realitätsnaher Probleme zu nutzen, ja mehr noch, sie haben meist so gelernt, dass die Voraussetzungen für eine erfolgreiche Wissensnutzung sogar ungünstig sind. Befunde instruktionspsychologischer Studien sprechen dafür, dass die wenig anwendungsbezogene, oft abstrakte und systematisierte Form der Wissensvermittlung, die der Komplexität des Alltags nur selten gerecht wird, dazu beiträgt, dass träges Wissen [...] erzeugt wird [...]. Das

gewissermaßen ‚in vitro' erworbene Wissen kann zwar im universitätsanalogen Kontext, in dem es erworben wurde, genutzt werden, etwa bei Prüfungen; in komplexen, alltagsnahen Problemsituationen gelingt die Wissensanwendung jedoch oft nur unvollständig oder überhaupt nicht. Damit kommt es zu einer Kluft zwischen „Wissen und Handeln" [...] Die einleitenden Beispiele schilderten, wie sich das Problem des trägen Wissens in, der Universitätsausbildung auswirkt. Träges Wissen ist jedoch auch beim Lernen in der Schule ein virulentes Problem. In der Tat bezieht sich die Mehrzahl der theoretischen instruktionspsychologischen Entwicklungen, die im Rahmen der vom Konstruktivismus angeregten Arbeiten zum situierten Lernen zu beobachten waren, auf schulisches Lernen [...]" (Gruber 2000, S. 139)

Allgemein wird der Wissenserwerb in der pädagogisch-psychologischen Fachliteratur als ein Prozess beschrieben, der von kognitiven Schemata des Menschen ausgeht (vgl. Piaget), die mit neuen Daten verknüpft werden (Wissensassimilation), was zu einer Modifikation (Umstrukturierung) dieser Schemata führt, bei der deren Anwendungsbereich erweitert, begrenzt oder spezifiziert wird. Menschen konstruieren sich ferner durch Wissenserwerb von ihrer Umwelt und sich selbst interne Modelle, auch mentale Modelle genannt, die höchstwahrscheinlich ganzheitlich analog sind. (v. d. Meer 1996, S. 218 ff.) Dabei kommt den neurophysiologischen/neurobiologischen Forschungsergebnissen besondere Bedeutung zu, die nicht nur die Hirnhälften-Dominanz als für den Wissenserwerb bedeutsam herausgefunden haben, sondern auch darauf hingewiesen haben, dass das limbische System der Kognition vorgeschaltet ist und alle aufzunehmenden Informationen emotional wertet. Das Gefühl spielt beim Wissenserwerb also eine dominierende Rolle; Gefühle prägen die Einstellung des Menschen zu seiner Um- und Mitwelt und alle Wahrnehmungen sind mit bewusstem und unbewusstem, gefühlsgetragenem Erleben verknüpft. Ergänzt man die Hemisphärenforschung noch durch Forschungen zum vernetzten Denken (vgl. Vester), so ergibt sich, dass Schüler den Wissensstoff über möglichst viele Eingangskanäle aufnehmen sollten. Denn je mehr Wahrnehmungsfelder im Gehirn bei der Informationsaufnahme und –verarbeitung beteiligt sind, desto mehr Assoziationsmöglichkeiten bieten sich ihnen für ein tieferes Verständnis, desto größer ist die Aufmerksamkeit und die Lernmotivation, desto besser wird die Information behalten und desto leichter lässt sie sich wieder erinnern, wenn sie benötigt wird. Ein Lernen, das nicht auf den menschlichen Organismus Rücksicht nimmt, das neben dem kognitiven Bereich nicht auch die anderen, teils unbewussten Gehirnpartien (Muskelerkennung, bildhaft und analog arbeitende Bereiche, emotionale und intuitive Vorgänge, haptische und motorische Bereiche, Rhythmus-, Klang- und Musikerleben) einbezieht, ist unökonomisch und widernatürlich, weil es die Einheit von Körper, Seele und Geist des Menschen verkennt.

Diese Erkenntnisse und Erfahrungen haben in der Schulpädagogik zur Forderung nach einem ganzheitlichen Lernen geführt, d. h. einem Lernen, das die ganzheitliche Erlebnis- und Erfahrungsweise des Schülers, der beim Lernen stets mit seiner ganzen Person beteiligt ist, berücksichtigt. Praktisch bedeutet das:

- Erfahrungslernen in direkter Konfrontation mit der Lebenswelt durch Entdecken, Erkunden, Experimentieren, Beobachten, Kooperieren, Spielen, „Phantasieren", freie Gespräche, Sammeln und Ordnen von Gegenständen usw.
- handelndes Lernen im Unterricht, bei dem die Schüler einerseits heuristische Strategien (Überlegen von Handlungsschritten und Handlungsprinzipien) entwickeln, eigenständige Fragen an Sachverhalte richten lernen, allein oder zusammen mit anderen Lösungsmöglichkeiten finden und Ziele setzen, diese ausprobieren und ggf. verbessern, und andererseits Lerninhalte in Handlungen umsetzen, praktisch werden lassen, motorisch repräsentieren und handwerklich gestalten
- Lernen mit allen Sinnen, wobei die Unterrichtsvorbereitung gezielt mehrkanalige Informationsaufnahme vorsieht, statt nur das Gehör und den Intellekt der Schüler herauszufordern.

Übungsaufgabe
Analysieren Sie Ihr Schulwissen aus bestimmten Fächern an selbstgewählten Beispielen darauf, welches Wissen es ist! Bedienen Sie sich dabei der Unterscheidungen aus dem vorangegangenen Text!

Anfang der 1960er Jahre wurde das lebenslange Lernen zur Aufgabe des Menschen im Industriezeitalter erklärt und die Forderung nach einer „éducation permanente" erhoben. Das führte zur Neubestimmung der Pädagogik als Andragogik. Seitdem hat es an Warnungen vor einer Pädagogisierung der gesamten Lebensspanne, die den Menschen nicht mündig mache, sondern abhängig halte, nicht gefehlt (vgl. Roth 1994, S. 300 – 335); und auch der Hinweis, dass das Adjektiv „lebenslang" unangenehme Assoziationen hervorruft, ist oft wiederholt worden. Nichtsdestotrotz gilt heute als unhintergehbare Selbstverständlichkeit, dass jedes Mitglied der sich zur Wissensgesellschaft wandelnden westlichen Gesellschaft ein Leben lang dazulernen muss, will es nicht für sich selbst und seinen Beruf den Anschluss an die sich rapide verändernden Lebensumstände verpassen. Ein zentraler Aspekt dieses Weiter- oder Umlernens, zu dem jeder heute gezwungen oder veranlasst ist, ist bekanntlich sein Wissen. Da er als Erwachsener schon über Wissen verfügt, wird im Folgenden zu fragen sein, wie er mit dem vorhandenen Wissen umgeht und sich notwendiges neues Wissen erwerben kann. Weiter ist zu überlegen, in welchen Bereichen dieses Wissen „gemanaget" werden muss bzw. kann und welche Rolle dabei die Institutionen der *Erwachsenenbildung* spielen.

Wissensmanagement umfasst – wie mehrfach ausgeführt – personale, organisationale und technische Aspekte, ganz gleich in welcher Institution oder Organisation es realisiert werden soll. Folglich wären auch bei der Erwachsenenbildung alle drei Aspekte zu behandeln. Um aber inhaltliche Überschneidungen zu vermeiden, wird hier auf die speziellen organisationalen Gesichtspunkte nicht noch einmal eingegangen; alles was dazu im Kap. 5 ausgeführt wurde, hat auch für die Organisationsstruktur der Erwachsenenbildung in Deutschland Bedeutung. Im Folgenden soll stattdessen auf den *personalen Aspekt* beim Wissensmanagement vertieft eingegangen werden, näherhin auf den Aspekt der personalen Identität, der im Zentrum der modernen Theorie der Erwachsenenbildung oder Weiterbildung steht.

Mit dem Interesse am „subjektiven Faktor Mensch" kam die Forderung nach einer Erwachsenenbildung als lebensbegleitender Bildung auf (vg. Siebert 1985, Nipkow 1994, S. 15ff). Vor allem vier Aspekte traten dabei in den Vordergrund:

- die Entwicklung des Menschen zur Individualität auf der Basis seiner, mit der Geburt gegebenen Personalität
- die Bedeutung kritischer Lebensereignisse für das Selbst des Menschen
- die Frage nach dem gelingenden und glückenden Leben unter den Bedingungen einer pluralen Gesellschaft
- die Rolle von einmal erworbenem Informations- und Handlungswissen (Kompetenzen) angesichts einer sich rapide verändernden beruflichen und privaten Lebenswelt.

Psychologische Forschungen zum lebensbegleitenden Lernen, die in den letzten Jahren durchgeführt wurden (vgl. Zusammenfassung bei Reiserer/Mandl 2001), haben erbracht, dass

- der Mensch durchaus auch im Erwachsenenalter kognitiv und motivational-emotional flexibel genug ist, um sich auf neue Situationen einzustellen
- altersbedingte Verluste im Bereich der allgemeinen Intelligenz durch wissensbasierte Intelligenzanteile kompensiert werden können
- die intensive und über einen längeren Zeitraum gehende Beschäftigung mit einem bestimmten Wissensbereich, also bereichsspezifisches Vorwissen, sehr nützliche Vorteile kognitiver und motivationaler Art mit sich bringt.

- kognitive Leistungsfähigkeit bis ins hohe Alter trainierbar ist
- nicht nur individuelle, sondern auch organisationale und gesellschafliche Bedingungen für den Erfolg lebensbegleitenden Lernens wesentlich sind. (a.a.O., S. 9f)

Damit lebensbegleitendes Lernen erfolgreich initiiert und durchgeführt werden kann, muss es selbstgesteuert sein. Dafür sind auf der Lernerseite und auf der organisationalen Seite einige Voraussetzungen wichtig:

1. *auf Lernerseite:* Zielorientierungen, Interesse und Selbstwirksamkeitsüberzeugungen als motivationale Bedingungen sowie kognitive Lernstrategien, metakognitive Strategien und Ressourcenstrategien zum bereichsspezifischen Vorwissen als kognitive Bedingungen
2. *auf der Organisationsseite:* problemorientierte Lernumgebungen, die ein Lernen ermöglichen, das (1) situiert und an authentischen Problemen erfolgt, (2) Wissen in verschiedenen Problembereichen verankert und unter multiplen Perspektiven betrachtet, (3) in einem sozialen Kontext in Kooperation zwischen den Lernenden und mit dem Lehrenden erfolgt sowie (4) mit Unterstützung eines Lehrenden geschieht, der die Lernumgebungen bereitstellt, inhaltliches Wissen einbringt und beim Erwerb von Kommunikations-, Lern- und Handlungsstrategien hilft. (Reinmann-Rothmeier/Mandl, 2001)

5.5.1 Konzeptionen und Modelle

5.5.1.1 Der pädagogisch-psychologische Ansatz von G. Reinmann-Rothmeier und H. Mandl

Eine Forschergruppe an der Universität München hat unter der konzeptionellen Führung von H. Mandl und G. Reinmann-Rothmeier seit einigen Jahren ein Modell von Wissensmanagement erarbeitet, das pädagogisch-psychologisch fundiert ist und erfolgreiche betriebswirtschaftliche Ansätze integriert. Es ist mittlerweile unter dem Namen „Das Münchener Modell des Wissensmanagements" national und international bekannt geworden. Die Mitglieder der Münchener Forschergruppe verstehen „Wissensmanagement als einen wirksamen Ansatz zur Realisierung lernender Organisationen, zur Förderung wissensfreundlicher Kulturen und zur Unterstützung lebenslanger Lernprozesse." (Reinmann-Rothmeier 2001, S. 11) Wissen managen heißt für sie, mit der Ressource Wissen bewusst und systematisch umzugehen und Wissen zielgerichtet in der Institution einzusetzen. Mensch (Individuum), Organisation und Technik

werden deshalb als die „zentralen Standbeine des Wissensmanagements"
(Reinmann-Rothmeier 2001, S. 18) bezeichnet. Dass Wissensmanagement heute
ein wichtiges Thema (geworden) ist, hängt mit der gesamtgesellschaftlichen
Entwicklung zur Wissensgesellschaft zusammen, in der Wissen Ressource und
Zentralaspekt nicht nur der Wirtschaft, sondern auch aller anderen gesellschaft-
lichen Bereiche geworden ist.

Um Wissen managen zu können, muss man zuvor im Unternehmen ebenso
wie in jeder anderen Organisation deren Ziele reflektiert haben. Diese können
durchaus unterschiedlich sein: die Produktqualität verbessern, das vorhandene
Wissen besser ausnutzen, die Wettbewerbsposition ausbauen, die Wissensbasierung der Organisation vergrößern usw. Denn Wissensmanagement ist kein
Selbstzweck, sondern zielorientiert einzusetzen. Wo Ziele gesteckt sind und
durch Wissensmanagement erreicht werden sollen, muss der Grad der Zielerreichung auch überprüft und bewertet werden. Deshalb gehört die Evaluation der
Wissensmanagement-Aktivitäten dazu. Auf diese Weise entsteht ein *Regelkreis*
aus Zielsetzung - Wissensmanagement - Evaluation, der in der lernenden Organisation als ein permanenter Revisionsprozess gedacht ist.

G. Reinmann-Rothmeier hat die zentralen Aspekte des Münchener Modells
in der folgenden Grafik zusammengefasst:

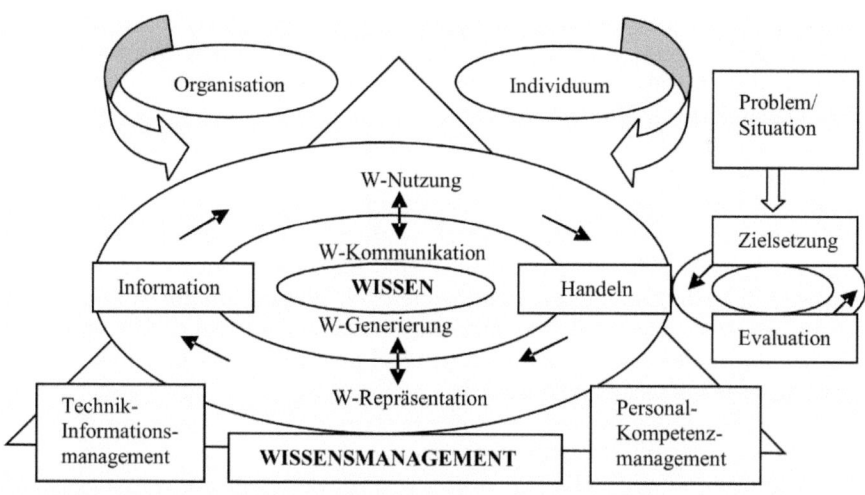

Abbildung 16: Das Münchener Modell (Reinmann-Rothmeier 2001, S. 27)

Dieses Modell bedarf einiger Erklärungen:

Der Umgang mit Wissen wird beim Wissensmanagement - wie bekannt - bewusst geplant und gestaltet. Ist in einer Organisation (im weiten Sinne des Wortes) ein Problem oder eine Situation entstanden, die gelöst werden müssen, beginnen Überlegungen zum zielorientierten Wissensmanagement, deren praktischer Nutzwert hernach zu überprüfen ist.

Nun ist bei dem zu managenden Wissen eine wichtige Unterscheidung zu beachten, nämlich ob dieses objektiv und greifbar als *Informationswissen* vorliegt (z. B. in Enzyklopädien, Bildern, Fachbüchern, Web-Einträgen o. ä.) oder ob es ein prozessuales Wissen ist, das aus persönlichen Erfahrungen und praktisch vollzogenen Handlungen in einem bestimmten Zusammenhang entstanden ist, also *Handlungswissen* ist. Denn in beiden Fällen stellen sich dem Wissensmanagement andere Aufgaben: Informationswissen fordert ein Informations- und Kommunikationsmanagement, bei dem die Technik hilfreich zum Einsatz kommen kann, Handlungswissen hingegen fordert ein personbezogenes Kompetenzmanagement, für das der personale Bezug entscheidend ist. Wissensmanagement ist insofern der Versuch, Wissensprozesse zu initiieren, die auf den Informations- und den Handlungsaspekt sowohl beim Menschen als auch bei den Rahmenbedingungen der Organisation Einfluss nehmen; es geht also um die Förderung der individuellen und der organisationalen Lernfähigkeit.

Im Einzelnen setzt sich das Management von Wissen aus Teilprozessen zusammen, die als „Ankerpunkte in einem weiten Feld vielfältiger Wissensbewegungen fungieren" und „auf der psychologischen Ebene den langjährigen Erkenntnissen der Metakognitionsforschung [...] Rechnung tragen." (Reinmann-Rothmeier 2001, S. 22) Es sind das:

1. Prozesse der Wissensrepräsentation

Wissensrepräsentation ist der Versuch, vorhandenes Wissen sichtbar, greifbar und zugänglich, technisch „handhabbar" und zugleich für andere verständlich zu machen. Es geht also um das Identifizieren von Wissen und um Möglichkeiten, explizites Wissen darstellbar zu machen, Wissen aufzubereiten, zu kodifizieren, zu dokumentieren und zu speichern. Hierbei können technische Hilfsmittel wie Internet oder Intranet genutzt werden.

2. Prozesse der Wissenskommunikation

Bei diesen Prozessen geht es darum, Wissen weiterzugeben, es auszutauschen, es mit anderen zu teilen, zu vermitteln, gemeinsam zu konstruieren und zu vernetzen. Dies kann face-to-face erfolgen oder auch medienunterstützt. In jedem Fall geht es um die Frage, wie kommen die in einer größeren Gruppe von Menschen vorhandenen Kenntnisse und Erfahrungen an die, die diese brauchen, um ein Problem zu lösen, sowie um die andere Frage, wie eine gemeinsame Konstruktion neuen Wissens und eine wissensbasierte Kooperation aufgebaut werden können.

3. Prozesse der Wissensgenerierung

Diese Prozesse dienen der Konstruktion von neuem Wissen, dem Aufbau neuer, innovativer Ideen. Zu ihnen gehört sowohl die externe Wissensbeschaffung und der Import von Wissen als auch das Einrichten spezieller Wissensressourcen in Forschungs- und Entwicklungsabteilungen, das Organisieren von Lernprozessen und Prozessen der Wissensexplizierung, wie auch die Schaffung persönlicher und technischer Wissensnetzwerke. Auch hier sind die Möglichkeiten der Informations- und Kommunikationstechnik von Bedeutung.

4. Prozesse der Wissensnutzung

Diese Prozesse beinhalten die Frage, was mit den ermittelten Informationen anzufangen ist. „Wissensnutzung" meint, Wissen anwendbar zu machen, aus dem Wissen Entscheidungen und Maßnahmen folgen zu lassen, Wissen in Tun zu überführen. Hier wird Wissen zum Handeln, Wissen in Produkte und Dienstleistungen transformiert.

Wie aus dem Münchner Modell hervorgeht, sind beim Wissensmanagement organisationale, personale und technische Aspekte nicht voneinander zu trennen. Bei allen vier Prozessbereichen lässt sich dieser Zusammenhang leicht begründen:

1. Personale Aspekte bei der Wissensrepräsentation
Wissensrepräsentation setzt voraus, dass Menschen bereit sind, ihr Wissen nach „außen" zu tragen. Dabei können Ängste vor Machtverlust und Kompetenzeinbußen oder vor einem Werteverlust der eigenen Person innerhalb der Organisation oder Institution entstehen. Hinzu kommt die Bereitschaft, das eigene Wissen nicht nur offen zu legen, sondern dies auch in einer Weise zu tun, die anderen (aber auch einem selbst) den Umgang damit ermöglicht. Dazu ist ein hohes Maß an Metawissen über die eigene Wissensbasis und über die eigenen Wissenslücken nötig, ebenso wie die Fähigkeit, das eigene Wissen zu verbalisieren und zu

präsentieren. Individuelle Kompetenzen in der Artikulation, Darstellung, Strukturierung und Präsentation von Wissen sind also für den Erfolg dieser Prozesse unverzichtbar.

2. Personale Aspekte bei der Wissenskommunikation
Ähnliche Schwierigkeiten gibt es bei der Wissenskommunikation. Eine offene und erfolgreiche Wissenskommunikation kommt nur zustande, wenn Menschen das Gefühl haben, dass dieser Austausch ein gegenseitiges Geben und Neben (eine Win-Win-Situation) ist und sie selbst auch einen persönlichen Nutzen davon haben. Nur dann sind sie bereit, ihr Wissen preiszugeben, und sich zu überwinden, sich mit ihrem Informations- und Handlungswissen zu „outen". Psychologische Barrieren sind hier vor allem: mangelndes Vertrauen, Kontakt- und Interaktionsschwellen sowie fehlende soziale Fertigkeiten wie Kommunikations- und Teamfähigkeit.

3. Personale Aspekte bei der Wissensgenerierung
Neues Wissen hervorbringen kann nur, wer sein vorhandenes Wissen in Frage stellt, zukünftiges Wissen erahnt und neugierig und kreativ ist. Natürlich spielt es auch für die Wissensgenerierung eine Rolle, dass Menschen über ihr verfügbares Wissen überhaupt Bescheid wissen und ob sie fähig sind, ihr Wissen zu „teilen" und Synergieeffekte für neues Wissen nutzen zu wollen. Auch hier bilden mangelndes Vertrauen in die eigenen Lern-, Denk- und Problemlösepotenziale, fehlende Freiräume sowie unterschwellige Konflikte zwischen den Beteiligten Barrieren bei der Generierung neuen Wissens. Wichtig ist hier, die „passenden" Menschen in Teams und Communities zusammenzubringen. Gerade bei der Wissensgenerierung sind dabei auch spezifische Probleme beim Erwerb und bei der Sicherung von Fachwissen zu bedenken, die lernpsychologische und neurophysiologische Überlegungen nötig machen.

4. Personale Aspekte bei der Wissensnutzung
Für diese Prozesse ist entscheidend, dass Menschen die Trägheit des Denkens überwinden, Routinen und Gewohnheiten stören lassen und Spielräume für die Umsetzung des neuen Wissens erhalten. Doch selbst wenn diese vorhanden sind, müssen Menschen sie auch wahrnehmen und nutzen können bzw. wollen. Wahrnehmung, Kompetenz, Motivation und Wille sind daher sowohl Bedingungsfaktoren bei der Wissensnutzung als auch potentielle Hindernisfaktoren. Das Selbst der Beteiligten kommt daher auch bei diesen Prozessen zur Geltung.

Die personalen Aspekte des Wissensmanagements haben allesamt mit der Bereitschaft und Fähigkeit des Einzelnen zu tun, den eigenen Wissensbedarf richtig zu diagnostizieren, Wissen zu bewerten und zu selektieren, es in umfassende Zusammenhänge und Wertbezüge einzuordnen, über das eigene Wissen zu kommunizieren, neues Wissen in Zusammenarbeit mit anderen Menschen zu konstruieren sowie daraus Handlungsorientierungen und Handlungsfähigkeiten zu gewinnen. Im Einzelnen lässt sich dieser Prozess in folgende Teilaspekte gliedern:

1. Schritt: die Bereitschaft und Fähigkeit zur Wissensdiagnose und zur Selbstevaluation
2. Schritt: die Bereitschaft und Fähigkeit zur Selbstreflexion, zum Lernen aus Fehlern und zur Selbstüberwindung
3. Schritt: die Bereitschaft und Fähigkeit zur Motivation und zur Suche nach Möglichkeiten neuer Informationsgewinnung
4. Schritt: die Bereitschaft und Fähigkeit zur Kommunikation und Kooperation bei der Gewinnung neuen Wissens
5. Schritt: die Bereitschaft und Fähigkeit zur Umsetzung des neu erworbenen Wissens in persönliches Handeln.

Das Wissensmanagement hat - nach dem Münchener Modell - viel mit der Organisationskultur im Unternehmen zu tun. Denn mit ihm muss sich die Unternehmenskultur hin zu einer Wissens- und Lernkultur einerseits und einer Kommunikations- und Kooperationskultur andererseits verändern. Sie muss ferner materielle und immaterielle Motivations- und Anreizsysteme entwickeln, damit die Mitarbeiter interessiert und bereit sind, ihr Wissen dem Unternehmen zur Verfügung zu stellen und permanent neues Wissen zu erwerben. Nur lernende Organisationen sind innovativ und wettbewerbsfähig; dazu brauchen sie aber Menschen, die sich verändern, die immer wieder ein neues Bewusstsein und eine neue Sensibilität für die Notwendigkeit von Wissensmanagement entwickeln, die daraus die erforderlichen Haltungen und Überzeugungen für sich ableiten und daraufhin entsprechende Fertigkeiten und Fähigkeiten dem Wissensprozess gegenüber aufbauen. Selbstverständlich bedarf es dazu bestimmter Rahmenbedingungen, die die Organisation sicherstellen muss - und zwar in ihren Leitgedanken und Visionen, in ihrer Organisationsstruktur, die für die Wissensorientierung förderlich sein muss, sowie im geplanten Einsatz von Konzepten, Methoden und Werkzeugen, die den Wissensmanagement-Prozess in all seinen Phasen operativ unterstützen. Denn nur wenn mit dem individuellen Lernprozess auf Seiten der Mitarbeiter ein organisationaler Lernprozess auf

Seiten des Unternehmens korrespondiert, kann Wissensmanagement erfolgreich betrieben werden. Reinmann-Rothmeier und die Münchener Arbeitsgruppe haben dies in der folgenden Grafik ausgedrückt:

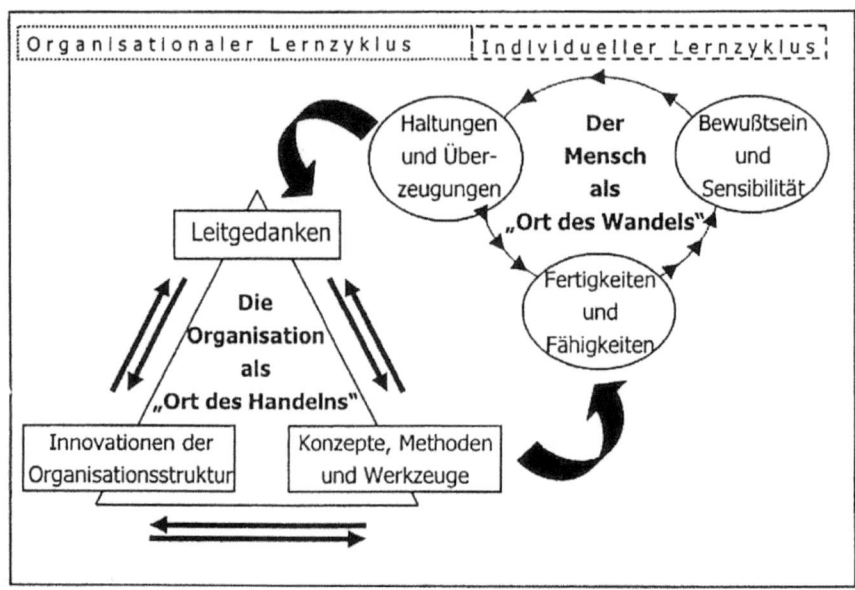

Abbildung 17: Wissensmanagement-Prozesse (Reinmann-Rothmeier 2001, S. 76)

Abschließend soll noch auf die Methoden hingewiesen werden, mit deren Hilfe die Münchener Arbeitsgruppe die einzelnen Wissensmanagement-Prozesse realisieren will:

1.   Methoden zur Wissensrepräsentation
Um das implizite und explizite Wissen in einem Unternehmen oder einer Organisation transparent zu machen, die Wissenssuche zu verbessern und den Wissenszugriff zu erleichtern, empfehlen der Autoren das Erstellen einer Wissenslandkarte, an welcher Stelle im Unternehmen welche Wissensträger über welches Wissen verfügen.

2.   Methoden zur Wissenskommunikation
Wenn es darum geht, die Wissensteilung zu fördern, sehen die Autoren Communities of Practice für geeignet an. Für die Verteilung bewährten Wissens empfehlen sie das Best-Practice-Sharing.

3.   Methoden zur Wissensgenerierung
Soll neues, zukunftsrelevantes Wissen entwickelt werden, ist an die Szenariotechnik zu denken, bei der quantitative und qualitative Informationen Experten zur Einschätzung vorgetragen werden und von diesen zu bestmöglichen, schlechtestmöglichen und trendwahrscheinlichen Szenarien ausgewertet werden. Außerdem erwartet man sich in einem solchen Fall von einer Open-Space-Konferenz Hilfe, bei der ein komplexes Problem in einer 2-bis 3-tägigen Konferenz mehrperspektivisch und von vielen Personen unterschiedlicher Bereiche diskutiert wird und zu synergetischen und vernetzten Lösungsmöglichkeiten Stellung genommen wird.

4.   Methoden zur Wissensnutzung
Steht bei der Wissensnutzung das Lernen aus Fehlern im Vordergrund, lautet die methodische Empfehlung der Münchener Gruppe auf Lessons Learned. Bei näherem Hinsehen scheint aber auch Story Telling brauchbar zu sein.

5.5.1.2   Das Konzept der Entwicklung des Selbstwissens

Wer Veränderungen in seinem Lebensumfeld meistern und mitgestalten will, muss umlernen und dazulernen. So ist Lernen zum Zentralbegriff für alle selbstinitiierten oder fremdinitiierten Veränderungsprozesse im Bereich menschlichen Denkens, Fühlens, Könnens und Wollens geworden, die nicht auf Instinkte, Reifung oder medikamentöse Einflüsse zurückgeführt werden können. Die gesamte Persönlichkeitsentwicklung ist das Ergebnis von Lernprozessen. Die Erwachsenenbildung als Ort eines „lebensbegleitenden Lernens" wird deshalb von jungen und alten Erwachsenen immer mehr auch im nichtberuflichen Bereich nachgefragt. Denn eines der zentralen Bedürfnisse ist das Bedürfnis der Menschen nach Selbstverwirklichung, danach, sich selbst besser kennen zu lernen, um ihr Leben besser oder erfüllter bewältigen zu können. Das Wissen um sich selbst und wie man damit umgehen kann bzw. soll, steht in der Wertschätzung vieler Erwachsener sehr hoch.

Selbst und Persönlichkeit

Das Selbst des Menschen in Beziehung und Abgrenzung zu seinem Ich und zu seiner (Gesamt-)Persönlichkeit zu definieren, ist wegen der Komplexität des „Gegenstandes" und der Schwierigkeiten seiner Erforschung äußerst schwierig und wird kontrovers gesehen.

Im Verständnis der neueren kognitivistischen, systemischen und humanistischen Persönlichkeitstheorie gilt das Selbst des Menschen zum einen als psychische Instanz, die nach Kohärenz und Integration in einer sozialen Umgebung strebt und sich prozesshaft weiterentwickelt, zum anderen ist das Selbst der Motor und die Energiebasis für die Aktualisierung der Verhaltens- und Erlebensmöglichkeiten des einzelnen Menschen. Es ist der Kern seiner Persönlichkeitsstruktur; in ihm wirken angeborene Bedürfnisse, Schemata, Erfahrungen, Ziele und Vornahmen zusammen und schaffen sein Identitätsbewusstsein. Das Selbst ist dabei ein selbstreferentielles und autopoietisches System, das sich strukturell weiterentwickelt. Es entwickelt sich in der präverbalen Kindheitsphase aus dem aktiven, körperbezogenen und ganzheitlichen Erleben/Empfinden (auftauchendes Selbst, Kern-Selbst) hin zum relationalen Selbst-Ich der verbalen Kindheitsphase, dessen Konstituierung im 2./3. Lebensjahr liegt. So lässt sich beim Selbst des Menschen eine Es-Funktion (Wünsche, Bedürfnisse) eine Ich-Funktion (Handlungen, Entscheidungen, Kontaktzentrum zu Es und Persönlichkeit, Assimilation von Erfahrungen) unterscheiden, wobei das Ich als aktionales, reflektierendes und entscheidendes Zentrum verstanden werden muss (vgl. Macha 1989, Stern 1994, Macha 1996 u. a.).

Andere Autoren definieren diese Zusammenhänge anders, wobei

> „die angloamerikanischen Theorien dadurch gekennzeichnet (sind), dass sie besonderes Gewicht auf äußeres Verhalten, Oberflächenmerkmale, motorische Komponenten des Verhaltens, zwischenmenschliche Beziehungen und die Modifizierbarkeit der Persönlichkeit legen, während die kontinentaleuropäischen Ansätze in besonderer Weise Wert auf innere Anlagen, konstitutionelle Bedingungen, strukturelle Festigkeit der Persönlichkeit, die relative Unabhängigkeit von der Gesellschaft und die relative Nichtmodifizierbarkeit der Persönlichkeit legen." (Schneider 2001, S. 23)

> „Persönlichkeit ist die dynamische Ordnung derjenigen psychophysischen Systeme in Individuen, die seine einzigartigen Anpassungen (adjustments) an seine Umwelt bestimmen" (Allport 1949, S. 49).

> „Die Persönlichkeit eines Individuums ist seine einzigartige Struktur von Persönlichkeitszügen (traits). Ein trait ist jeder abstrahierbare und relativ konstante

Persönlichkeitszug, hinsichtlich dessen eine Person von anderen Personen unterscheidbar ist." (Guilford 1964, S. 6)

„Persönlichkeit ist die mehr oder weniger feste und überdauernde Organisation des Charakters, des Temperaments, des Intellekts und der Physis eines Menschen; diese Organisation determiniert seine einzigartige Anpassung an die Umwelt." (Eysenck 1953, S. 2)

„Persönlichkeit ist die einzigartige Struktur der Traits". (Schneider 2001, S. 29)

In der psychologischen Forschung hat der Trait-Ansatz eine breite Absicherung erfahren. Das „Fünf-Faktoren-Modell der Persönlichkeit", das auf Allport zurückgeht, nennt folgende kulturell unabhängige und oftmals überprüfte Persönlichkeitsfaktoren (traits), die gelegentlich noch um „Gefühlsorientiert" ergänzt werden:

1. „extraversion":	gesprächig, offen, abenteuerlustig, gesellig versus ruhig, verschwiegen, vorsichtig, zurückgezogen
2. „agreeableness":	gutmütig, nicht missgünstig, freundlich, kooperativ versus reizbar, missgünstig, eigenwillig, negativistisch
3. „conscientiousness":	kleinlich, verantwortlich, skrupulös, beharrlich versus sorglos, unabhängig, skrupellos, unbeständig
4. „emotional stability":	beherrscht, ruhig, gefasst, nicht hypochondrisch versus nervös, ängstlich, erregbar, hypochondrisch
5. „culture":	sensitiv bzgl. Kunst, intellektuell, gebildet, phantasievoll versus unsensitiv, engstirnig, ungebildet, einfach.

Tabelle 8: „Fünf-Faktoren-Modell der Persönlichkeit" (Schneider 2001, S. 48)

Will man die Bezüge zwischen *Persönlichkeit und Selbst* noch genauer darstellen, muss man zuerst das theoretische Kontrukt „Selbst" genauer betrachten. In der Fachliteratur hat sich seit Ende des 19. Jh. (W. James) die Unterscheidung von materiellem Selbst (Körper), sozialem Selbst (Zuwendung anderer) und

167

spirituellem Selbst (inneres Wesen) durchgesetzt; letztere werden heute in der Forschung eher als „exogene Orientierung" und „endogene Orientierung" bezeichnet. Die Zahl von Definitionen des Selbst ist bis in die Gegenwart groß und uneinheitlich. Sie schwanken zwischen Selbst als seelisch-organischem Ganzen" (Ph. Lersch), als Art, wie das Individiuum sich selbst innerhalb eines sozialen Bezugssystems wahrnimmt (H. Thomae), als Bewusstsein des Menschen für seine persönliche Existenz (D. Hamatchek), als Gesamt der Gefühle, die eine Person hat (R. F. Baumeister). „Betrachtet man diese Definitionen vergleichend, so fällt auf, dass sie alle das subjektive Element des Selbst betonen, eine Einigkeit besteht weiterhin darüber, dass die Grenzen des Selbst den Grenze der eigenen Person gleichkommt." (Schneider 2001, S. 82)

In der Fachliteratur werden eine Reihe von Konstrukten genannt, die das *Selbst* strukturieren und präzisieren (vgl. zum Folgenden Schneider 2001, S. 85ff.) Deren Definition und Anzahl sind jedoch strittig. Zu den bedeutendsten und forschungsmäßig am besten gesicherten zählen:

1. Das Selbstkonzept

Mit dem Selbstkonzept des Menschen meint man das Wissen und Urteilen des Menschen über die eigene Person, alle Kognitionen und Rückschlüsse bezüglich seiner Persönlichkeitsmerkmale (traits), seiner kognitiven Schemata, seiner sozialen Rollen und seiner Beziehungen. Dieses Wissen hat allgemein zugängliche Anteile (z. B. insofern das Individuum einer bestimmten sozialen oder kulturellen Gruppe angehört) und individuelle Anteile (z. B. andere nicht zugängliche Aspekte der Person, die allenfalls ideografisch ermittelt werden können). Wie das Selbstkonzept zustande kommt, wird häufig mit Hilfe des symbolischen Interaktionismus (G. H. Mead) erklärt.

Im Lebensalltag interagieren einzelne Menschen miteinander, unterstellen sich wechselseitig sinnhaftes und zielgerichtetes Tun und deuten dieses Tun in Übereinstimmung miteinander bzw. durch Aushandeln oder Durchsetzen von einvernehmlichen Bedeutungen. Dazu stehen den Menschen Symbole und Zeichen als Bedeutungsträger, als Mittel zum Veständnis und zur Verständigung zur Verfügung. Symbole und Zeichen sind in der Gesellschaft signifikant, wenn sie für den, der sie produziert, dasselbe bedeuten, wie für den, der sie rezipiert. Sie machen die Kommunikation der Gesellschaftsmitglieder überhaupt erst möglich und rufen bei allen Beteiligten gleiche Reaktionsbereischaften hervor. Sie ermöglichen es, das Verhalten anderer zu antizipieren und das eigene Verhalten entsprechend zu regulieren. Zu den Zeichen und Symbolen in der Gesellschaft gehören auch solche, die die Form von objektbezogenen und/oder situationsbezogenen *Verstehenskategorien* erhalten haben, zu Systemen signifikanter

Symbole geworden sind (vgl. Statussymbole, Normen, Sitten, Gebräuche, Positionen, Institutionen, Ideologien). Sie beeinflussen die Deutung von Situationen und vermögen das Verhalten der Individuen gegenüber anderen Individuen („Rollenträgern") zu lenken. Ihre Zielrichtung ist die Verhaltensgeneralisierung in der Gesellschaft. Im Verständnis des Symbolischen Interaktionismus entsteht und verändert sich somit die Identität der Gesellschaftsmitglieder durch aktive und kreative Partizipation an der Gesellschaft. Es handelt sich um einen Prozess, bei dem der Mensch mit seinem Selbstbewusstsein die Interaktionen beeinflusst und von diesen beeinflusst wird, bei dem er sich selbst darstellt und die Darstellung anderer aus deren Äußerungen und Handlungen erschließt. G. H. Mead verwendet in diesem Zusammenhang den Begriff „I" zur Bezeichnung der biologisch bedingten Spontaneität, Kreativität und Triebausstattung des menschlichen Ichs, den Begriff „Me" bzw. „Mes" für die Vorstellungen, die sich wichtige Bezugspersonen und Bezugsgruppen nach Meinung des Individuums von ihm machen, und den Begriff „Self", wenn dem Individuum die Synthese aus „I" und „Mes" zu einem einheitlichen, aber für neue Selbstbewertungen und Handlungsorientierungen offenen Selbstbild gelingt. Ort der Entstehung dieses Selbst sind Situationen, in denen der Mensch mit seinen momentanen Einstellungen objektiv-materielle Randbedingungen deutet und willentlich bestimmte Handlungen auswählt. Richtet man den Blick auf den Prozess, der dabei in den Interaktionspartnern abläuft, so stellt er sich als ein Feilschen und ritualisiertes Aushandeln von akzeptierbaren Selbstbildern, Interessen, Bedürfnissen und Rollen der Individuen dar. Man spricht folgerichtig von einer „balancierenden Identität". Voraussetzung für den Bestand der Identität durch Ausbalancierung zwischen totaler Vereinzelung und totaler Vergesellschaftung sind die Grundqualifikationen Rollendistanz, Ambiguitätstoleranz (Handlungsfähigkeit trotz widersprüchlicher Rollenerwartungen), Empathie (Erkennen der Rollenerwartungen anderer und Eingehen auf sie) und Identitätsdarstellung (Darstellung des Menschen nach außen durch produktive Beteiligung an der Vereinbarung von Normen und durch kommentierende Kommunikation über die Geltung von Erwartungen oder Regeln). Diese Grundqualifikationen bilden sich im Verlauf der Entwicklungskrisen von Kindern und Jugendlichen aus.

In jedem Falle sind das soziale Feedback und die Art, wie der Einzelne es bewertet und damit umgeht, bei der Entwicklung des Selbstkonzepts bedeutsam, Verknüpft mit dem Wissen um die eigene Person („aktuelles Selbst") ist auch das Wissen des Individuums darüber, wie es idealiter sein könnte oder sollte („mögliches Selbst", „Idealselbst"), das motivierend oder psychisch belastend wirkt.

Das allgemeine Selbstkonzept des Menschen strukturiert sich in ein physisches Selbstkonzept, ein soziales Selbstkonzept, ein emotionales Selbstkonzept und ein intellektuelles Selbstkonzept, ist also bereichsspezifisch bestimmt. In der gegenwärtigen Persönlichkeitspsychologie wird das Selbstkonzept häufig als Oberbegriff für Identität und Selbstwert betrachtet.

2. Die Identität

Die Identität eines Menschen, verstanden als seine Sicht von sich selbst auf Grund von subjektiv für wichtig gehaltenen Aspeken des eigenen Lebens, differenziert sich in eine soziale Identität und eine persönliche Identität. Die soziale Identität entwickelt der Mensch aus seinem Wissen um seine sozioökonomische Position (Gruppenzugehörigkeit), indem er Ähnlichkeiten und Unterschiede zwischen sich und der Gruppe/Gruppierung wahrnimmt. Die persönliche Identität betrifft das, was eine Person einzigartig und von anderen unterscheidbar macht.

3. Der Selbstwert

Die Bewertung, die das Individuum sich selbst gegenüber vornimmt und in der Regel über einen längeren Zeitraum beibehält, wird als sein Selbstwert bezeichnet. Der Beginn für Selbstwertzuschreibungen (gut – böse) liegt bereits im 2. Lebensjahr und ergibt sich einerseits aus bewertenden Feedbacks, die das Kind erfährt (= kontingenter Selbstwert), und andererseits aus direkten Erfolgs- oder Versagens-Erfahrungen (= wahrer Selbstwert); hinzu kommen positive oder negative Affekte bei ihm und die Einordnung der Wahrnehmungen in das Real- und Idealselbst des Kindes (Menschen). Die Struktur des Selbstwerts weist ein intellektuelles Selbstwertgefühl ein soziales Selbstwertgefühl, ein emotionales Selbstwertgefühl und ein physisches Selbstwertgefühl auf.

Bedeutung hat das Selbstwertgefühl für die Vorstellungen, die der/die Einzelne über die eigene Person hat, wobei Personen mit hohem Selbstwertgefühl in der Regel klare, konsistente und stabile Vorstellungen von sich selbst haben, während Personen mit geringem Selbstwertgefühl widersprüchliche, instabile und unsichere diesbezügliche Vorstellungen aufweisen. Der Umgang mit Misserfolgserlebnissen, die Leistung, das Sozialverhalten und das Umgehen mit Angst sind Bereiche, in denen das Selbstwertgefühl von Belang ist.

4. Andere Selbstkonstrukte

Mit dem Selbstwert verwandte Selbst-Konstrukte sind als Erfahrung /Nichterfahrung eines ausdauernden Bewältigens und Transferieren schwieriger Aufgabenstellungen zu verstehen wie

a.   die Selbstwirksamkeit (self-efficacy)
b.   die Selbstakzeptanz (self-acceptance) als Vertrauen in die eigenen Fähigkeiten und Verlässlichkeit eigener Werte und Normen

c. die Selbstaufmerksamkeit (self-awareness, self-consciousness) als Fokussierung der Aufmerksamkeit einer Person auf das eigene Selbst, zu unterscheiden in eine private Selbstaufmerksamkeit (z. B. Glücksgefühle, Einstellungen usw.), eine öffentliche Selbstaufmerksamkeit (z. B. äußeres Erscheinungsbild, Sozialverhalten, Bewertung der eigenen Person durch andere usw.) und manchmal noch in die Komponenten der sozialen Ängstlichkeiten (z. B. die Sorge um den Eindruck, den man auf andere macht)

d. die Selbstüberwachung (self-monitoring), bei der das Individuum einerseits sensibel Reaktionen auf das eigene Verhalten wahrnimmt und Letzteres danach ausrichtet (die ideale Person für jede Situation sein wollen oder aber authentisch bleiben) und andererseits ein großes Interesse daran hat, in einem positiven Licht zu erscheinen. Im Einzelnen handelt es sich um Fähigkeiten und Motivationen zu angemessenem interpersonalen Verhalten, zum Berücksichtigen von sozialen Vergleichsinformationen, zur kontrollierten Selbstpräsentation und zur Variation sozialen Verhaltens. Das self-monitoring hat große Bedeutung für das Sozialverhalten und das Erleben und strukturiert sich nach den 4 Faktoren acting ability, sociability/social anxiety, other-directedness and speaking ability.

Fasst man zusammen, dann lassen sich bei allen Selbst- und Teilselbst-Konstrukten „im wesentlichen zwei große Bereiche des Selbst ausmachen [...], die als spirituelles bzw. privates Selbst und als soziales bzw. öffentliches Selbst beschrieben werden können." (Schneider 2001, S. 141) Zu diesen beiden Bereichen muss noch ein dritter hinzugenommen werden, nämlich der Selbstwert. Internes Selbst, externes Selbst und Selbstwert machen die Struktur des Selbst aus. Es ergibt sich also eine Struktur des Selbst als persönliche Orientierung mit:

- einem Selbst als externes Selbst, d. h. die Tendenz des Individuums in der sozialen Umwelt nach Informationen über die eigene Person im Sinne einer Rückmeldung zu suchen und diesen Informationen eine hohe Wichtigkeit zusprechen (vgl. soziale Identität, öffentliche Selbstaufmerksamkeit, Self-/Monitoring)
- ein Selbst als internes privates, nach innen gerichtetes Selbst, d. h. die Tendenz des Individuums zur Introspektion, zur Exploration der eigenen Person (s. persönliche Identität und private Selbstaufmerksamkeit)
- und damit korrelierend, da diese nicht bewertet sind, der Selbstwert, d.h. die Wertschätzung der eigenen Person gegenüber, eine wertende Einstellung zu sich selbst, verbunden mit einem wertenden Wahrnehmungsstil. (Schneider 2001, S. 293ff.)

Bei der Persönlichkeitsentwicklung des Menschen handelt es sich um einen sich teilweise *in Phasen aufbauenden Entfaltungsprozess*, der sowohl von den jeweiligen Lebensumständen und Lebensumwelten abhängig ist als auch vom Profil der im einzelnen Menschen vorhandenen Selbststeuerungskräfte. In dynamischer Weise und von Mensch zu Mensch verschieden sind dabei die drei anthropologischen Strukturfaktoren „Erbanlagen", „Umwelteinflüsse" und „bewusste/unbewusste Selbststeuerung" interagierend und integrierend am Werk. Unter den genetischen Faktoren fasst man die strukturelle Reifung (Altersreife) des Menschen und seine individuell-genetischen Anlagen zusammen. Die soziokulturellen Faktoren umfassen alle Umwelteinflüsse als Lernangebote des Kulturkreises, des Elternhauses, des Freundeskreises, der Schule, des Wohngebiets, des Nationalempfindens bzw. Nationalbewusstseins usw. Die selbststeuernden Faktoren sind teils bewusst vorhanden bzw. entwickeln sich wie z. B. Arbeitshaltungen, Motivationen, Lebensziele, Lebenspläne, Selbstdisziplin, Streben nach Selbstverwirklichung; sie weisen alle die Tendenz zur Bedürfnisbefriedigung, zur Anpassung an die Umwelt, zur schöpferischen Expansion oder zur Aufrechterhaltung der inneren Ordnung auf. Teils sind die selbststeuernden Faktoren auch dem Einzelnen unbewusst wie Leitbilder oder Leitlinien, Angst, Abwehrmechanismen, Neigung zu Verfestigungen oder das Triebleben in der Auseinandersetzung mit dem Ich und dem Über-Ich.

Die Persönlichkeitswerdung ist also ein höchst komplexer, fortschreitender Prozess integrativer Wechselwirkungen zwischen diesen drei Faktoren, wobei jeder der Faktoren bei jedem Menschen anders wirksam ist bzw. sein kann. Infolgedessen ist tatsächlich jeder individuell von jedem anderen verschieden. Über das Verhältnis des ersten zum zweiten Strukturfaktor lässt sich aus heutiger Forschungssicht noch Genaueres sagen, vorausgesetzt man schließt psychophysische Defekte und anormale Umweltbedingungen aus. Denn als weitgehend ererbt und durch die Umwelt unbeeinflussbar gelten die körperliche Konstitution mit eventuellen Besonderheiten (z. B. die Sinnestüchtigkeit), die biologische Vitalität und die Temperamentsmerkmale (wie Reaktionszeit, psychisches Tempo, Introvertiertheit/Extravertiertheit).

Als erbbedingt, aber durch die Umwelt beeinflussbar werden vor allem der Emotionalbereich, die Anstrengungs- und Konzentrationsbereitschaft sowie die Lernfähigkeit angenommen. Während der generelle Intelligenzfaktor „g", nämlich die Fähigkeit zum abstrakten und problemlösenden Denken, stärker erbabhängig zu sein scheint, sind die spezifischen Intelligenzfaktoren, die für sprachliche, rechnerische oder praktische Aufgabenstellungen erforderlich sind, hingegen mehr milieuabhängig. Am größten sind die *Milieueinflüsse* offensichtlich bei psychischen und soziokulturellen Bedürfnissen und Interessen, bei Schulleistungen im Bereich des geübten Könnens und des Behaltens von Wissen, bei Motivationen, Werteinstellungen, Gewissensausprägungen und politischen oder relitiösen Überzeugungen.

Für die Persönlichkeitswerdung des Menschen ist also erstens seine Interaktion und Kommunikation mit der ihm eigenen dinglichen und sozialen Umwelt maßgeblich, zweitens die Art und Weise, wie er auf Grund subjektiver Akzentuierungen die äußere Realität in sich gewissermaßen abbildet, um sich daraus ein „internes Außenweltmodell" zu konstruieren (Integration), und drittens erfolgt die Ausbildung der eigenen Persönlichkeit weder statisch, noch sequentiell automatisch, sondern dynamisch sowohl hinsichtlich der wechselnden Zustände als auch der veränderlichen Lebensformen und Lebensbewältigungen.

Dabei geht der *Mensch* als *ein produktiv realitätsverarbeitendes Subjekt* vor. Mit Wahrnehmungen, praktischem Tun und Denken wendet er sich der *Außenwelt* (Dingen, Personen, kulturellen Sachverhalten, Problemstellungen, Lernangeboten) zu, macht damit *individuelle Erfahrungen* und erwirbt sich neues Wissen, Fühlen, Wollen und Können. So macht er sich ein eigenes Bild von der Außenwelt. Diese individuellen Erfahrungen werden lediglich durch *Rahmenbedingungen* eingeschränkt wie die Lebensumwelt, die Bezugspersonen, die von der Lebensumwelt bevorzugten Arten des Lernens, individuelle Lernweisen und die von der Umwelt angebotenen Lerninhalte und Lernziele.

Im Laufe seiner Lebensgeschichte erlangt jeder einzelne also durch die aktive Auseinandersetzung mit den ihn umgebenden Menschen und Dingen eine ganz persönliche Organisation von Verhaltensmerkmalen. Eigenschaften, Einstellungen, Handlungskompetenzen und Selbstkonzepten. Der Mensch ist daher mehr als die Summe seiner gesellschaftlichen Vermitteltheit, denn er geht selbsttätig und subjektbezogen an die Rezeption seiner Umwelt heran. Dennoch legen ihm die Umwelten, mit denen er in Interaktion und Kommunikation tritt, spezifische Aneignungs- und Wahrnehmungsmuster der äußeren Realität nahe. Die Sozialisationsbedingungen, unter denen der Mensch sich die äußere Realität aneignet, sind eben sehr unterschiedlich. Kleingruppen und soziale Netzwerke wie Familie, Verwandtschaft, Nachbarschaft, peer-group, Freundeskreise haben eigenständige soziale Regeln, Wert- und Verhaltensmuster, Interaktionsformen, Orientierungen und Deutungsmuster. Sie sind von denen organisierter Sozialisationsinstanzen wie Kindergärten, Schulen oder sozialpädagogische Einrichtungen durchaus verschieden. Wieder anders gestaltet sich die sozialisatorische Interaktion in den sogenannten sozialen Organisationen der Gesellschaft wie

Ämter, Betriebe, Kirchen, Massenmedien oder durch die ökonomische, technologische, politische, soziale und kulturelle Struktur der Gesellschaft insgesamt. Sie alle favorisieren auch bestimmte grundlegende Denk-, Gefühls- und Handlungsmuster, Sprach- und Interaktionskompetenzen im Sinne von „Mitgliedschaftsentwürfen". Wer Mitglied in dieser „Gruppe", Gemeinschaft, Gesellschaft, Nation werden will, muss sehen, wie er seine inneren Bedürfnisse mit den äußeren Erwartungen, die an ihn gestellt werden, übereinbringt.

So ist die *Individuation und Personalisation beim Menschen* der Prozess und das zeitweilige Produkt einer wechselseitigen Beeinflussung zwischen gesellschaftlichen Außenanforderungen und persönlichen Reaktionen darauf, die aus Aneignungen, Distanzierungen, mitgestaltender Teilnahme und eigenen Initiativen bestehen. Infolgedessen übernehmen Kinder und Jugendliche auch die ihnen angetragenen Mitgliederschaftsentwürfe der Familie, der Gleichaltrigengruppe, der Schulklasse, des Vereins usw. nicht einfachhin, sondern gehen strategisch-konstruktiv mit ihnen um. Der Störenfried und der Klassenkaspar sind dafür ebenso Beleg wie das fleißige, bemühte Kind in derselben Schulklasse. Denn: Der Mensch ist ein intentionales, absichtsvoll handelndes Subjekt, das sich in allen Phasen seines Lebensweges mit seiner Umwelt auseinandersetzt, sei es, dass er von dieser beeinflusst wird, sei es, dass er verändernd auf diese einwirkt. Immer rekonstruiert und konstruiert er dabei subjektive Sinngehalte.

Die äußere Realität wird durch eine subjektive Verarbeitungsleistung zur *inneren Realität* des Menschen. Diese innere Realität ist von seiner physisch-psychischen Grundstruktur abhängig, die ihrerseits von der sozialen Interaktion und Vergesellschaftung mitbeeinflusst ist. Auch ist sie nicht ein für allemal und unveränderlich da; sie ist vielmehr ein lebenslang flexibler Aufbau- und Umbauprozess, hervorgerufen durch die Notwendigkeit, die eigenen inneren Bedürfnisse mit den äußeren Erwartungen abzustimmen. Die grundlegenden Sprach- und Interaktionskompetenzen und die Fähigkeit zur Selbstreflexion sind allerdings in der Regel am Ende des Jugendalters ausgeprägt. Seine Persönlichkeit entwickelt der Mensch also auf der Basis der drei anthropologischen Strukturfaktoren „Erbanlagen", „Umwelteinflüsse" und „bewusste/unbewusste Selbststeuerungskräfte" durch drei Formen der Kommunikation, seine selbstinitiierten kommunikativen Handlungen, die (von ihm konstruierten) Wahrnehmungen und Eindrücke von außen sowie sein selbstreferentieller innerer Dialog mit sich selbst. Wie das Selbst in der Persönlichkeit des Menschen wirkt, hat H. Stierlin (1994, S. 93ff.) in 6 Aspekten beschrieben:

1. Das Selbst verbürgt die Identität des Menschen.
2. Es konstituiert durch „Erzählungen" die Biographie des Menschen.

3. Es nimmt Einfluss darauf, wie der Mensch erlebt, entscheidet, auswählt und sich motiviert.
4. Es bildet so etwas wie ein „inneres Parlament" für die Sub-Selbste.
5. Es macht dem Menschen sein Unbewusstes als Ressource verfügbar.
6. Es stellt die Beziehung zum Tiefenselbst der Selbstachtung, des Selbstwerts, des Lebenssinns und des Lebenswillens beim Menschen her.

Das Interesse der Menschen, sich selbst zu verwirklichen, indem sie mehr über sich erfahren, ist in den letzten 3 Jahrzehnten unaufhaltsam gestiegen. Die Kursangebote der Erwachsenenbildungs-Institutionen legen ein beredtes Zeugnis ab. Die Gründe dafür mögen vielfältiger und höchst persönlicher Art sein; sie hängen zweifellos aber auch mit den gegenwärtigen gesellschaftlichen Lebensverhältnissen zusammen. Zu denken ist hier daran, dass „der Mensch sich immer weniger als einzigartige und ganzheitliche Person mit freier Selbstbestimmung über sein Leben, sondern immer mehr als beliebig austauschbarer Funktionsträger im undurchschaubaren Produktionssystem, als Marionette von Werbung und Freizeitindustrie, als bloß numerische Größe in einer anonymen und beziehungslosen Masse" erlebt (Wolf 1997, S. 14). Daraus erwächst sein Grundbedürfnis zu fragen, „was er eigentlich in seinem Innersten will, was er erleben oder tun, wie er als Mensch in seiner Einmaligkeit von allen anderen unterschieden sein will" (Wolf, S. 14ff.). Des weiteren fördert diese gesellschaftliche Erfahrung sein „spontanes Verlangen nach Erweiterung des Selbst, nach Realisierung brachliegender Fähigkeiten, nach Entdeckung und Aktivierung latenter Möglichkeiten, kurz, nach einem ganzheitlichen Leben" (Wolf, S. 15ff). Das Streben nach Selbstverwirklichung, danach mehr über sich zu erfahren und mit sich selbst besser umgehen zu können, ist insofern als Versuch des heutigen Menschen zu sehen, sich selbst zu vervollkommnen, ist ein personaler Akt.

Wenn es um Wissensbestandteile bei der Selbstverwirklichung geht, die reflexiv zugänglich und willentlich veränderbar sind, gewinnen Selbstreflexion und Selbstevaluation besondere Bedeutung.

Übungsaufgabe
Beziehen Sie die vorherigen Ausführungen über das Selbstkonzept, die Identität und den Selbstwert auf sich selbst! Wie sehen Sie sich selbst als Persönlichkeit? Worüber würden Sie gerne bei sich selbst mehr wissen?

5.5.2 Schule

Wissensmanagement ist die zentrale Aufgabe der gesellschaftlichen Institution Schule. Sie ist der Ort, an dem Wissen als ein wesentliches Element von Bildung weitergegeben, aufgebaut, ausgetauscht, angewandt, in Handeln umgesetzt und weiterentwickelt wird. Wissensmanagement-Aufgaben stellen sich in der Schule für die beteiligten Personengruppen (Lehrer, Schüler), für die Institution Schule als Ganzes und für deren informations- und kommunikationstechnische Ausstattung.

Schüler/Schülerinnen erwerben ihr Schulwissen heute noch vorrangig über Unterricht und durch persönliche Interaktionen mit Lehrern und Mitschülern. Ergänzend dazu präsentieren im Unterricht, vor allem aber außerhalb des Unterrichts Multimedia-Technologien Füllen von Daten und Informationen, aus denen Schülerinnen und Schüler Wissen erwerben sollen bzw. können. Gerade bei der Nutzung des Internet ist Wissensmanagement als Kernkompetenz zu betrachten, will der Schüler der Informationsflut nicht orientierungslos und unkontrolliert gegenüberstehen. Eine Wissensökologie ist vonnöten, damit aus Daten und Informationen ein überschaubarer Lerninhalt ausgewählt, daraus Wissen strukturiert und aufgebaut, vorgehalten und aktualisiert werden kann. Denn in Zeiten von Multimedia, Internet und Intranet können Schüler selbstaktiv für sich allein, interaktiv mit dem Lehrer und der eigenen Klasse, aber auch mit Mitschülern anderer Klassen und Jahrgänge oder anderer Schulen im In- und Ausland interagieren, sie können virtuelle Bibliotheken, Museen und Archive nutzen, und sie haben durch das Internet einen schnellen Zugriff auf Informationen über Menschen, Kulturen und Gesellschaften global. Diese Lernwelten sind für sie jederzeit und von überall her abrufbar sowie leicht zugänglich.

Lehrerinnen und Lehrer sind traditionell in der Rolle der Wissensvermittler. In den letzten Jahren sehen sie sich aber einer anwachsenden Flut an berufsgezogenen Daten und Informationen ausgesetzt: aus den Fachwissenschaften, die die Grundlagen für das Schulwissen ihrer Unterrichtsfächer sind, aus der pädagogisch-psychologischen Handlungsforschung und aus dem allgemeindidaktischen und fachdidaktischen Bereich, die ihre Professionalität als Lehrer ausmachen, aus der eigenen praktischen Tätigkeit in Schule und Unterricht, die immer wieder neues „Wissen in Aktion" produziert, sowie aus Innovationen, die mit der Schulentwicklung und mit der Multimedia-Nutzung zusammen hängen.

„Bei Schulen handelt es sich um typische ‚Expertenorganisationen' [...], in denen Lehrer in der Regel als Einzelkämpfer tätig sind und wenig Beziehung zueinander haben. Kooperation und berufsrelevante Kommunikation unter Kollegen desselben

Faches oder über Fachgrenzen hinweg finden oft nur im „Vorübergehen" oder aber im informellen Bereich statt. Für gemeinsame Planung existiert an Schulen noch kaum ein formeller Rahmen. Eine auf Unterricht bezogene Gesprächs-, und Reflexionskultur ist in Schulen wenig entwickelt. Die Schule als Organisation leidet an einem institutionalisierten Mangel an Beziehungen [...] Expertenwissen über Unterrichtspraxis u. ä. wird nämlich kaum systematisch kommuniziert. Nicht zuletzt fehlen auch Räume, in denen diesbezüglich Arbeitserfahrungen ausgetauscht werden könnten. Selbst wenn einzelne Gruppen äußerst effektiv arbeiten, wird, solange die Vernetzung fehlt, für die gesamte Schule keine sinnvolle Organisationsentwicklung zu erwarten sein. Dies wirkt sich auch negativ auf die Bildung eines professionellen Berufswissens und von beruflichen Standards aus, da die Schule als Gesamtsystem nicht lernt. [...] Die Schüler und Schülerinnen müssen für die Zukunft ausgebildet werden, ohne dass jemand genau wüsste, welche Kriterien, Qualifikationen und Ansprüche sie in den nächsten Jahrzehnten zu erfüllen haben werden. Schon in der Schule muss den Kindern und Jugendlichen daher die Bedeutung eines fortwährenden Prozesses der Wissensrevision vermittelt werden. Auch Lehrer und Lehrerinnen müssen einen kontinuierlichen Prozess der Wissensrevidierung durchlaufen, stets auf dem neuesten Wissensstand sein. Ständiges Weiterlernen ist somit eine Fähigkeit, die Schulen Schülern und Schülerinnen vermitteln und gleichzeitig von Lehrern und Lehrerinnen einfordern, nicht nur, damit diese als Vorbild glaubwürdig sind, sondern vor allen Dingen in ihrem eigenen professionellen Interesse". (Friehs 2003, S. 14)

An Schulen liegt viel praxisrelevantes Wissen brach: über Lernprozesse von Schülern, didaktisch-methodische Probleme, Möglichkeiten der Implementation von Innovationen, intelligente und weniger intelligente Organisationsstrukturen, speziell über Wissensarbeit und Wissensarbeiter. Um diesen Zustand zu verändern, ist eine Revision der schulischen Organisation ebenso erforderlich wie eine Neukonzipierung des Professionswissens von Lehrerinnen und Lehrern und eine neue Sicht des lernenden d. h. Wissen entwickelnden Schülers.

Um eine argumentative Redundanz mit den bereits im Zusammenhang mit Unternehmen und mit der Erwachsenenbildung dargelegten Aspekten von Wissensmanagement zu vermeiden, soll im Folgenden auf die Weiterentwicklung von Wissen bei Lehrern und Schülern fokussiert werden. Ausdrücklich sei deshalb darauf verwiesen, dass alles zum Organisationswissen Ausgeführte auch für die Schule als Organisation zutrifft und Beachtung finden muss (vgl. dazu Friehs 2003). Gleiches gilt für die technische Seite des Wissensmanagements wie die Nutzung von Internet, Intranet, Datenbanken usw. Im Folgenden sollen vor allem die Nutzung und Weiterentwicklung relevanten Professionswissen bei Lehrern und die Entwicklung d.h. der Aufbau und die Modifikation von relevantem Fachwissen bei Schülerinnen und Schülern betrachtet werden.

5.5.2.1 Das Professionswissen von Lehrerinnen und Lehrern

Gemeinhin wird der Lehrerberuf als Kulturberuf, Gesellschaftsberuf, Sozialberuf, didaktischer Beruf, bürokratischer Beruf und akademischer Beruf bezeichnet. (vgl. Ulich 1996) Als Besonderheit wird ferner herausgestellt, dass Lehrer/Lehrerinnen den Beamtenstatus haben, also für den Staat hoheitliche Aufgaben ausüben und zu ihm in einem öffentlichen Dienst- und Treueverhältnis stehen.

In soziologischer Sicht erfüllt der Lehrerberuf zur Zeit noch nicht alle Anforderungen und Kriterien, die an Professionalität gestellt werden. Demzufolge setzt volle Professionalität voraus: (1) eine gesellschaftlich bedeutsame, monopolisierte Dienstleistung, (2) eine Berufsausübung auf wissenschaftlicher Grundlage und mit langer Spezialausbildung an einer Hochschule, (3) eine weitgehende Entscheidungs- und Selbstverwaltungskompetenz bei der Berufsausübung, (4) ein Berufsethos mit eigenem Normenkodex, sowie (5) gut organisierte Berufsorganisationen (Schwänke 1988). Der Lehrerberuf wird deshalb eher als semiprofessionell bezeichnet, da die genannten Kriterien nur zum Teil erfüllt sind.

Besonderheiten der Lehrerarbeit

Versucht man, dem spezifischen Profil der Tätigkeit des Lehrers Rechnung zu tragen, kommt man zu anderen Professionalisierungsmerkmalen (nach Meyer 1997, Bd. 1, S. 36 – 45):

- Selbstvertrauen in die eigene Tätigkeit
- Fähigkeit zur Selbstkritik bei der Arbeit mit den Schülern
- Pädagogischer Takt als flexible, sensible, phantasiereiche Vermittlung der didaktischen und pädagogischen Theorien in die konkrete Unterrichtspraxis
- taktvolle und korrekturbereite Zielorientierung
- Expertenwissen für die Gestaltung von Lehr- und Lernsituationen
- reflektierte Routine
- Kooperationsfähigkeit
- Berufs- und Fachsprache
- reiches Handlungsrepertoire
- soziale und emotionale Intelligenz
- Berufsethos

- Anspruchsökonomie gegenüber Selbstüberforderung und gegenüber dem Schülerverhalten
- psychische und physische Belastbarkeit.

Diese Professionalisierungsmerkmale hängen eng mit den Berufsaufgaben des Lehrers und der Lehrerin zusammen. Als solche werden heute in der Regel genannt:

- *Unterrichten* in lehrergesteuerter und offener Form, fachunterrichtlich und fächerverbindend
- *Erziehen* der Schülerinnen/Schüler zur Mündigkeit
- *Beraten* in Fragen der Erziehung, des Lernens und der Schullaufbahn
- *Kooperieren* im Lehrerteam, mit den Schülereltern, mit kommunalen Institutionen des Bildungs- und Sozialbereichs, mit Sozialpädagogen und Therapeuten
- *Kompensieren* („Reparieren") von Belastungen und Entbehrungen, denen Schüler unterliegen,
- *Arrangieren und Organisieren* von unterrichtlichen und außerunterrichtlichen Aktivitäten, Klassenmanagement und Aktivitäten des Schullebens
- *Evaluieren* der eigenen Tätigkeit (Selbstreflexion, Selbstevaluation) und der Schule
- *Innovieren* als permanentes Verbessern von Schule und Unterricht durch Weiterlernen.

Zum Lehrerberuf kursieren ferner lange Listen von Charaktereigenschaften und Verhaltensweisen, die idealtypische Merkmale guter Lehrer benennen: Wohlwollen für die Kinder und Jugendlichen, Geduld, psychische und physische Gesundheit und Belastbarkeit, Fröhlichkeit und Humor, Ausgeglichenheit und Offenheit, Feinfühligkeit und Taktgefühl, Interesse an der Wissenschaft und am Unterrichtsfach und Expertentum für Unterrrricht, Erziehung und Bildung, geistige Wachheit und Flexibilität, Selbstdisziplin und Überzeugungskraft, Echtheit und eine förderliche Einstellung usw., usw. Greift man auf empirische Untersuchungen zurück und ermittelt, welchen Anteil bestimmte Verhaltensweisen von Lehrern und Erziehern bei der Entstehung erwünschter Persönlichkeitseigenschaften oder Verhaltensweisen bei Schülern/Schülerinnen haben (Uhl 1996), so zeigen sich – unter der Bedingung förderlicher Rahmenkonstellationen – *vier Hauptmerkmale des Handelns*:

- Die Verbindung von Zuneigung und Festigkeit, einerseits dem Schüler authentisch zu vermitteln, dass man ihn um seiner selbst willen mag, und andererseits haltgebende Grenzen zu ziehen und Konsequenz zu zeigen.
- Das Eintreten für den Standpunkt, den man für richtig hält, Eindeutigkeit in Fragen von Ethik und Verhalten.
- Das Bemühen, ein gutes Beispiel zu geben für prosoziales Verhalten, für Selbstständigkeit und Verantwortung, für Arbeitsverhalten und Verlässlichkeit.
- Das Übertragen von Aufgaben und die Ermutigung zum Handeln, indem man Schülern Aufgaben, Dienste, Pflichten und Verantwortlichkeiten überträgt, dabei den Schülern aber Mitwirkungs- und Gestaltungsfreiräume belässt und ihnen signalisiert, dass man ihnen vertraut und ihnen etwas zutraut.

Angesichts des neuen Lernbegriffs und der Aufgabe des Lehrers, Schüler zum Selbstlernen anzuregen und sie Selbstkompetenzen erwerben zu lassen, hat sich das Berufsverständnis des Lehrers in den letzten Jahren neu definiert. Lehrer verstehen sich heute

- sowohl als Wissensvermittler mit Kompetenz in den Fachinhalten, in der Planung/Durchführung von Lernprozessen und bei der Erziehung von Kindern und Jugendlichen
- als auch als Moderator im Selbstlernprozess der Schüler und bei Diskussionen und Streitfällen
- als auch als Coach, der den einzelnen Heranwachsenden bei Fragen und Problemen der Erziehung, Schulbildung und Ausbildung berät, unterstützt und fördert.

Angesichts der Entwicklung der Gesellschaft zur Wissensgesellschaft hat die Lehrertätigkeit berufssoziologisch neues Interesse gefunden; sie gilt nun als Prototyp für den Wandel des traditionellen Arbeitsverständnisses im Sinne von Produktions- und Verwaltungsarbeit hin zur Vorstellung von subjektivierter, informatisierter und entkörperlichter, d. h. geistiger Arbeit. (Böhle 2002)

> „(1) Die Lehrertätigkeit weist ein breites und vielfältiges Aufgabenspektrum auf. Wie diese Aufgaben im Einzelnen bewältigt werden, kann arbeitsorganisatorisch nur sehr begrenzt festgelegt werden und obliegt daher im Wesentlichen der Selbstorganisation der Lehrer. Sie sind dabei allerdings an einen vorgegebenen organisatorischen Rahmen (Lehrplan, Stundenverteilung) wie auch die ihnen neu zur Verfügung gestellten Ressourcen gebunden. [...]

Die organisatorische Unbestimmtheit in der konkreten Ausfüllung einzelner Arbeitsaufgaben erfordert von Lehrern ein hohes Maß an Selbstorganisation. Dies beinhaltet jedoch nicht nur Fähigkeiten zu strukturiertem Arbeiten, Zeitmanagement u. ä., sondern gleichermaßen auch die Fähigkeit zu eigenen Grenzziehungen zwischen Arbeit und Freizeit. Gerade besonders engagierte Lehrer unterliegen dabei häufig der Gefahr, sich selbst zu überfordern und sind unsicher, was als ‚Arbeitsleistung' gilt. Erschwert werden solche Grenzziehungen durch die für Lehrer typische Überlappung von Arbeits- und Privatbereich. Lehrer unterliegen damit in besonderer Weise Anforderungen und Belastungssyndromen wie sie in der neueren arbeitswissenschaftlichen Diskussion im Zusammenhang mit einer ‚Subjektivierung von Arbeit' festgestellt werden. [...]

(2) Der Kern der Lehrertätigkeit, das Unterrichten, ist in sehr hohem Maße durch nichtplanbare und nicht exakt voraussehbare Anforderungen geprägt. Der Lehrer muss in der Lage sein, sich auf die jeweiligen Schüler und die jeweilige Situation in den Klassen einzustellen. Sehr leicht gerät dies jedoch in Konflikt mit der Anforderung wie auch dem (eigenen) Anspruch, den Unterricht systematisch vorzubereiten. In der Praxis entsteht dabei der paradoxe Effekt, dass, je systematischer der Unterricht vorbereitet wird, um so mehr werden unerwartete und nicht vollständig kontrollierbare Reaktionen der Schüler – aktiv wie passiv – für den Lehrer zur Störung und selbst produktive Beiträge können nur schwer aufgegriffen werden, wenn sie sich nicht in das entwickelte Lehr-Konzept einfügen. [...]
In der neueren Entwicklung finden sich in der arbeitswissenschaftlichen Forschung jedoch auch Ansätze, die sich auf die Besonderheiten der ‚Arbeit am Menschen' im Unterschied zur Bearbeitung materieller und immaterieller Objekte richten. Diese Forschungen machen darauf aufmerksam, dass die Alternativen zu einem planmäßig-systematischen (Arbeits-) Handeln nicht notwendigerweise in einem nur passivreaktiven und eher ziellosen Handeln liegen, sondern dass (Arbeits-)Ziele mit unterschiedlichen Strategien erreicht werden können und müssen. Dabei kann zwischen einem objektivierenden, planmäßig-rationalen Handeln einerseits und einem subjektivierenden, explorativ-dialogischen und erfahrungsgeleiteten Handeln andererseits unterschieden werden. Wesentlich ist dabei, dass bei dem subjektivierenden, erfahrungsgeleiteten Handeln Fähigkeiten und Vorgehensweisen eine zentrale Rolle spielen , die im herkömmlichen Verständnis von Arbeit weitgehend ausgegrenzt werden: Komplexe sinnlich-körperliche Wahrnehmungen, subjektives Empfinden, Empathie und assoziativ-bildhaftes Denken. Die bei Experten festgestellte Fähigkeit, Fachwissen nicht einfach ‚anzuwenden', sondern dieses in der Praxis jeweils situativ an konkrete Gegebenheiten anzupassen wie auch weiterzuentwickeln [...], scheint in besonderer Weise auch bei der Lehrertätigkeit der Fall [...]

(3) Die Lehrertätigkeit ist eine primär „geistige" Tätigkeit. ... Hier ist zu berücksichtigen, dass Lehrer neben dem Unterricht einen hohen Anteil ihrer Zeit für die Unterrichtsvorbereitung und –nachbereitung aufwenden und dies typische Merkmale der sogenannten ′Schreibtisch`-, und der in der neueren Entwicklung zunehmenden ′Computerarbeit` aufweist. Neben der Stillstellung des Körpers kommt dabei bei

der Lehrertätigkeit – wie auch bei anderen personenbezogenen Dienstleistungen – als eine Besonderheit die ebenfalls geforderte ‚körperliche Präsenz' in der sozialen Interaktion hinzu. Dadurch entsteht der paradoxe Effekt, dass einerseits – wie bei geistiger Arbeit allgemein – der Körper weitgehend ausgegrenzt und stillgestellt werden muss, andererseits aber in der sozialen Interaktion zugleich (auch) ein besonderes ‚Körperbewusstsein' gefordert wird: Die Wahrnehmung des Lehrers durch die Schüler und die soziale Interaktion vollzieht sich nicht nur auf einer kognitiven, sondern ebenso auf einer sinnlich-emotionalen Ebene. Die Wahrnehmung des Körpers des Lehrers, nicht nur seiner Gestalt, sondern vor allem seiner Präsentation, hat daher grundsätzlich auch Auswirkungen darauf, in welcher Weise fachliche Inhalte vermittelt und rezipiert werden." (Böhle, 2003)

Eigentümlichkeiten des Professionswissens von Lehrern/Lehrerinnen

Eine weitere Besonderheit der Profession des Lehrers/der Lehrein ist noch zu erwähnen, nämlich die Eigentümlichkeit ihres Professionswissens. Es ist auf die Praxis bezogenes Denken, kommt anders zustande als das Wissen eines Wissenschaftlers, entfaltet sich anders und enthält eigene Inhalte. Die Merkmale des spezifischen Berufswissens von Lehrerinnen und Lehrern sind:

- Es liegt ihm eine reflektierte „praktische Theorie" über die eigenen Handlungsbedingungen zugrunde.
- Es entsteht oder entwickelt sich in Unterrichtssituationen, bei denen die bisher praktizierten Lehrerverhaltensweisen als Problemlösungsstrategien nicht mehr ausreichen.
- Es ist zu großen Anteilen Expertenwissen, das als Handlungserfahrung vielfach überprüft wurde und sich zu einem Gespür für das jeweils angemessene und richtige/erfolgversprechende Verhalten bzw. Handeln verinnerlicht hat.
- Es bildet in Unterrichtssituationen die Basis für ein spontanes Reflektieren während des Handelns, gibt Anlass zu theoriegeleitetem und experimentierenden Agieren und Reagieren mit Verstärkungseffekten.

Insofern das Professionswissen des Lehrers Handlungsmittel und Handlungszwecke unmittelbar verknüpft, da es Forschen und Praxis nicht distanziert, Wissen und Handeln nicht voneinander trennt, macht es darauf aufmerksam, dass im Schulunterricht das Wissensmodell technischer Rationalität und Anwendbarkeit theoretischen Wissens allein unbrauchbar ist. Unterrichten und Lernen als komplexe, unsichere, durch Wert- und Interessenskonflikte beeinträchtigte, praktische Tätigkeiten machen das systematische Studium der Theorien ebenso nötig wie deren Überprüfung, Innovation und Ergänzung durch Lehrerinnen und Lehrer, die tagtäglich im Klassenzimmer arbeiten.

Erwerb, Erhalt und Weiterentwicklung des Professionswissen von Lehrern/Lehrerinnen

Das Professionswissen von Lehrern und Lehrerinnen ist – wie erwähnt, recht unterschiedlicher Art und erweist sich als Grundlage der Kompetenz, die diese zur Bewältigung ihrer Arbeit benötigen. Eine Zusammenstellung macht deutlich, dass die Kompetenzen des Lehrers/der Lehrerin nicht nur solche der sachlichen Gegebenheiten (also: Sachkompetenzen) sind, sondern auch den Bezug und Umgang mit Personen (Schülern, Kollegen, Eltern usw.) betreffen (soziale Kompetenzen), ebenso die Sprache und das Sprechen des Lehrers/der Lehrerin (kommunikative Kompetenzen) sowie – angesichts von Frühpensionierungen nicht unwichtig – auch deren eigenes Selbst (Ich-Kompetenzen).

H. Fend (1998, S. 336 ff.) nennt folgende Kompetenzen, die Lehrer/Lehrerinnen für ihre Arbeit benötigen:

1. Fachwissenschaftliche, fachdidaktische und allgemeindidaktische Kompetenz, um die Schülerinnen/Schüler komplexe Lerninhalte strukturiert, methodisch varianatentreich und an ihre individuelle Lernlage adaptiert aneignen und das Lernen erlernen zu lassen
2. pädagogisch-psychologische und diagnostische Kompetenz zum Erkennen der lern- und entwicklungspsychologischen Besonderheiten der Schülerinnen/Schüler zwecks Einschätzung ihrer besonderen Befähigungen, Belastungen und Leistungsmöglichkeiten, zur Berücksichtigung der sozialen Dynamik einer Schulklasse sowie zum erzieherischen Umgang mit schwierigen Schülerinnen/Schülern
3. kommunikative und soziale Kompetenz, damit der Lehrer/die Lehrerin bei den heute veränderten Vorstellungen zu seiner/ihrer Autorität und Berufsrolle förderliche Gespräche mit Schülern/Schülerinnen, Eltern, Kollegen und Behörden führen kann
4. psychohygienische Selbstkompetenz, Selbstreflexivität und Souveränität, die eine „gefestigte Persönlichkeit" ausmachen, um den vielfältigen Belastungen, der Kritik, den Ansprüchen, Zumutungen und Emotionen, denen der Lehrer/die Lehrerin von vielen Seiten ausgesetzt ist, gewachsen zu sein und im Beruf als Person keinen Schaden zu nehmen

5. Teamfähigkeit und die Bereitschaft zum permanenten Umlernen und Weiterlernen
6. Kompetenz beim Klären von Werten und bei der Wertorientierung im Sinne des demokratischen Ethos und auf der Basis der Allgemeinen Deklaration der Menschenrechte der Vereinten Nationen (1948) und der Konvention über bürgerliche und politische Rechte (1966).

Die genannten Kompetenzen sind sehr verschieden. Schon ein kurzer Blick auf sie genügt, um zu sehen, dass auf Grund ihrer Spezifik und ihres Ausmaßes alle drei Phasen der Lehrerbildung (Universitätsstudium, Referendariat, Fort- und Weiterbildung) dafür in Anspruch genommen werden müssen, und zwar in einer abgestimmten „Kompetenzteilung".

1. Der Kompetenzaufbau *durch die Universität* hat zum Ziel, das Berufsfeld Schule theoriegeleitet und durch forschendes Lernen bewältigen zu lernen. Dies ist aus Professionalisierungsgründen erforderlich und erfolgt exemplarisch und erfahrungsorientiert. Es dient also dazu, Studierende den Weg vom Wissen zum Können an sich selbst erfahren zu lassen, versetzt sie in Transformations- und Entscheidungssituationen und soll ihnen zur Erfahrung bringen, dass und wie Unterrichts- und Schulpraxis einer theoriegeleiteten Reflexion bedürfen, wenn sie nicht der Beliebigkeit und Ziellosigkeit anheim fallen sollen. In naher Zukunft wird die durch Vorlesungen präsentierte Wissensvermittlung im Studium zu Teilen von virtuellen Hochschulangeboten abgelöst werden und deshalb stärker kleingruppenorientiert sein. In den Lehrerstudiengängen nützt dies der Verbesserung des berufsfeldbezogenen Kompetenzaufbaus.
2. Auf dem Weg zum Kompetenzaufbau übernimmt die *2. Phase*, das *Referendariat*, zwei Aufgaben:
   - die Routinisierung und Habitualisierung des Unterrichtens, Erziehens und Bildens in der Schule als Erfahrungsfeld des jungen Lehrers/der jungen Lehrerin
   - die Erweiterung der Kompetenzen um solche, die zur Organisation von Schule und Unterricht (im weiten Sinne) erforderlich sind.
3. Die *3. Phase*, die *Fort- und Weiterbildung der Lehrerinnen und Lehrer,* wiederum – durchgeführt in Kooperation zwischen Schule, Universität und Weiterbildungsinstitutionen – hat das Ziel, die erworbene fachliche, fachdidaktische und pädagogisch-psychologische Kompetenz auf dem jeweils neuesten Stand zu halten. Hierfür sind besondere Organisationsformen zu

finden, die es ermöglichen, die bestehende Kompetenz der Lehrerinnen/Lehrer einzubeziehen. Auch hier sind Internetangebote mit Präsenzstudienphasen zu verknüpfen. Vor allem aber ist der Tatsache Rechnung zu tragen, dass es durch die Praxis zu einer Professionalisierung gekommen ist, die teils der Korrektur bedarf, teils aber als eigenständiger Erfahrungsbereich der universitären Theoriediskussion eine hilfreiche Akzentuierung geben kann.

Kompetenz wird – wie gerade gesagt – auch in der Schulpraxis erworben, jedoch dort auch verloren. Deshalb ist es von großer Bedeutung, die Schul- und Unterrichtspraxis vor Ort unter diesem Gesichtspunkt stärker zu reflektieren.

Übungsaufgabe

• Mit welchen Schwierigkeiten und Besonderheiten rechnen Sie, wenn Lehrer/Lehrerinnen ihr Professionswissen managen sollen.

• Erarbeiten Sie Gemeinsamkeiten und Unterschiede zwischen dem Professionswissen von Lehrern, Erwachsenenbildern und Beschäftigten in Unternehmen!

Die Entwicklung des Professionswissens von Lehrern/Lehrerinnen durch Selbstreflexion und Selbstevaluation

Alltagswissen als ein Wissen, das unmittelbar aus dem situativen Praxishandeln abgeleitet ist, und tradierte Erfahrungen, die allenfalls den Charakter von Selbsterfahrungen haben, verlieren heutzutage als generelle Orientierung und Handlungsanweisung für andere an Bedeutung. Sie haben nach wie vor ihren Wert als implizites, personen- und situationsgebundenes Wissen, das explizit kommuniziert werden sollte und mit dessen Hilfe neues Wissen generiert werden kann. Die Thematisierung dieses Erfahrungswissens im Lehrerberuf muss aber mit Elementen der Selbstreflexion und Selbstevaluation der Betroffenen verbunden werden, soll es zu einer Weiterentwicklung von Handlungswissen kommen.

Selbstreflexion und Selbstevaluation der Lehrerinnen und Lehrer stehen im Dienste der individuellen Weiterentwicklung des Professionswissens. Sie erschöpfen sich nicht in der Anwendung einiger Techniken, sondern sind als ein permanenter und bewusst geplanter Prozess der persönlichen und beruflichen Verbesserung zu betrachten.

Denn bei ihnen geht es um das Durchschauen, Verstehen und Auswerten der eigenen Handlungsweisen in den Interaktionsprozessen des Unterrichtens und Erziehens, des Kooperierens und des Führens von Gruppen (Klassenmanagement). Sowohl das eigene Berufsverständnis und das eigene Handeln als auch die Interaktionsweisen und die kommunikative Beziehung zu den Schülern/Schülerinnen oder Kollegen/Kolleginnen wie auch die Sachaspekte der Inhaltsvermittlung und des Methodenrepertoires sind ihr Gegenstand. Doch haben beide nicht nur die Verbesserung beruflicher Kompetenz zum Ziel. Vielmehr zielen sie auch auf das persönliche Wachstum des Lehrers ab. „Selbst-Supervision bedeutet, bewusst an sich zu arbeiten, sich als lernfähig anzusehen und in der beruflichen Arbeit die Chance zu persönlichem Wachstum zu sehen." Es handelt sich um ein „training on the job", das aber erst dann zu einer wirklichen persönlichen Weiterentwicklung und zu einem Zugewinn an beruflicher Kompetenz führt, wenn es nicht nur beim beruflichen Handeln, beim Sammeln von Praxiserfahrungen bleibt, sondern „wenn die Erfahrungen verarbeitet und als Einsichten und Verhaltensänderungen in das persönliche Verhalten integriert werden, d. h. dieses entscheidend verändern." (Kullmann, 2000, S. XIV f)

In Anlehnung an Burkhard/Eikenbusch (2000, S. 24) lassen sich die Funktionen der Selbstreflexion und Selbstevaluation in drei Punkten zusammenfassen:

- die Funktion der Planung, Steuerung und Beteiligung beim professionellen Handeln des Lehrers/der Lehrerin auf Grund von Daten und Informationen durch die Beteiligten/Betroffenen
- die Funktion der Rechenschaftslegung über die Qualität des bisherigen Handelns allein und in Gruppen
- die Funktion der Selbstvergewisserung und des forschend erlangten Erkenntnisgewinns, insofern Lehrer/Lehrerinnen ihr Wissen über die eigene Situation erweitern, neue Einsichten gewinnen und mehr berufliche Handlungssicherheit erwerben.

In der schulpädagogischen Fachliteratur werden mit unterschiedlichen Argumenten und aus unterschiedlichen Perspektiven Selbstreflexion und Selbstevaluation im Lehrerberuf gefordert. Die meist genannten Argumente sind:

1. Selbstreflexion und Selbstevaluation sind Garanten dafür, dass der Lehrer/die Lehrerin angesichts permanenter Veränderungen und neuer Herausforderungen in Schule und Unterricht handlungsfähig bleibt.
2. Selbstreflexion und Selbstevaluation sind „Werkzeuge der Schulentwicklung", denn jeder Lehrer muss sich den Zielen des Schulprogramms und dem Leitbild der Schule integrieren.
3. Selbstreflexion und Selbstevaluation dienen der Selbstkontrolle und Rechenschaftslegung des Lehrers/der Lehrerin im Bezug auf Unterricht, Schulklima, Außenwelt usw. gegenüber sich selbst und gegenüber der Öffentlichkeit.
4. Selbstreflexion und Selbstevaluation helfen mit, institutionelle und persönliche Barrieren (Kränkungen, alte Konflikte, offene Rechnungen, Aversionen usw.) aufzudecken und zu thematisieren, vorausgesetzt die Beteiligten sind zu einem konstruktiven Lernprozess bereit.
5. Selbstreflexion und Selbstevaluation sind in sozialen Berufen besonders notwendig, da diese ein hohes persönliches Engagement bedingen, und deshalb immer die Gefahr von Frustration und Resignation gegeben ist.

Vor allem das letztgenannte Argument bedarf noch einiger, auf den Lehrerberuf bezogener Erläuterungen. Denn der Lehrer ist – wie H. v. Hentig einmal formuliert hat – selbst sein wichtigstes Curriculum; er ist mit seiner Person „das eigentliche und hauptsächliche Arbeitsinstrument" (Schiek 1997, S. 1309). Da er in seiner Person aber Erfahrungen mit Erziehung und dem eigenen Erzogen-worden-sein transportiert, ist Selbstreflexion umso notwendiger, will er verhindern, dass seine Erfahrungen aus Kindheit und Jugend unbeabsichtigt und unbewusst in die eigene pädagogische Arbeit einfließen. Der Lehrer benötigt deshalb dringend selbstreflexive Kompetenz. Was darunter zu verstehen ist und welche Qualifikationen dazu gehören, lässt sich wie folgt zusammenfassen: Es geht um eine soziale Integration theoretischer Kompetenzen, um das Erkennen des Bezugs von Theorien und Wertmustern zur eigenen Situation, um das Begreifen eigener Befindlichkeit in der Gesellschaft, um das Vergewissern eigener Interessen, um eine kritische Auseinandersetzung mit dem Alltagsbewusstsein, mit Gewohnheiten und mit Unabänderlichkeiten, um die Infragestellung bisheriger Interpretationen, um die Fähigkeit und den Mut zum Probehandeln, um die Ausbildung einer neuen (veränderten) Identität, um die Auseinandersetzung mit der Berufsethik sowie um die Grundlegung einer Berufsidentität/Berufsperspektive (Knüppel/Wilhelm, 1987, S. 266ff.) Beim Erwerb solcher Kompetenzen entwickeln sich zwei dialektische Prozesse:

„1. Ein Prozess der Selbsterkenntnis, in dem das Subjekt Aspekte seiner Subjektivität im Allgemeinen wiedererkennt und von dieser Erkenntnis aus seine Geschichte und Gegenwart neu befragen kann;
2. ein Prozess der Theoriebildung bzw. –aneignung, bei dem die Dignität der eigenen Erfahrung und ihrer Deutung (bei aller Modifizierbarkeit) nicht verloren geht. Die wissenschaftliche Theorie bleibt nicht fremd, sondern kann als ‚Theorie für mich' begriffen werden – mit einer erhöhten Chance auf Adaptierung und praktische Umsetzung." (Hierdeis, 2000, S. 163)

Geschieht Supervision ohne Supervisor, wie das bei der Selbstreflexion und der Selbstevaluation der Fall ist, so müssen einige Bedingungen erfüllt sein, wenn sie erfolgreich verlaufen sollen: N. Belardi (2002, S. 91) nennt unter anderem hohe Professionalität (beispielsweise gute Ausbildung, langjährige Berufserfahrung), geringe Konkurrenz, weitgehende Angstfreiheit, realistische Ansprüche, vorherige positive Erfahrung mit geleiteter Supervision.

Zweifellos haben Selbstreflexion und Selbstevaluation, vor allem wenn sie als Teamlernen und als kollegiale Fallbearbeitung durchgeführt werden, große Vorteile wie D. Schmelzer (1997, S. 372 f) zusammenstellt. Sie stärken den Selbsthilfegedanken und reduzieren die Abhängigkeit von Experten; sie führen zu hoher intrinsischer Motivation und Eigeninitiative der Teilnehmer; sie haben ökonomische Vorteile, weil sie honorarfrei sind; sie bewirken eine wechselseitige Unterstützung, Ermutigung und Feed-back; sie geben Gelegenheit zur Erweiterung des begrenzten persönlicher Erfahrungsrahmens, zum Kennenlernen neuer/anderer Perspektiven und zum Austausch von Ideen; sie ermöglichen Lernen von neuen Methoden und Techniken sowie von Maßnahmen zur Qualitätssicherung (Vergleichsmöglichkeiten mit professionellen Standards, Evaluation mittels ‚peer review'); sie bedeuten emotionaler Beistand in schwierigen Situationen und bei Konflikten; sie verlaufen in einer Atmosphäre der Offenheit, da sie von der Kontrolle/Evaluation durch die Administration frei sind und weil die Zusammensetzung der Gruppen nach Vertrauen, wahrgenommener Kompetenz und persönlichen Sympathie etc. erfolgt; sie geben Gelegenheit zum Erwerb von Fähigkeiten und Erfahrungen außerhalb der formalen Struktur eines Ausbildungsprogramms oder eines „offiziellen" Fortbildungsangebots und ermöglichen sowohl die Nutzung von persönlichen Stärken (spezielle Kenntnisse,

Fertigkeiten und Erfahrungen einzelner Teilnehmer), als auch „stellvertretende" Lernerfahrungen; sie beugen gegen Isolation am Arbeitsplatz, Stress und Burnout vor und haben gewissermaßen als Nebenprodukt einen größeren Zusammenhalt und intensivere Kooperation zwischen den Kollegen zur Folge. Diesen Vorteilen stehen einige *Nachteile* gegenüber, wie Schmelzer (1997, S. 373) ebenfalls betont:

- „Überhöhte Ansprüche und illusorische Ziele,
- Gefahr der Überforderung bei zu großen Problemen,
- fehlende Kompetenz für bestimmte Themen, Prozesse und Inhalte,
- gemeinsame ‚blinde Flecken' durch fehlende Außenperspektive (‚Schmoren im eigenen Saft')
- mangelhafte Aufgaben- und Zielorientierung (fehlende Lernmotivation, zu informelle Treffen, ‚Kaffeeklatsch-Atmosphäre'),
- inadäquate Schwerpunktsetzungen (z. B. emotionale Unterstützung geben, wo eine aktive Problemorientierung notwendig wäre),
- zu heterogene Gruppenzusammensetzung (Personen aus völlig unterschiedlichen Tätigkeitsbereichen ohne Transfermöglichkeiten),
- Notlösung bzw. Ersatz für andere Supervisionsangebote (wenn z. B. aus finanziellen Gründen externe professionelle Supervision unterbleibt)".

Bei der Selbstreflexion geht der Lehrer/die Lehrerin in den folgenden Untersuchungsschritten vor: (1) wahrnehmen und beobachten, (2) unter Nutzung von Expertenwissen und Theorien erklären, deuten, verstehen, (3) handeln. Die Selbstevaluation ergänzt diese Vorgehensweise um die Aspekte (4) messen, (5) beschreiben, (6) vergleichen, analysieren, bewerten und (7) diskursiv besprechen. Dazu stehen den Lehrerinnen und Lehrern verschiedene Techniken und Verfahren zur Verfügung: schriftliche Befragungen, strukturierte Gespräche/Interviews, Datenauswertung und Dokumentenanalyse, Auswertung von Tests, Klassenarbeiten und anderen Lernerfolgsüberprüfungen, Beobachtungen Dritter (Schattenperspektive), Auswerten von Meinungsäußerungen von Schülern/Eltern/außerschulischen Personen, Auswertung von kreativen und expressiven Produktionen (Collagen, szenische Darstellungen, Bilder ...). Diese Verfahren lassen sich danach kategorisieren, ob mit ihrer Hilfe 1. die individuelle Reflexion oder 2. die Reflexion in Gruppen befördert wird und ob sie 3. evaluative Elemente einbeziehen oder nicht.

Übungsaufgabe

- Fassen sie in einem kurzen Statement zusammen, warum Selbstreflexion und Selbstevaluation für das Wissensmanagement in sozialen Berufen bedeutsam sind!
- Wenden Sie Ihre Kentnisse dazu auf die Tätigkeiten von Unternehmensbeschäftigten an!

Praxisbeispiele für die individuelle Reflexion sind:

- das berufliche Tagebuch
- der Tagesrückblick an Hand von strukturierten Fragen
- Notizen zum Unterricht
- die Energie-Bilanzierung (Was nimmt mir Energie? Was gibt mir Energie?)
- Fragebögen zur Selbsteinschätzung und Fremdeinschätzung
- Selbsterkundung zum eigenen Umgang mit Konflikten
- Selbsterkundung zum eigenen kommunikativen Verhalten
- Überprüfung der eigenen Haltungen und Einstellungen

Praxisbeispiele für die Reflexion in einer Gruppe sind:

- die SWOT-Analyse (Stärken-Schwächen-Chancen-Bedrohungen- Analyse)
- wechselseitige Einschätzung der eigenen Kompetenz
- Plus-Minus-Fragezeichen-Methode (Was ist gelungen? Was ist misslungen? Was ist offen geblieben?)
- Das Analysegespräch über berufliche Erfahrungen, Eindrücke, Fragen usw. in der kollegialen Gruppe
- peer-review durch eine schulinterne Unterstützungsgruppe oder durch „kritische Freunde"
- die regelmäßige kollegiale Fallberatung mit den Phasen: Einstimmung, Problembeschreibung, Blitzlicht zum berichteten Problem, Informationsfragen zum Problem, Perspektivenwechsel, Zieklärung, Suche nach Lösungsmöglichkeiten, Entscheidung für eine Möglichkeit, Abschluss-Blitzlicht
- Evaluations-Zielscheibe („Spinnennetz") zur wertenden Einschätzung über das Erreichen bestimmter Aspekte des Unterrichts (z. B. Verständlichkeit, Interesse am Thema, Zeitmanagement...)
- Schüler-Rückmeldungen zum Unterricht

Die Entwicklung des Professionswissens von Lehrern und Lehrerinnen durch die Rekonstruktion von Expertenwissen

Die Berufswissenschaften des Lehrers/der Lehrerin (d. h. i.e.S.d.W: die Fachwissenschaften, die Fachdidaktiken, die Allgemeine Pädagogik, die Schulpädagogik und die Psychologie) verfügen als externe Faktoren über Anregungspotenziale zur professionellen Weiterentwicklung im Bereich des Lehrerwissens. Allerdings sind hinsichtlich des Wissens, das Experten aus der Wissenschaft den Lehrerinnen und Lehrern präsentieren, einige Besonderheiten zu berücksichtigen. Das Praxiswissen der Lehrer umfasst das Gesamt aller Erfahrungen mit dem Unterrichten, Erziehen und Lernen in der Schule, während didaktische oder schulische Theorien ein auf die Praxis gerichtetes Denken und ein metatheoretisches Reflektieren über Situationen, Phänomene und Prozesse dieser Praxis sind. Die Praxis, auf die der Wissenschaftler sein Augenmerk richtet und die der Lehrer gestaltet, ist zwar dieselbe; unterschiedlich sind aber Absicht und Ergebnis der Bemühung beider. Dennoch hat das auf die Praxis bezogene Denken des Wissenschaftlers entscheidende Bedeutung für den Praktiker. Die Analyse der Schulpraxis durch den Wissenschaftler

- klärt, was Schule und Unterricht sind
- macht den Praktiker auf zentrale Faktoren des Schul- und Unterrichtsgeschehens aufmerksam und hilft ihm, sein pädagogisch-didaktisches Feld zu strukturieren
- klärt ihn über Bedingungszusammenhänge (Wenn-dann-Beziehungen, Regelmäßigkeiten) und Auswirkungen von Verhaltensweisen und Handlungen des Lehrers oder Schülers auf
- orientiert ihn über die Wahrscheinlichkeit, mit der durch den Einsatz bestimmter Methoden, Medien und Rahmenbedingungen Schule und Unterricht effektiver organisiert und besser gestaltet werden können
- öffnet ihm den Blick für ideologische Sichtweisen des Phänomens, Schule und Unterricht und für deren Reformbedürftigkeit
- ermöglicht ihm durch Aneignung des Theoriewissens Professionalität und Autonomie in seinem Lehrerverhalten
- sichert ihm objektive Beobachtungskriterien im Falle der Evaluation.

Die Frage, die nun zu klären ist, heißt, wie das Wissen des Lehrers/der Lehrerin, das sein/ihr Handeln bestimmt, unter Beteiligung von außenstehenden Experten weiterentwickelt werden kann. Nun sind aber Lehrer/Lehrerinnen auch selbst Experten (vgl. Bromme 1992, S. 7ff.), insofern sie eine lange Ausbildung, praktische Erfahrung haben und Aufgaben erfolgreich lösen; sie verfügen über professionelles Wissen, das sie bei Problemlösungen routiniert einsetzen und das aus theoretischen Elementen, Faustregeln und praktischen Erfahrungen besteht. „Professionelles Wissen bezeichnet die einmal bewusst gelernten Fakten, Theorien und Regeln, sowie die Erfahrungen und Einstellungen des Lehrers. Der Begriff umfasst also auch Wertvorstellungen, nicht nur deskriptives und erklärendes Wissen." (Bromme 1992, S. 10) Es lässt sich jedoch feststellen, dass nicht jeder Lehrer/jede Lehrerin mit diesem Expertentum die schwierigen und komplexen Aufgaben in der Schule erfolgreich bewältigt bzw. bewältigen kann. Diese Tatsache hängt wesentlich mit deren Problemwahrnehmung und der raschen Reaktion, also dem Handeln unter Druck zusammen. Hier gibt es deutliche Unterschiede bei den Inhalten des Wissens, beim Umfang des Wissens, bei der Abstraktheit und Kohärenz des Wissens aus unterschiedlichen Bereichen und der Prozeduralisierung des Wissens, wie sich bei der Bewältigung von Aufgaben in der Praxis zeigt. Außerdem ist das professionelle Wissen von „Experten in der Regel zu chunks", „plans", „frames", „scripts" oder „Schemata" verdichtet. Darunter versteht man Netzwerke eines deklarativen Wissens, die eine schnelle Situationsorientierung und Handlungsplanung erlauben und drehbuchartig Standardsituationen bewältigen helfen. Bei bestimmten Situationen werden verfügbare, bewusstseinsfähige Wissensstrukturen und geistige Operationen (Wahrnehmen, Verstehen, Erinnern) aktiviert, die das Handeln und Entscheiden steuern. Experten und erfahrene Akteure verfügen diesbezüglich über differenzierte Schemata und eine große Zahl solcher „scripts".

Die Wissensmerkmale von Experten sind:

„Experten verfügen über ein Begriffssystem, das eine schnelle interne Repräsentation der jeweiligen Problemanforderung ermöglicht. Es werden die ‚Daten' wahrgenommen, die in bezug auf das Ziel der Problembearbeitung relevant sind."
„Experten verfügen über lösungsrelevantes Wissen, das die Zuordnung von Merkmalen der Problemanforderung und möglichen Lösungsstrategien zum Inhalt hat. Diese enge Zuordnung ist die Grundlage für das empirisch zu beobachtende Phänomen des ‚subitizing' [...], d. h. für die Tatsache, dass die Wahrnehmung einer bestimmten Frage oft unmittelbar mit einer Beantwortung verbunden wird [...]" (Bromm 1985, S. 185f)

„Im Prozess der Problembearbeitung verfügen Experten über mehr Information darüber, wo sie sich auf der Strecke zu einem gesuchten Ziel befinden." [...]
„Vor allem verfügen die Experten über mehr bereichsspezifisches Wissen über die für die Aufgabenlösung relevanten Sachverhalte und Beziehungen. Es ist allerdings wichtig festzuhalten, dass damit nicht bloß ein quantitativer Unterschied gemeint ist, sondern der Unterschied liegt eher in der Qualität. Die vorhandenen

Konzepte erlauben die Integration von mehr Details und die Bewertung von Problemelementen bezüglich ihrer Bedeutung für den Lösungsprozess." (Bromme 1985, S. 185 f)

Bei ihrem Handeln in Schule und Unterricht müssen die Lehrer/Lehrerinnen ihr Wissen aktualisieren und für die Handlungsorganisation nutzen. Konkret heißt das: Sie müssen situative Merkmale erkennen und klassifizieren, Ziele und Pläne auswählen, sich zwischen konkurrierenden Alternativen entscheiden, Entschlüsse fassen, entsprechende Emotionen und Volitionen zum Handeln aktivieren, ihr tatsächliches Handeln kontrollieren, bewerten und schließlich noch vor sich selbst rechtfertigen. Beim Handeln unter Druck verlaufen diese komplizierten handlungsbezogenen kognitiven Prozesse nicht nur sehr schnell, sondern auch emotional belastet und in der Regel ohne Rückgriff auf Theorie- und Expertenwissen. Das Dilemma des Handelns unter Druck liegt darin, „dass der Akteur sich in knapp bemessener Zeit unter emotionaler Belastung in einer komplexen Situation orientieren und zu einer Entscheidung kommen muss." (Wahl 1991, S. 30) Er löst dieses Dilemma durch Schwerpunktbildung bei der Wahrnehmung und Hintergrundkontrolle, durch Routine in möglichst vielen Teilprozessen, durch Einsatz bewusster Kognition zum Aufbau schwieriger Einzelhandlungen, durch emotional gesteuerte, „gefühlsmäßige" (Notfall-) Reaktionen sowie auf der Basis situationsübergreifender Ziele, Pläne, Vorsätze und Vornahmen.

„Schon vor dem Eintritt in die einzelnen Episoden antizipiert der Akteur potentielle Anforderungen und stellt seine übergreifenden Handlungspläne vorbeugend darauf ab. Wird er dennoch von der Eigendynamik des Geschehens überrascht, so versucht er, die Komplexität des Geschehens dadurch zu reduzieren, dass er sich dem ihm am wichtigsten und zugleich am dringlichsten erscheinenden Teilausschnitt des Geschehens intensiv zuwendet (Schwerpunktbildung). Die anderen Aspekte vernachlässigt er. Dennoch versucht er, bedrohliche Entwicklungen auch außerhalb des gesetzten Schwerpunktes so frühzeitig zu erkennen, dass er noch den Schwerpunkt wechseln kann (Hintergrundkontrolle). Bei begrenzter Prozesskapazität versucht er, die knappe Entscheidungszeit dadurch möglichst günstig zu nutzen, dass er ein Höchstmaß an notwendigen Abläufen in Form nicht-bewusstseinspflichtiger Selbstregulierungen vollzieht (Routinisierung), um die ganze Aufmerksamkeit den bewusst zu treffenden Entscheidungen zuwenden zu können. Diese Entscheidungsprozesse werden um so stärker vereinfacht, je kürzer die zur Verfügung stehende Entscheidungszeit ist. Durch Wechselwirkungen zwischen Emotionen und Kognitionen kann es dabei auch zu überhasteten Entschlüssen kommen (Notfallreaktionen). Der Rahmen für die unter Druck in den Episoden getroffenen Entscheidungen ist durch die situationsübergreifenden Ziele und Pläne abgesteckt, was sich ebenfalls komplexitätsreduzierend und entscheidungserleichternd auswirkt (Einbettung). Diese wiederum sind durch die überindividuellen Geschehensabläufe mit determiniert." (Wahl 1991, S. 45f.)

Sollen Lehrer und Lehrerinnen ihr professionelles Wissen, speziell ihr Wissen beim Handeln unter Druck weiterentwickeln, müssen sie ihre verdichteten subjektiven Handlungstheorien aufbrechen und neue elaborierte Theorien in konkreten Szenarios, Simulationen und Modellsituationen kennenlernen, erproben und auf ihre Effektivität überprüfen. Dafür schlägt D. Wahl (1991, S. 195 ff.) die Methode der *kommunikativen Praxisbewältigung in Gruppen* vor. Unter Anleitung von Experten soll in folgenden Schritten vorgegangen werden:

1. Problemauswahl
2. Rekonstruktion des Problems aus der Innenperspektive und der Außenperspektive mit Hilfe von Tandempartnern
3. Kommunikatives Problemlösen in der Kleingruppe
4. Vorgeplantes Agieren im Tandem
5. Erproben in der Realsituation unter Beobachtung des Tandempartners

D. Wahl hat diese Methode, das Handlungswissen von Lehrern unter Anleitung von Experten aus der Wissenschaft weiterzuentwickeln, als „Sandwich-Methode" bezeichnet.).

„Die grundlegende Idee dabei ist, zwei Dinge miteinander zu verbinden. Einmal die Vermittlung von Expertenwissen durch uns als Lehrende, wie wir es aus der traditionellen Lehrerbildung gewohnt sind. Zum anderen aber auch die individuelle Auseinandersetzung mit diesem Expertenwissen. Hier sucht jede Person, entsprechend der im ersten Lernschritt bewusst gemachten eigenen Handlungssteuerung, nach persönlichen Handlungsalternativen. Daraus ergibt sich für unsere Lehre eine ganz charakteristische Struktur: zwischen Phasen kollektiver Informationsvermittlung werden möglichst umfassende Phasen individueller Problemlösung geschoben. Beim ‚kleinen Sandwich' geschieht dies innerhalb der Veranstaltung selbst. [...] Beim ‚großen Sandwich' geschieht dies in der Zeit zwischen den Veranstaltungen. Somit entsteht eine selbstähnliche, fraktale Struktur mit kleinen ‚Einschüben' innerhalb von Kurs, Seminar oder Vorlesung und großen ‚Einschüben' zwischen den Kursteilen, Seminarsitzungen oder Vorlesungsterminen." (Wahl 2001, S. 157ff.)

Die praktische Umsetzung des Sandwich-Prinzips erläutert D. Wahl am folgenden Beispiel:

„Angenommen, es geht inhaltlich um kooperatives Lernen. Dann müsste im ersten Lernschritt schon bewusst geworden sein, welche handlungssteuernden Strukturen und Prozesse zum kooperativen Lernen in Vorlesung, Seminar oder Fortbildungskurs ‚mitgebracht' wurden. Folgende Methoden könnten also schon eingesetzt worden sein: *Selbstreflexion* (Gruppenarbeiten, die ich als Schüler oder Student oder Lehrer selbst erlebt habe), *Selbstbeobachtung* des eigenen Handelns beim Gruppenunterricht, *introspektive* Erfassung der handlungssteuernden Gedanken und Gefühle, bei erfahrenen Teilnehmenden möglicherweise eine WAL (= Weingartner Appresisal Legetechnik, W. W.) [...] *Szene-Stop-Reaktion* oder *Feedbackverfahren*. Die mitgebrachten, handlungsleitenden subjektiven Theorien müssten somit bearbeitbar sein. Jetzt wäre der Zeitpunkt für die Vermittlung von Expertenwissen gekommen. Beispielsweise könnte über ‚neue Aspekte einer Didaktik des Gruppenunterrichts' informiert werden, [...] Es könnten auch die ‚Bedingungen effektiven Lernens in Kleingruppen' [...] dargestellt sowie über besonders wirkungsvolle Formen ‚reziproken Lehrens und Lernens' [...] gesprochen werden. In diese Informations-Aufnahme-Phasen müssten in regelmäßigen Abständen Phasen ‚eingeschoben' werden, in denen die Teilnehmer prüfen, welche Aspekte des Expertenwissens ihnen helfen, begründete Alternativen zu ihrem bisherigen Handeln zu finden. Dies geschieht idealer Weise in Einzelarbeit, da jede Person sozusagen an ‚einer anderen Baustelle' arbeitet, es also mit einem besonderen, individuellen Problem zu tun hat. Weil es erfahrungsgemäß oft schwer ist, in Einzelarbeit Probleme anzugehen, ist auch die Partnerarbeit als sinnvoller Einschub zu betrachten, besonders dann, wenn im Praxistandem versucht wird, Lösungen zu finden. Besonders elegant ist es natürlich, sinnvolle Formen kooperativen Lernens sowohl in die Informations-Aufnahme-Phase als auch in die eingeschobenen Verarbeitungs-Phasen einzubauen. So könnten wichtige Texte in Form reziproken Lehrens und Lernens bearbeitet werden oder es könnten die Ergebnisse der individuellen Problemlösungsphasen in Form eines Gruppen-Puzzles ausgetauscht werden. Das persönliche Erleben wirkungsvoller kooperativer Methoden im ‚pädagogischen Doppeldecker' führt nach unseren Erfahrungen eindeutig zu einem tieferen Verstehen der theoretischen Inhalte. Auf diese Weise ergibt sich eine didaktisch höchst interessante Struktur, deren Ziel keine triviale Methodenvielfalt ist, sondern der wohl begründete, ständige Wechsel zwischen der Aufnahme von Expertenwissen und der Weiterverarbeitung zu individuellen Problemlösungen.

Führt man diese Gedanken weiter, so haben die Teilnehmenden die Aufgabe, die entwickelten Problemlösungen außerhalb der Lehrveranstaltungen zu erproben. Auf das eben beschriebene ‚kleine Sandwich' folgt nun das ‚große'. Besonders gut kann dies in der Lehrerfort- und –weiterbildung realisiert werden. Hier verfügen die Teilnehmer über eine ständige, alltägliche Berufspraxis. Dort können und sollen sie die ausgearbeiteten Lösungen erproben. Weitaus problematischer ist dies in der Lehrer-Erstausbildung. Diese ist noch weitgehend so organisiert, dass in ein stark theorieorientiertes Studium verhältnismäßig wenige praktische Berufserprobungen eingeschoben sind. Es ist dort also wesentlich schwerer, die entwickelten Problemlösungen im nachfolgenden beschriebenen dritten Lernschritt in neue handlungsleitende Prozesse und Strukturen zu überführen. [...]

Der dritte Lernschritt kann nur dann gelingen – das ist die zentrale Voraussetzung – wenn die Teilnehmenden ausreichende Möglichkeiten haben, die erworbenen Erkenntnisse in die Praxis umzusetzen. Ist diese Voraussetzung gegeben, so besteht der erste kleine Schritt in Richtung Neuorganisation darin, das angezielte Handeln detailliert zu planen. Am besten geschieht dies im Praxistandem, weil erstens beide Personen die reale Situation kennen und zweitens der Dialog leichter aus dem gewohnten Alltagshandeln herausführt als eine monologische Einzelarbeit. Entscheidend ist, dass klare Vorstellungen von den einzelnen Handlungsvollzügen entstehen. Diese sollten schriftlich festgehalten werden. Innerhalb der oben beschriebenen Sandwich-Struktur kann dies entweder innerhalb des ‚kleinen' Sandwiches in workshopartigen Phasen der Einzel- oder Partnerarbeit geschehen oder innerhalb des ῾großen῾ Sandwiches in eigens dafür arrangierten Tandemtreffen.

[...] Reales Erproben der neuen Handlungsalternativen
Über diesen Schritt muss nicht viel erzählt werden. Er ist sicherlich der wichtigste von allen. Angeregt durch Vorsatzbildung und Erinnerungshilfen probieren alle Teilnehmenden die ausgearbeiteten und vorgeübten Handlungsalternativen aus. Günstig ist es dabei, die ersten Erprobungen in vereinfachten oder einfachen Situationen vorzunehmen, damit die Chance des Gelingens möglichst hoch ist. Beispiele dafür sind Situationen, in denen man es nur mit einem Schüler oder mit wenigen Schülern zu tun hat (Nachhilfe-Situationen, Stützunterricht, Förderunterricht usw.). Sinnvoll ist es auch, in solchen Klassen zu beginnen, in denen man gut zurecht kommt und in denen die Lehrer-Schüler-Beziehung besonders tragfähig ist. Erst später sollte man sich an Klassen heranwagen, die vielleicht schwierig sind, in denen der Unterricht häufig gestört wird oder in denen die Lehrer-Schüler-Beziehung eher belastet ist. Um die Gefahr blinden Probierens zu verringern, sollten entweder parallel zur Erprobung präzise Selbstbeobachtungen gemacht werden (ähnlich wie im ersten Schritt) oder es sollten Rückmeldungen vom Tandempartner, dem Supervisor oder von den Schülern über die Effekte der neuen Handlungsalternativen eingeholt werden. Im Anschluss an die Erprobungen sollten die Ergebnisse am besten im Praxistandem oder in der lernwegflankierenden Praxiskleingruppe thematisiert werden. Beide kleinen Netzwerke stützen nicht nur sozio-emotional, sondern können auch ganz konkrete Hilfe geben" (Wahl 2001, S. 168 ff.).

Die Entwicklung des Professionswissens bei Lehrern/Lehrerinnen lässt sich in folgendem Schema zusammenfassen:

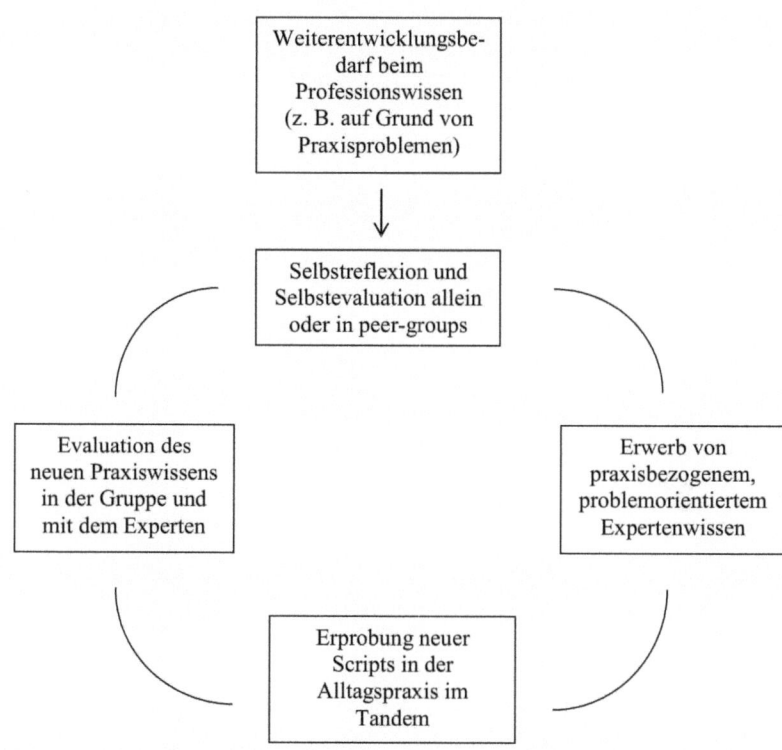

Abbildung 18: Die Entwicklung des Professionswissens

Übungsaufgabe
- Stellen Sie die Sandwich-Methode dar und erklären Sie anschließend, warum sie für das Wissensmanagement in sozialen Berufen wichtig ist!
- Überlegen Sie sich Anwendungsbeispiele dafür außerhalb sozialer Berufe!

5.5.2.2   Das Fachwissen von Schülerinnen und Schülern

Fast allen Unterrichtsstunden liegt das Ziel zugrunde, beim Schüler/bei der Schülerin Fachwissen entstehen und sich entwickeln zu lassen. Lehren und Lernen haben darin ihren Sinn, alle didaktischen Bemühungen zielen darauf ab, zahlreiche Bücher zum Wissenserwerb sowie zu Lern-, Arbeits- und Gedächtnistechniken geben hierzu Ratschläge. Sie geben Hinweise darüber, wie die Entwicklung von Fachwissen bei Schülern gemanagt werden kann. Die Grundlage dafür bildet der Informationsverarbeitungsansatz (s. Kap. 5.1)

Die Theorie der minimalen kognitiven Architektur

M. Anderson (1992) hat eine Theorie der intellektuellen Entwicklung ausgearbeitet, die als „Modell der minimalen kognitiven Architektur" rezipiert und viel beachtet wurde. Anderson erklärt damit, dass und wie die kognitiven Leistungen des Menschen in der Kindheit und im Jugendalter durch Wissenserwerb stetig zunehmen.

Er unterscheidet dabei zwei Wege:
Weg 1: interindividuelle Entwicklung von Wissen

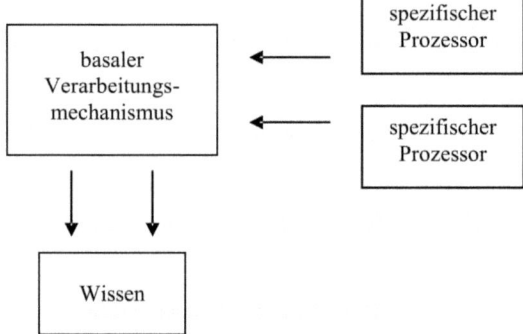

Abbildung 19: Interindividuelle Entwicklung von Wissen

Bei dem ersten Weg des Wissenserwerbs und der Wissenselaboration eignet sich der Mensch neues Wissen durch Denken an. Dafür ist sein basaler Verarbeitungsmechanismus entscheidend, womit die generelle Qualität des Denkens, seine allgemeine Intelligenz (g-Faktor der Intelligenz), die Geschwindigkeit des Denkens und Begreifens sowie die Stabilität des erworbenen Wissens zusammenhängen. Die beiden spezifischen Prozessoren sind bestimmte Arten von Wissenserwerbs-Routinen (Algorithmen) und Verarbeitungsprozeduren, bei denen üblicherweise zwischen einer verbal-abstrakt-sequentiellen Prozedur und einer räumlich-visuell-holistischen Prozedur unterschieden wird.

198

Weg 2: intraindividuelle Entwicklung von Wissen

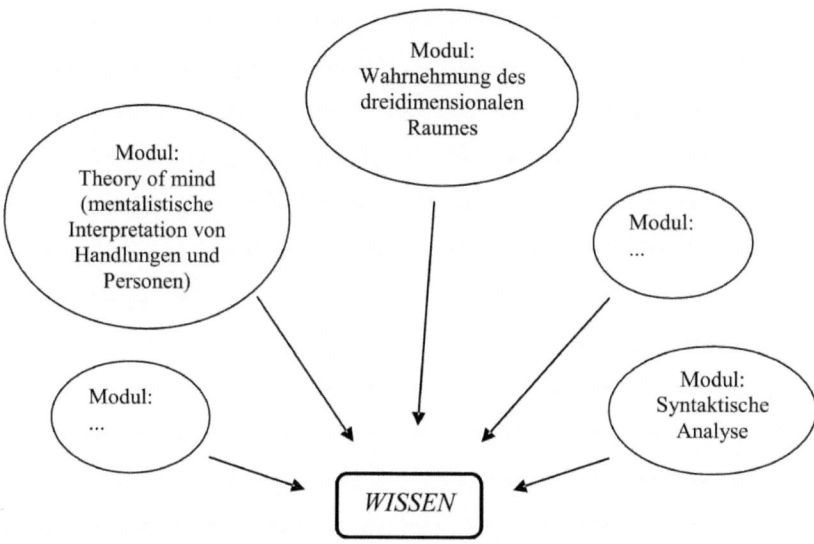

Abbildung 20: Intraindividuelle Entwicklung von Wissen

Beim zweiten Weg kommt es durch die Reifung von Modulen zum Wissenserwerb und zur Wissenselaboration. Hier deutet sich eine strukturgenetische Sichtweise an (vgl. Piaget), die Entwicklungsveränderungen beim Wissen auf die Reifung und den Aufbau von Wissensstrukturen zurückführt. Die Module (wie z. B. visuelle Wahrnehmung, Sprachwahrnehmung, kausales Denken usw.), die teilweise in der Evolution des Menschen angelegt oder genetisch vorprogrammiert sind (wie z. B. das Wahrnehmen von Dreidimensionalität oder die Übertragung von Information in das Langzeitgedächtnis), teilweise auch durch häufig durchgeführte Prozesse entstehen, sind der Motor für qualitative Entwicklungsveränderungen beim Wissen, die universell sind. So ist es durchaus möglich, dass ein Mensch in einzelnen Modulen besondere Kompetenzen aufweist (vgl. Schüler mit spezifischen Leistungsexzellenzen oder auch mit Teilleistungsschwächen), ohne gleichzeitig über eine, bei diesen Besonderheiten gemeinhin erwartete allgemeine Intelligenzhöhe zu verfügen.

M. Hasselhorn und D. Grube fassen die Bedeutung dieser „Theorie der minimalen kognitiven Architektur" wie folgt zusammen.

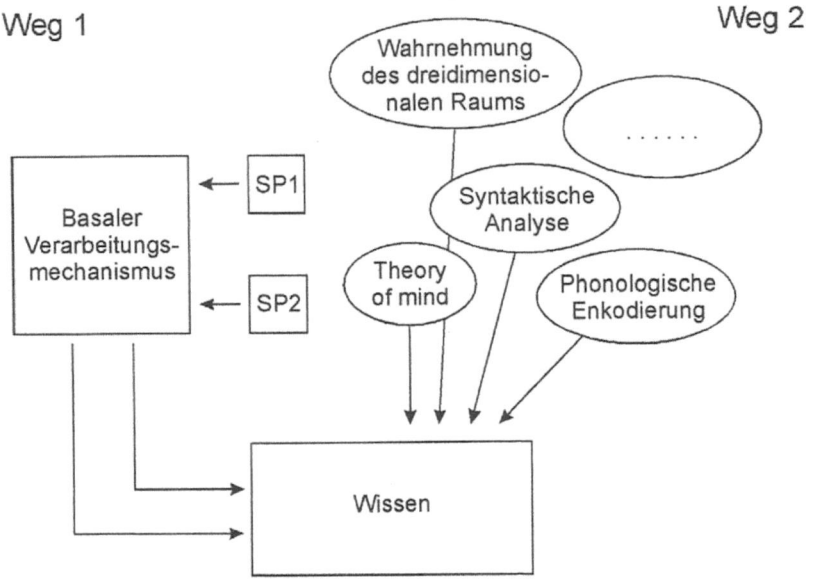

Abbildung 21: (nach Hasselhorn/Grube 1997, S. 22f.)

„Beim Wissenserwerb beeinflussen sich Denken und Wissen wechselseitig. Mit der Reifung eines neuen Moduls ist die Entwicklung neuartiger Repräsentationsformen verbunden; diese neuen Möglichkeiten stehen nun allen Denkprozessen als eine Art neuer Sprache des Denkens zur Verfügung. So hat die Reifung von Modulen, selbst wenn die Funktion des Moduls zunächst recht spezifisch erscheint, Konsequenzen für das gesamte kognitive System und kann eine qualitativ neuartige Stufe des Denkens einleiten. Auf der anderen Seite kann Wissen, das bei seiner Aneignung und bei ersten Anwendungen durch Denkprozesse vermittelt wird und somit den basalen Verarbeitungsmechanismus belastet, bei häufiger Nutzung automatisiert werden, also modularen Charakter annehmen und dadurch zentrale Kapazität freisetzen, die nun wiederum dem Denken zur Verfügung steht – z. B. zum Erwerb weiterer Wissens.

Der jeweilige individuelle Entwicklungsstand ist durch die Anzahl, Komplexität und Elaboriertheit der aktuell verfügbaren Wissensbausteine charakterisiert, wobei immer beide beschriebenen Wissenserwerbswege die Genese und Qualität dieses Wissens determinieren." (Hasselhorn/Grube 1997, S. 23)

Die genannte Theorie erlaubt durch die Module auch, den Unterschied zwischen der metakonzeptionellen Ebene bereichsübergreifender Veränderungen in der kognitiven Entwicklung, wie Piaget ihn vertritt, und der Bereichsspezifität der kognitiven Entwicklung in bestimmten Wissensfeldern zu erklären. Denn grundsätzlich gilt, dass das Verständnis spezifischer Inhaltsbereiche (z. B. der Kausalität beim Kind/Jugendlichen) sich nicht immer und automatisch mit der bereichsübergreifenden Phasenstruktur der Denkentwicklung korreliert. (Sodian 1998, S. 622 ff.) Wohl aber ist ein enger Zusammenhang zwischen allgemeiner Intelligenz und Vorkenntnissen auf der einen Seite und domänenspezifischen Kenntnissen auf der anderen Seite nachgewiesen. (Weinert/Helmke 1997)

Übungsaufgabe

▪ Welche Folgerungen lassen sich aus der Theorie der minimalen kognitiven Architektur für das Managen von Fachwissen bei Schülern/Schülerinnen ableiten?
▪ Suchen Sie Beispiele dafür, dass Fachwissen generell nach diesem Modell gemanagt werden kann!

Mentale Modelle als Repräsentation von Wissen

Seit P. N. Johnson-Laird (1983) ist es üblich geworden, von mentalen Modellen im Zusammenhang mit dem Wissenserwerb zu sprechen, wenngleich der Begriff „mentales Modell" ebenso wie der Schemabegriff terminologisch und experimentell wenig geklärt ist. Versteht man „unter Schemata explizit gespeicherte Netzwerke von strukturierten Begriffsmengen, die typische handlungsrelevante Umgebungsaspekte widerspiegeln" (v. d. Meer 1998, S. 218), dann sind Schemata sowohl das Ergebnis als auch die Voraussetzung von Wissenserwerb. Durch Wissensassimilation erfolgt eine Verknüpfung neuer Daten mit einem vorhandenen Schema, dadurch wird dieses Schema umstrukturiert und modifiziert, was eine Erweiterung von dessen Anwendungsbereich mit sich bringen kann, die neuen Wissenserwerb ermöglicht. Der Konzeption mentaler Modelle liegt die Ausnahme zugrunde, „dass Menschen von ihrer Umwelt und sich selbst interne Modelle konstruieren, die von den Absichten des Abbildenden abhängen, einen unterschiedlichen Differenzierungsgrad aufweisen können und wahrscheinlich ganzheitlich analog sind." (v. d. Meer 1996, S. 219) Dabei ist zur Zeit noch ungeklärt, ob diese Modelle immer auch aus anschaulichen Vorstellungen bestehen; in jedem Falle sind sie als „subsymbolische Repräsentationsebene" zu betrachten.

Die Schulpädagogik kennt unterschiedliche Zugänge zu dem Konstrukt, dass Wissen mental repräsentiert wird:

1. Die Vorstellungskonzeption von J. F. Herbart

Der Pädagoge und Didaktiker J. F. Herbart (1776 – 1841) zieht die Vorstellungspsychologie zu Rate, um zu beschreiben, was der Mensch vom Kleinkindalter an durch Erkennen der Umwelt und Umgehen mit ihr in sich gestaltet. Denn die Seele des Menschen besteht seiner Meinung nach aus nichts anderem als Vorstellungen, aus inneren Zuständen. Zustandegekommen durch angenehme oder unangenehme Erfahrungen verdichten sie sich zu Gedankenmassen oder *„Gedankenkreisen"*, die dann in Form von Gefühlen, Affekten, Begehrungen und Willenshandlungen neue Vorstellungen prädisponieren. Als *Interesse* steuern sie die Wahrnehmung, assoziieren bestimmte neue Vorstellungen, integrieren sie in den Gedankenkreis und verändern ihn auf diese Weise. Soll Erziehung deshalb ihr Ziel nicht verfehlen, muss sie von Anfang an darauf bedacht sein, beim Kind die Bildung der Gedankenkreise nicht beliebig und durch zufällige Umwelterfahrungen vonstatten gehen zu lassen. Der *„erziehende Unterricht"* hat die Aufgabe, detailliert den Aufbau der Gedankenkreise bei Schülern zu planen und ihn systematisch zu organisieren. Damit Einseitigkeit und Zerstreutheit verhindert werden, fordert Herbart, beim Schüler eine *Vielseitigkeit des Interesses* zu wecken, auszubilden und zur Gewohnheit werden zu lassen. Sachverhalte, Gegenstände, Ideen und Personen von vielen Seiten anzugehen, ist von beliebiger „Allseitigkeit" und „Flatterhaftigkeit" in zwei Hinsichten verschieden: Zum einen lassen sich die „Seiten" des Interesses genauer angeben; zum anderen ist der Schüler dann beim Lernen nicht nur aufmerksam, sondern wird bei der Darstellung, der Analyse oder der Synthese des Lernstoffs auch aus eigenem Antrieb geistig tätig, vertieft sich gründlich in das Neue und reflektiert darüber. J F. Herbart spricht vom Interesse als Selbsttätigkeit und vom Wechsel zwischen Vertiefung und Besinnung. Im Sinne der Vorstellungspsychologie denkt er sich den *Lernprozess als Apperzeptionsvorgang* in vier Stufen:

1. Stufe: Die Seele mit ihren Vorstellungen sieht sich mit einer neuen Wahrnehmung konfrontiert.
2. Stufe: Die Seele stellt eine „Schnittmenge" zwischen den „alten" Vorstellungen und der „neuen" Vorstellung her, knüpft sie an.
3. Stufe: Die Seele nimmt die neue Vorstellung in ihren „Besitzstand" auf.
4. Stufe: Die Seele hat das Wahrgenommene mit dem Vorhandenen verschmolzen. Der Apperzeptionsprozess beginnt neu.

Im Sinne dieses Apperzeptionsprozesses fordert Herbart, beim Einzelinteresse des Schülers und seiner Beziehung zum Lerninhalt anzusetzen, andernfalls könne er diese vier, *Formalstufen* genannten Lernschritte nicht erfolgreich vollziehen. Am Beginn muss deshalb die Stufe der Klarheit stehen, bei der sich jeder Schüler solange in das vom Lehrer dargebotene neue Thema/den Unterrichtsstoff vertiefen soll, bis er eine präzise Vorstellung davon hat. Die anschließende Stufe der Assoziationen führt die Vertiefung im freien Unterrichtsgespräch fort. Die Schüler stellen nun mit Hilfe ihrer Phantasie Gedankenverbindungen zum neuen Stoff her. Beide Stufen dienen der *Vertiefung*. Die dritte Stufe, System genannt, leitet die *Besinnungsphase* ein. In einem zusammenhängenden Vortrag hebt der Lehrer die Hauptgedanken nochmals hervor und macht dem Schüler den Vorteil geordneter Kenntnisse erfahrbar. Schließlich sollen die Schüler in der letzten Stufe, der Methode, durch eigenes Arbeiten das Erlernte an ausgewählten Aufgabenstellungen wiedererkennen oder anwenden. (vgl. Herbart 1984)

2. Die strukturgenetische Konzeption von J. Piaget

Die Anfänge der Strukturgenese-Theorie liegen in den Untersuchungen des Schweizer Psychologen Jean Piaget (1896 – 1980). Er hatte nachweisen können, dass das Kind ein Weltbild hat, das hinsichtlich der Logik, der Zeitauffassung, der Kausalität, der Zahlauffassung, der Phantasie usw. vom Weltbild des Erwachsenen verschieden ist. Durch diese Beobachtung sah er sich zur Untersuchung der Denkentwicklung beim Menschen veranlasst. Piaget versteht die *Denkentwicklung* des Menschen als einen Anpassungsprozess an die Umwelt, der in bestimmten, nicht umkehrbaren Phasen abläuft. Der Aufbau des kindlichen Verstehens erfolgt durch Aufnahme mittels der Sinnesorgane auf dem Weg über *Assimilation* und *Akkomodation*. „Assimilation" ist die Fähigkeit, die wahrgenommenen Umweltinformationen zu ordnen, zu deuten und in das jeweilige „Schema des Kindes" (d. h. den Informationsspeicher und die altersentsprechende Handlungsbereitschaft/Handlungsfähigkeit) einzupassen. Am Beispiel des Neugeborenen lässt sich das erläutern. Es besitzt bereits angeborene *Schemata* (Saugen, Greifen, Sehen, Hören usw.), deren Handlungskomponenten es dazu treibt, Schemata immer wieder zu üben (z. B. Saugen/Lutschen, Spielzeug greifen, mit den Augen Bewegungen nachvollziehen usw.) Auf diese Weise macht das Kind Erfahrungen, die es assimilieren kann. Jedoch bleibt es nicht bei der Assimilation stehen; es kommt vielmehr zu einem geistigen Fortschritt durch „Akkomodation". Sobald das Kind beispielsweise Ungewohntes wahrnimmt, sobald ihm neue Reaktionsformen abverlangt werden oder es Erfahrungen macht, die es nicht mehr in sein kognitives Schema einpassen kann, fühlt es sich in intellektuellem Ungleichgewicht. Sein innerer Aktivitätsdrang bewegt das Kind dann, den mangelnden Gleichgewichtszustand zu überwinden und ein neues Gleichgewicht, d. h. Verständnis herzustellen („*Äquilibration*"). Es modifiziert dabei sein bisheriges kognitives Schema, gelangt also auf Grund der „Akkomodation" (Anpassung an die veränderte Umwelterfahrung) zur Weiterentwicklung seines Denkens (seines kognitiven Schemas). Ist der Gleichgewichtszustand erreicht, ist die Struktur wieder profiliert. Aber jeder Gleichgewichtszustand beinhaltet wieder die Möglichkeit zum Ungleichgewicht, insofern neue Erfahrungen die „alte" Struktur als ungenügend erweisen. Gleichgewichtszustände sind also nichts anderes als vorübergehende Endpunkte einer Entwicklung, die zu *neuen Verhaltensweisen und Schemata* drängt. Die nachfolgenden sind dabei gegenüber den vorangegangenen

- qualitativ verschieden; sie weisen eine andere Art des Verstehens auf und sind nicht nur neue Inhalte oder Formen;
- eine neue strukturierte Ganzheit; sie sind in sich stimmig;
- nicht umkehrbar; die Reihenfolge der Stufen ist nicht beliebig, und kulturelle Faktoren können ihre Entwicklung nur beschleunigen, verlangsamen oder anhalten, nicht jedoch die Abfolge ändern;
- differenzierter und integrierter; sie beziehen mehr Aspekte, Faktoren und Dimensionen ein und verknüpfen diese zu einer sach- oder personadäquaten Perspektive;
- immer sowohl von den Einflüssen der soziokulturellen Umwelt als auch von den Motivationen, Einstellungen und Eigenaktivitäten des Einzelnen abhängig; deshalb sind Altersangaben für die Akkomodation nur recht vage möglich. (vgl. Piaget 1972, 1983)

3.   Die Konzeption vom Denken als verinnerlichtem Tun von H. Aebli

Wenn es darum geht, Operationen, d. h. Denkvorgänge bei den Schülerinnen und Schülern *aufzubauen*, sie neue Erkenntnisse gewinnen zu lassen, muss der Lehrer/die Lehrerin *beim praktischen Tun*, bei konkreten Beziehungen innerhalb der Wirklichkeit des Schülers *ansetzen*. Denn Denkvorgänge oder mathematische Operationen sind nichts anderes als Handlungen, die im Geist des Schülers durchsichtig, abstrakt, losgelöst von den konkreten Handlungsbezügen geworden sind, sind durch Nachdenken *verinnerlichte Strukturen* der wirklich vollzogenen Handlungen – so stellt es H. Aebli dar. Eine Hilfe bei dieser Verinnerlichung sind die Zeichensysteme (vgl. Sprache und mathematische Symbole).

Das *Entstehen eines Denkvorgangs* beim Schüler erfolgt seiner Meinung nach über einen *Aufbauvorgang*, für den bestimmte Grundsätze schon bei der *Unterrichtsvorbereitung* zu beachten sind. Aebli nennt die folgenden:

1. Kinder erlernen Operationen durch Verknüpfen von Elementen, über die sie bereits verfügen, und dann durch das Nachdenken über diese Verknüpfungsstruktur. Ihre neue *Operation* wird nämlich *aus gekannten Operationen* aufgebaut; neu ist immer nur die Anordnung und die Art der Verknüpfung der bekannten Operationen. Die entscheidende geistige Leistung ist deshalb die Synthese, die bekannten Teiloperationen zur neuen Operationsgestalt zusammenzufassen.
2. Bei der gedanklichen Rekonstruktion tatsächlicher Handlungen ist es nicht immer nötig, sich alle Einzelheiten der konkreten Handlung vorzustellen und bewusst zu halten; von *Unwichtigem* kann *abstrahiert* werden.
3. Die Operation muss später auch unabhängig von den konkreten Gegebenheiten, rein „gedanklich" vollzogen werden, automatisch, sicher und geläufig. Für diese Verinnerlichung und *Automatisierung* ist es nötig, sie in ein Zeichensystem zu übersetzen, sie symbolisch zu kodieren durch Noten, Zahlen, Töne, Schriftzeichen usw.
4. Bei der Verinnerlichung von Handlungen muss sich der Schüler/die Schülerin die Gegebenheiten von Handlungen als Wahrnehmungsbild (bildhaft, konkret, ikonisch), also durch *Anschauung* vergegenwärtigen oder mit Hilfe von stellvertretenden Zeichen, die unanschaulich sind.
5. Das Automatisieren der Operationen, assoziativ und nach Reiz-Reaktion vorgehend, entlastet das Denken und das Gedächtnis und legt die Aufmerksamkeit für umfassendere Zusammenhänge frei, ist also eine notwendige Vorbedingung für höhere, anspruchsvollere Denkoperationen. Es ist aber nur dann brauchbar, wenn der Schüler zu jeder Zeit die eigentliche Bedeutung und die mit dem *auswendiggelernten Kürzel* verbundenen Beziehungen in sich wieder rekonstruieren kann. (vgl. Aebli 1980/81)

4.   Die Konzeption des imaginativen Lernens von P. Fauser

Imagination, d. h. Einbildungskraft, bestimmt das gesamte Leben des Menschen. Vorstellungen sind bei ihm immer da; sie helfen oder behindern seine Wahrnehmung und Verarbeitung von Informationen, je nachdem, welche Hypothese über die Welt er mit ihrer Hilfe in seinem Gehirn gebildet hat. Vorstellungen greifen auf Erfahrungen zurück und greifen dem menschlichen Wahrnehmen, Denken und Handeln vor. Insofern haben Vorstellungen große Bedeutung für das Lernen und den Wissensaufbau. Denn ohne intelligente Vorstellungsroutine, kognitive Repräsentationssysteme, mentale Modelle braucht der Mensch länger, um verstehen, interpretieren und handeln zu können.

Die Imagination nimmt eine Mittelstellung zwischen Denken und Wahrnehmen ein, sie steht in einem Wechselspiel mit logisch-analytischen Strategien und geht über den sprachlichen Bereich hinaus. Wer etwas über die Welt lernen will, muss sie sich vorstellen können und wird das– seinen individuellen Voraussetzungen entsprechend – in jedem Fall auch machen. Dass Wissensaufbau oft nicht erfolgreich abläuft, hängt damit zusammen, dass es beim Schüler/bei der Schülerin eine Diskrepanz zwischen seinen/ihren alltagstauglichen Vorstellungen und den fachwissenschaftlichen Konzepten gibt.

Eine Unterrichtssequenz sollte nach P. Fauser folgende Phasen aufweisen:

- Fragestellung und Arrangement von Erfahrung
- Schülervorstellungen (Entwürfe, Pläne, Modelle, Hypothesen, Bilder)
- Strukturierung als Begreifen unter Rückgriff auf allgemeine Konzepte
- Experimente und Beobachtungen als Anlass zur Metakognition
- Konfliktsituation als neues Arrangement von Erfahrung
- Konstruktion neuer Vorstellungen als Synthese zwischen Wahrnehmung, Erfahrung und Denken
- Anwenden auf neue Problemstellungen.

Entscheidend ist beim Aufbau von Wissen, dass die Schüler/Schülerinnen sich ihre Vorstellungen dazu machen, sie artikulieren, an den gestellten Problemen überprüfen, sie ggf. modifizieren und neu strukturieren und dann erneut erproben. Denn Vorstellungen sind eine Zwischenstufe zwischen Handeln und Denken. Vorstellungen sind (ebenso wie Erfahrungen) nämlich eine besondere Form des Wissens. Sie umfassen immer mehr als Fakten und Formeln; zu ihnen gehören als spezifische Merkmale Momente des Zusammenhangs, eine besondere Verstehenstiefe, eine individuelle und subjektive Verankerung sowie eine grundsätzliche Offenheit für Veränderungen. Vorstellungen sind gewissermaßen die Innenseite von Erfahrungen und sind zugleich eine eigenständige Form des Denkens, das nur introspektiv ermittelbar ist. Denn Vorstellungen sind subjektiv, individuell, veränderlich, oft diffus, wenig bewusst und flüchtig – aber sehr Bedeutung setzend und Handeln leitend. Deshalb ist eine gezielte Arbeit mit den Vorstellungen der Schüler (und der Lehrer) erforderlich. (Fauser 2003)

Der Prozess des Managements von Fachwissen bei Schülern

Wenn es um den Aufbau und die Entwicklung des Fachwissens von Schülerinnen und Schülern geht, sollte am Beginn ein Bewusstmachen des vorhandenen Kenntnisstandes stehen. In der Regel ist dies die *Dekonstruktion des Wissens* durch eine Problemlöseaufgabe, die die bisherigen Lösungsstrategien nicht oder nur teilweise bestätigt. Für diese Dekonstruktions-Erfahrung gibt es zahlreiche methodische Möglichkeiten (Arbeitsrückblick, nachträgliches lautes Denken, Lerntagebuch, Portfolioarbeit, Fehleranalysen, Gruppenvergleich, individuelle Leistungsfeststellung usw.)

Daran schließt sich eine *Phase der Rezeption* neuen bereichsspezifischen Wissens an. Bei dieser Phase sollten die Schüler Gelegenheit haben, ihr Vorwissen und ihre kognitiven Strukturen (Module) zu aktivieren und bewusst einzusetzen, was nur in einem differenzierten Unterricht möglich ist.

Auf Grund der Rezeption von Wissen kommt es im Schüler zur *Konstruktion individueller Vorstellungsbilder*, die sich der Schüler bewusst machen und symbolisch darstellen muss. Das kann schriftlich, mündlich oder praktisch geschehen.

Mit diesen Vorstellungen soll der Schüler sodann *Aufgaben aus lebensnahen und lernnahen Anwendungsfeldern* (Transfer) bearbeiten, um sein Verständnis von dem erworbenen Wissen zu erproben.

Die Überprüfung der Vorstellungen führt in der Regel zu deren *Verifizierung oder Falsifizierung*, deren Resultat die *Transformation* der Vorstellung in Wissen ist. Dieses neue Wissen wird in „Denk-Knoten" begrifflich und relational gefasst, abstrahiert, systematisiert und in die Struktur des fachwissenschaftlichen „Denkgebäudes" integriert.

Grafisch ergibt sich:

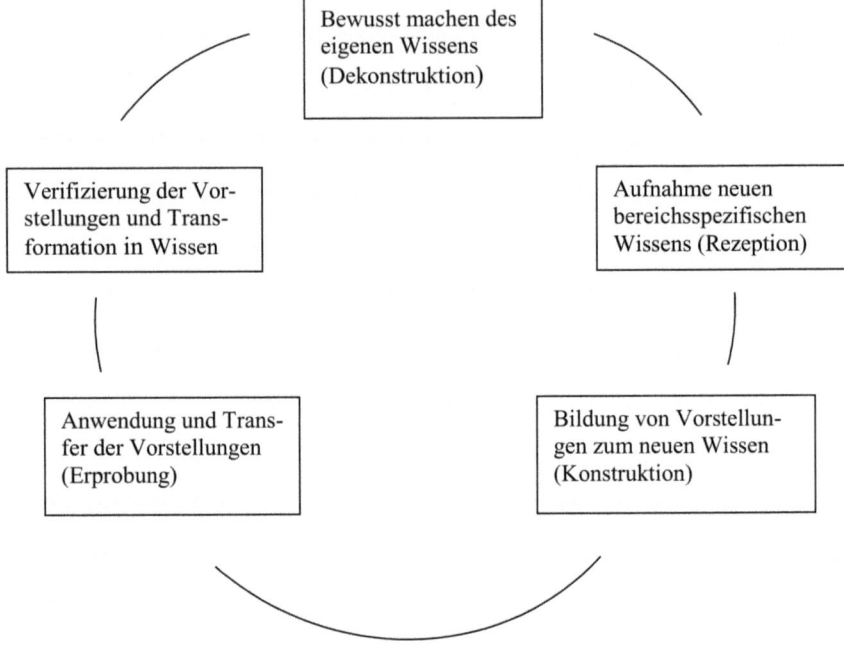

Abbildung 22: Die Entstehung von Fachwissen bei Schülern

Übungsaufgabe
- Erinnern Sie sich an Ihre eigene Schulzeit. Finden Sie – wenn möglich – ein Beispiel dafür, wie Vorstellungsbilder, die Sie sich vom Lerninhalt gemacht hatten, Ihr Lernen positiv oder negativ beeinflusst haben!
- Klären Sie die Bedeutung mentaler Modelle für außerschulisches Wissensmanagement!

5.5.3 Erwachsenenbildung

5.5.3.1 Selbstwissen und Selbstkonzepte managen

Beim Kursangebot der Erwachsenenbildung geht es immer auch um das Persönlichkeitswissen des Menschen, das zum Gegenstand der Reflexion gemacht werden soll. Je nachdem mit welchem Ziel dieses Wissen des/der Einzelnen thematisiert wird, treten unterschiedliche methodische Verfahren in den Blick. Soll das Selbstwissen aufbereitet, analysiert und weiterentwickelt werden, eignet sich die themenzentrierte interaktionelle Methode.

Die themenzentrierte Interaktion (TZI), eine von Ruth Cohn in den 1970er Jahren (1975; 1979) erarbeitete gruppendynamische Trainingsmethode, geht thematisch auf das Selbst-Ich-System ein und betrachtet das Ich hinsichtlich seiner Lern-, Arbeits- und Handlungsfähigkeit in Gruppen. R. Cohn entwickelt dazu ein Modell, bei dem die handelnde Person (ICH), die jeweilige Gruppe (WIR), die inhaltlichen sozialen und emotionalen Themen (ES) und das umgebende Umfeld bzw. die Situation (GLOBE) in einer dynamischen Balance sein sollen.

Das Modell der Themenzentrierten Interaktion nach R. Cohn geht von einigen anthropologischen Grundannahmen aus; diese machen aus der TZI sowohl eine Methode der Erwachsenenbildung als auch eine menschliche Grundhaltung (vgl. Kroeger 1993, S. 94ff.):

1. Alles Lebendige hat Wert und der Mensch verfügt über einen angeborenen emotionalen Wertsinn.
2. Der Mensch ist eine psychosomatische Ganzheit, ein Wesen, das sich notwendigerweise entscheiden muss und das werten muss, dessen Entscheidungsspielraum aber durch die anderen und die Welt eingeschränkt ist.
3. Die Selbstbestimmung, die Freiheit/Autonomie, das Eigenrecht und das Geheimnis der Lebensentwicklung jedes Menschen sind zu respektieren (= Autonomie). Dafür ist der Mensch zur Selbstreflexion und Sinnfindung fähig.
4. Jeder Mensch hat ein Recht auf persönliches Wachstum und auf Entwicklung, allerdings immer in Bezogenheit auf andere, d. h. seine Bezogenheit auf Menschen und auf immer wieder neue (soziale, ethische, künstlerische, religiöse) Themen (= Interdependenz). Zu betrachten ist
   - das Ich in der Beziehung zu sich selbst
   - das Ich in der Beziehung zu einem Du
   - das Ich in der Beziehung zur eigenen Familie

- das Ich in der Beziehung zu einer Gruppe
- das Ich mit anderen in der Beziehung zu einer Institution
- das Ich mit anderen in der Beziehung zur Gesellschaft
- das Ich mit anderen in der Beziehung zur Menschlichkeit
- das Ich mit anderen in der Beziehung zur Welt und zum Kosmos

5. Es ist die Aufgabe jedes Menschen, seine autonomen und polaren Kräfte (= das psychoanalytische Wissen über sich selbst) zu verstehen, zu gestalten und angemessen zu leben.

6. Aus der Selbstständigkeit, Freiheit, Autonomie, Selbstbestimmung und Selbstverantwortlichkeit des Menschen folgt, dass der Mensch seine eigene Chairperson sein soll, die – in selektiver Authentizität – das Wachstum seiner Ich-Funktionen (= Ich will) mit der Mit-Verantwortung für die anderen (= Ich soll/muss) dynamisch ausbalanciert, bevor sie handelt. Chairperson werden kann der Mensch nur, wenn er Chairperson ist und als solche sich „selbsterzeugend" dazu entwickelt.

7. Außer der Balance, die zwischen Freiheit und Verantwortung hergestellt werden muss, gibt es noch die zwischen Körper und Geist sowie zwischen Intellekt und Gefühl; diese Balancen müssen erlernt und entwickelt werden, wobei Versuch- und -Irrtum-Prozesse eine wichtige Rolle spielen.

8. Die Beziehung des Menschen zu anderen Menschen ist für die Entstehung der Person ontologisch vorgeordnet; sie verleiht das Selbstsein.

9. Themen, die Menschen mit anderen Menschen besprechen und bearbeiten, sind ein zentrales anthropologisches Element in der TZI; denn hierbei geht es um Sachen, Sachverhalte, Aufgaben und Zustände aus Umwelt, Natur, Gesellschaft, Kultur, Weltanschauung, Religion usw., zu denen der Einzelne persönlich in Beziehung treten soll, die er auf sich selbst beziehen soll, deren Humanität oder Inhumanität er entdecken soll, kurz: die er zu menschlichen Themen machen soll (= Thematisierung als Humanisierung). Durch die gemeinsame Beschäftigung mit diesen Themen wird der Mensch erst wirklich Mensch: Er gewinnt Sachkompetenz dadurch, dass er sich themenbezogen ausdrücken kann, dass er lernt, über sich selbst hinauszugehen, ohne die Beziehung zu sich selbst und zu anderen zu verlieren, und dass er die Beziehung zu den vielgestaltigen Themen seiner Sachwelt aufnimmt und gestaltet, sie zeitweilig zu Lebensfragen für ihn macht.

10. Der Mensch steht zum Globe, zur Welt, in einer essentiellen Bezogenheit, er steht ihr gegenüber und ist zugleich in sie eingebettet; sein Selbst-Ich-System entfaltet dadurch einerseits eine Innen-Welt, die über das Rationale hinausgeht und in das Unbewusste hineinreicht, und andererseits ist die umgebende Realität des Globe um ihn herum gelagert.

11. Damit ein Thema realisiert werden kann, bedarf der Mensch einer bestimmten (Vor-) Strukturierung oder Methode, für die ein Leiter zuständig ist; dieser plant die Gruppensitzungen und führt sie verstehend-teilnehmend nach bestimmten methodischen Schritten durch:
   - Allgemeine Einführung
   - Schweigen
   - Einleitung
   - Kleingruppen
   - mittlere Gruppen
   - Plenum
   - Einzelarbeit
   und wertet sie anschließend in einem Strukturprotokoll aus.

TZI ist also als eine Methode zu betrachten, bei der der Mensch sich seiner selbst bewusst wird und dadurch Handlungsfähigkeit und Handlungsbereitschaft in der Gesellschaft und zugunsten größerer Humanisierung erwirbt. Der Mensch soll das Hier und Jetzt so intensiv wie möglich erfahren und dann die Zukunft gestalten; er wird so seine eigenen Potenziale entdecken und entfalten und weniger Angst haben.
   Quellen für die Konzeption von R. Cohe sind (nach Matzdorf 1993, S. 45ff):

   - die Psychoanalyse mit ihrer Subjektivierung des Wahnehmens, Fühlens und Denkens und mit der vorrangigen Beachtung innerer Widerstände
   - der bewusste Umgang mit dem eigenen Körpererleben und der Bewusstmachung von Körperempfindungen, die den Menschen für sich selbst sensibilisiert und ihn mit anderen verbindet,
   - Gruppentherapien, bei denen Heilung als Lernerfahrung betrachtet wird,
   - die Humanistische Psychologie und speziell die Gruppenpädaogik, bei der Gegenstand, Person und Gruppe nicht nur gleichwichtig genommen werden, sondern auch einer grundlegend humanistischen Haltung unterstellt werden.

Die Themenzentrierte Interaktion stellt zwei zentrale Forderungen auf:

1. *Sei dein eigener Chairman/deine eigene Chairwoman, sei die Chairperson deiner selbst!*
   Die Person wird dadurch aufgefordert, sich ihrer inneren Gegebenheiten und ihrer Umwelt bewusst zu werden und jede Situation als Angebot für Entscheidungen zu betrachten. Dieses Postulat fordert Selbstbestimmung und

Selbstverantwortung, aber so wie der/die Einzelne es für sich selbst und für andere wollen kann.

2. *Störungen und Betroffenheit haben Vorrang!*
Schmerz, Freude, Angst, Zerstreutheit muss man bewältigen, sie drängen sich auf und verlangen einfach Beachtung, andernfalls sind Fortschritte in der Selbstentwicklung nicht möglich.

Die methodische Vorgehensweise
Wie das Schema zeigt, müssen bei der TZI die Elemente Person (ICH), Gruppe (WIR), Thema (ES) und umgebende Außenwelt (GLOBE) in dynamsicher Balance miteinander verbunden sein und immer wieder miteinander verbunden werden.

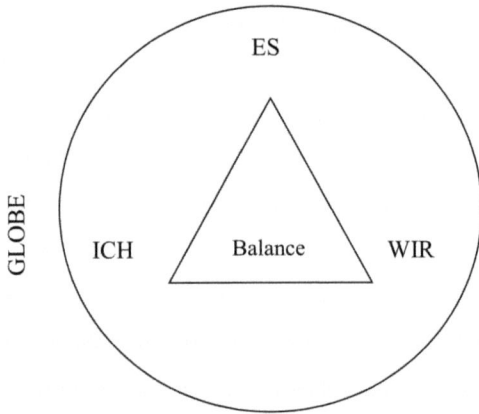

Abbildung 23: Schema zur Themenzentrierten Interaktion

Diese vier Elemente dynamisch zu balancieren, ist die Aufgabe des Leiters, allerdings zugleich auch die der Gruppe. Dabei geht es um strukturelle und affektive Prozese, denn zum einen müssen alle Elemente stets beachtet werden und zum anderen alle Gruppenmitglieder offen und vertrauensvoll mit dem Leiter und untereinander agieren.

Was bei dem Balancieren geschieht, sind Prozesse der Selbstsupervision und der Prozessanalyse, wobei der Leiter sich als Person in die Gruppe einbringen muss, Partizipation, Solidarität und die Entdeckung von Gemeinsamkeiten und nicht Autorität oder Macht bestimmen seine Beziehung zur Gruppe.

Die Gruppenarbeitsprozesse, bei denen die Faktoren Ich, Wir, Es, Globe und Struktur gleichwertig und alle durch Übung verbesserbar sind, werden nacheinander fokussiert und protokolliert. Kroeger (1989, S. 68) hat für diese Protokolle Leitfragen entwickelt.

Ich-Protokoll	„Wie erging es mir als Leiter in dieser Sitzung? Zwei Minuten vor Beginn? Bei der Einleitung/Einführung? Fühle ich mich wohl? Offen? Körperlich gespannt/entspannt?" (Kroeger 1989, S. 64)
Wir-Protokoll	„Wie habe ich die Menschen der Gruppe erlebt? Nachdem ich mein eigenes Wir-Gefühl zu empfinden begann, werde ich nun leicht die anderen mit meinen Gefühlen wahrnehmen können." (Kroeger 1989, S. 65)
Es-Protokoll	„Hierzu überlege ich mir, wie das Thema genau lautet, wie es auf mich und auf andere in dieser Form wohl wirkt, wie es eingeleitet wurde, wie es sich in der Sitzung entwickelte, welche Elemente zum Sprechen und Klingen kamen und welche unterbelichtet, übergangen, abgelehnt und ungeklärt blieben. Auch dies, bitte, nur als neutraler Beobachter ohne Zorn und Eifer, nur als neutraler Beobachter, ohne Tadel und Veränderung notieren." (Kroeger 1989, S. 67)
Struktur-Protokoll	„War die Struktur helfend? Anregend? Lähmend?"

Den TZI-Prozess selbst strukturiert Belz wie folgt:

Orientierung (1)	Motivation (2)	Eigene Initiative (3)	Konfrontation (4)	Koooperation (5)
sich bekannt machen durch Fakten	Herstellen des persönlichen Bezugs der Teilnehmer zum Oberthema (Vorwissen, Gefühle)	konkrete Bedürfnisse innerhalb des Oberthemas; Verbindung von ICH und ES (Thema)	personelle Begegnung zwecks Herstellen von Arbeitsfähigkeit durch innere und äußere Wahrnehmung; Konfrontation und Verstärkung der Beziehung ICH-DU-WIR	gemeinsame Fixierung und Gestaltung von Arbeitsinhalten, produktives gemeinsames Arbeiten und Bewusstwerden der eigenen Autonomie und Interdependenz
INFORMA-TIONSEBENE	**VERSTÄNDNIS-EBENE**	**WUNSCHEBENE**	**INTERAKTIO-NELLE ERFAH-RUNGSEBENE**	**ARBEITSEBENE**

REALITÄTSGERECHTE ARBEITSGRUNDLAGE ZUR FÖRDERUNG EIGENER SICHERHEIT
(als Leiter, als Teilnehmer)

Tabelle 9: (Belz 1992, S. 15)

Der Verlauf dieser Gruppenarbeit birgt spezifische Probleme, die eine Leiterintervention nötig machen. Am Beginn kommt es häufig zu Ängsten vor dem Unbekannten und vor dem Verlieren der Individualität in der Gruppe, oder es kommt zu einem starken Drang nach Beachtung und Anerkennung. Später sind Fluchtbewegungen und Dominanzstreben, Verdrängungen und übersteigerte Wünsche nach Harmonie zu beobachten. Auch stellen sich bei längerem Zusammenarbeiten Wünsche nach direkteren Beziehungen oder Ängste vor Abhängigkeiten ein, die am Ende der Arbeit Bindung und Trennung zum Problem werden lassen.

In der TZI-Arbeit erlebt sich das Individuum zum einen als ganzheitliche Person mit eigenem Denken, Fühlen und Handeln, zum anderen aber auch als Selbst, das seine spezifischen Qualitäten nur durch eine gelingende Interaktion mit anderen und im Kontext des sozialen und ökologischen Umfelds erfolgreich entfalten kann. Insofern geht es zentral um das Erschließen von Wissen durch zwischenmenschliche Interaktionsprozesse und interpersonale Lernprozesse. Als Hilfsregeln empfiehlt R. Cohn dabei:

214

„Vertritt dich selbst und sprich per ICH statt WIR oder MAN!", „Wenn du eine Frage stellst, sage, warum du sie stellst und was sie dir bedeutet!", „Interpretiere nicht andere, sondern sprich deine persönlichen Reaktionen aus!", „Es können nicht mehrere gleichzeitig sprechen!", „Sei als Leiter authentisch in deinen Äußerungen, aber sag nicht immer alles, was du denkst!", „Wertschätze deine Gefühle, sie sind für dich gültig und sind deine Energie!", „Versuche immer zu geben und zu empfangen, was du auch selbst geben und empfangen willst!", „Beachte die Signale deines Körpers und die der Gruppenmitglieder."

Übungsaufgabe

- In welchen Schritten geht die themenzentrierte Interaktion vor?
- Führen Sie gedanklich zu einem selbstgewählten Thema/Problem einen TZI-Prozess durch! Was kommt Ihnen dabei schwierig, was leicht vor?
- Was könnte TZI beim Wissensmanagement im Unternehmen für eine Bedeutung haben?

Betrachtet man den Prozess, den das Selbstwissen beim Individuum während der Themenzentrierten Interaktion durchläuft, so ergibt sich folgendes Schema:

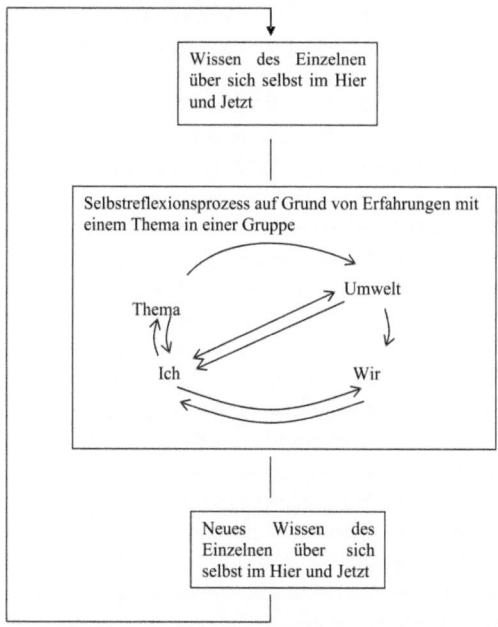

Abbildung 24: Prozess des Selbstwissens bei der TZI

5.5.3.2 Selbstwissen und Handlungskonzepte managen mit „The Traveller´s Progress"

Das Handlungskonzept eines Menschen hat eine Innen- und Außenseite. Die Außenseite macht seine erkennbare Kompetenz in einem bestimmten Aufgaben- und Aktionsfeld aus. Die Innenseite hängt mit seinem Selbstwissen zusammen und steuert kognititv emotional und volitional die Handlungen, die als Kompetenz in Erscheinung treten.

Wissen als Bestandteil von Kompetenzen

Betrachtet man den Anteil des Wissens an der Kompetenz, so stellt sich zunächst die Frage, welche Art von Wissen gemeint ist. Denn nachweislich nimmt nur subjektiv verfügbares Wissen Einfluss auf das Handeln eines Menschen, wobei es sogar unerheblich zu sein scheint, ob es sich dabei um Wissenschaftswissen oder Alltagswissen handelt. Deshalb ist es nötig, diesen Wissensbegriff noch zu spezifizieren. Nach T. de Jong/M. Ferguson-Hessler (1996, S. 105ff.) unterscheidet man in diesem Zusammenhang

1. situationales Wissen, d. h. ein Wissen über typische Situationen des Alltags- und Berufslebens, die bewältigt werden müssen
2. konzeptuelles Wissen, womit die Kenntnis von Fakten, Begriffen, Prinzipien gemeint ist
3. Handlungswissen (prozedurales Wissen), was Wissen über adäquate Handlungsmuster in konkreten Lebenssituationen umfasst, und
4. strategisches Wissen, d. h. das Wissen über Problemlösungen in der Form metakognitiven Wissens über die eigenen bereichsspezifischen und allgemeinen Handlungspläne.

Jede dieser Wissensarten kann verschieden fundiert und unterschiedlich stark vernetzt sowie deklarativ oder routiniert automatisch beim Menschen vorhanden sein.

Wissen, das für das Handeln des Menschen belangvoll sein soll, wie das bei der Kompetenz der Fall ist, muss vor allem vernetztes konzeptuelles Wissen in Verbindung mit Handlungswissen und Selbstwissen sein. Allerdings ist anzumerken, dass beim Praktischwerden der Kompetenz das Erfahrungswissen (in der Form des situationalen Alltagswissens und das Routinehandeln von großer Bedeutung sind.

Handeln als Bestandteil von Kompetenz

In den 70er-Jahren des letzten Jahrhunderts hat sich die Forschung verstärkt den anthropologischen Grundlagen des menschlichen Handelns zugewandt (vgl. Lenk, 1977-1984). Handeln - im Unterschied zu dem eher reaktiven oder situationsbezogenen Verhalten - wird seitdem als eine Tätigkeit definiert, die absichtsvoll, bewusst, zielstrebig, reflektiert und sinnhaft vollzogen wird. Handlungen entstehen aus den verinnerlichten Maximen eines Menschen, vor allem wenn sie spontan und ohne Zeit zum Nachdenken vollzogen werden (müssen), aus seinen Grundmotiven, aus seinen (Lebens-)Erfahrungen, aber auch aus aktuellen Zielsetzungen heraus.

In jedem Fall ist die handelnde Person als individuelle und zugleich strukturierte Persönlichkeit beteiligt. Ob jemand handelt und wie jemand handelt, entscheidet sich nicht einfach aus den Umweltreizen oder aus den Anforderungen der umgebenden Systeme, sondern allein aus dem Handlungssubjekt Mensch. Dieser nämlich deutet jene individuell, ermittelt Entscheidungen nach seiner höchst individuellen Kombination von Affekt und Logik, bilanziert Neigung und Vernunft und entscheidet schließlich. Seinen Entscheidungen liegt eine immanente Kausalität zugrunde; sie sind für ihn stimmig und schlüssig, selbst wenn sie objektiv betrachtet falsch, für andere missverständlich, unerwartet oder ohne Sinn sind.

Dabei ist weiter noch zu berücksichtigen, dass Handlungen, sofern sie angeregt werden, auf subjektiven Wahrnehmungsleistungen beruhen, in deren Gefolge Wissen, Emotion und Können, die in jedem Menschen anders vorliegen, ebenso wie der Wahrnehmungsapparat, aktiviert werden. Spontane Handlungen folgen mehr den internalisierten Maximen, bewusste mehr dem aktivierten Wissen, Fühlen und Können. Bei Handlungen ist der Mensch also in seiner personalen Ganzheit beteiligt. Es gibt keinen Dualismus von Denken und Handeln, Aktion und Kognition. Vielmehr stehen beide in einem engen Wechselverhältnis.

Zum einen nämlich gilt, was H. Aebli erforscht hat: „Denken geht aus dem Handeln hervor und es trägt - als echtes, d. h. noch nicht dualistisch pervertiertes Denken - noch grundlegende Züge des Handelns, insbesondere seine Zielgerichtetheit und seine Konstruktivität" (Aebli 1980, S. 217). Denken ist seiner Meinung nach ein Ordnen des Tuns, ist verinnerlichtes Handeln, eine Metatätigkeit gegenüber dem tatsächlichen Handeln.

Zum anderen ist das Handeln, der handelnde Umgang mit den Menschen, Dingen und Situationen der eigenen Lebensumwelt, eine Quelle der Erfahrungen und der Erkenntnisse. Im Unterschied zu irgendwelchen Aktivitäten und

Aktionen meint eine Handlung oder Tätigkeit den Gesamtzusammenhang, „in dem sich der Mensch die reale Welt zu Eigen macht, den Gesamtprozess, in welchem er die objektive Welt [...] in subjektive Formen umwandelt (in Vorstellungen, Bewusstsein, Sprache). Aber auch sich selbst - ebenso wie die Außenwelt - kann der Mensch durch Tätigkeit begreifen und verändern" (Gudjons 1984, S. 38).

In Ergänzung zur Interaktionstheorie richtet die Handlungstheorie also den Blick „in" die beteiligten Personen. Deren Handlungen sind als multifaktoriell und höchst komplex zu bezeichnen, ihre Logik ist individuell, und jeder von ihnen ist auch nur in dem Maße beeinflussbar, wie sein Einsehenwollen und Einsehenkönnen reicht.

Der Zusammenhang von Wissen und Handeln bei der Kompetenz

Wer als kompetent bezeichnet wird, weist in einem bestimmten Verantwortungsbereich fundiertes Wissen und routiniertes Können auf. Einerseits verwendet man Wissen beim Handeln, andererseits entsteht aus dem Handeln aber auch Wissen. Zwischen beiden gibt es vielfältig komplexe Zusammenhänge. „Wissen und Handeln werden als in Kreisprozessen miteinander verbunden vorgestellt, sie bilden funktionale Bestandteile des lebenden, selbstaktiven Systems ‚Mensch' " (v. Cranach/Bangerter 2000, S. 222). Des Weiteren spielt bei der Kompetenz das Gedächtnis eine große Rolle, so dass nie eindeutig zu bestimmen ist, welches Wissen wie aus welchen Handlungen entstanden ist, und umgekehrt, welches Wissen welche Handlungen gesteuert hat. Zudem sind viele Handlungen nur aus längerfristigen Volitionen, Vorsätzen und Lebensplänen zu erklären. Noch komplizierter wird der Zusammenhang, wenn man bedenkt, dass nicht nur jeder Einzelne Wissens- und Handlungsprozesse vollzieht, sondern auch Gruppen und Organisationen, die eine Gruppenhandlungsstruktur mit handlungsleitendem Wissen hervorbringen. Daraus lässt sich für den Zusammenhang von Wissen und Handeln beim Thema „Kompetenz" folgern:

- Kompetenz umfasst Informationswissen und Handlungswissen in wechselseitiger Verknüpfung.
- Wissen und Handeln sind nahezu immer in sozialen Kontexten (informale und formale Gruppen, Organisationen, Gesellschaften) erworben und relevant.
- Wie jemand aktuell aus früher erworbenem Erfahrungswissen handelt, hängt vor allem von seinem Absichtsgedächtnis ab.

- Fachwissen ist keine hinreichende Bedingung des Handelns, wenngleich eine notwendige; denn die meisten Handlungen basieren auf Wissen verschiedener Art, wozu vor allem auch das Selbstkonzept, das Wertesystem und das Gewissen beisteuern.

Wissensmanagement am Beispiel „The Traveller's Progress "

Das Forschungsteam um die Augsburger Erziehungswissenschaftlerin H. Macha hat ein Modell von Wissensmanagement erarbeitet, das zwar für den betrieblichen Nutzerbereich konzipiert wurde (Das WTB „The Traveller's Progress"), aber für die Erwachsenenbildung insgesamt einsetzbar ist (Macha 2001). Das Augsburger Modell ist als multimediales web-based-training gestaltet und zielt auf die Bildung derer ab, die damit arbeiten. H. Macha expliziert das:

> „Bildung ist aber nicht nur ein Lernvorgang, sondern hat immer ein qualitatives Wachstum des Ichs oder der Persönlichkeit zur Folge. Durch Lern- und Bildungsinhalte werden Erkenntnisse und neue Handlungsmöglichkeiten erworben und neue Erfahrungen können gemacht werden. Alle diese Prozesse des Lernens, der Bildung und des Transfers zum Handeln erweitern das Ich der Menschen hinsichtlich des Erwerbs von Kompetenzen" (Macha 2001, S. 6).

Soft skills zur Erweiterung der Persönlichkeitspotenziale, der Selbstbilder und der Fähigkeiten werden hier angestrebt, und dazu bedarf es - erstens - einer genauen Diagnose der individuellen Lernstile der Beteiligten und - zweitens eines darauf abgestimmten Angebots selbstständigen Lernens. Multimediales Lernen hat bei solchem Managen von Persönlichkeitswissen besondere Möglichkeiten: Es wahrt die Anonymität, es enthält keine Konkurrenzsituationen, es erlaubt ein variables Zeitmanagement, es passt sich der Lerngeschwindigkeit des Lernenden an, es macht Vor- und Zurückschalten im Programm möglich, es kann die Forderung nach Methodenvariation und Transferbeispielen leicht erfüllen und es ist für die Selbstevaluation geeignet.

Das Modell von H. Macha und ihrem Team baut auf systemtheoretischen, kognitivistisch-konstruktivistischen und lernpsychologisch/neurodidaktischen Grundlagen auf. Gerade die letztgenannten sind für die Programmkonstruktion besonders bedeutsam. Diesen Theoriekonzepten entnimmt das Modell die Grundannahme, dass persönliches Wachstum nur gelingen kann, wenn der Lernende aktiv und selbstgesteuert als autopoietisches System lernen kann und bei der angebotenen Lernumgebung Emotion, Kognition und Sinn stets vernetzt sind. Dabei muss eine Individualisierung je nach dem Lerntyp des Lernenden erfolgen. Denn Bildung (als Konstruktion von Welt und Ich) ist im letzten immer Selbstbildung. Für erfolgreiches bildendes Lernen ist deshalb die Viabilität des Lernangebots die zentrale Kategorie.

„Nur wenn der angebotene Stoff didaktisch so aufbereitet ist, dass Lernende ein emotional begründetes Interesse formulieren können und wenn zusätzlich Neugier und Spannung in Bezug auf den Stoff aus den eigenen Erfahrungen heraus erwachsen kann sowie ‚Anker', das heißt Bezugspunkte aus dem eigenen Leben gefunden werden, an die der Stoff ´angedockt` werden kann, so dass er nicht als vollkommen fremd erscheint, wird Viabilität möglich: Neues kann in die bestehenden Deutungsmuster integriert und später ins Handeln überführt werden." (Macha 2001, S. 7)

Dies wird in dem E-Learning-Programm des Forschungsteams Macha durch ein selbstgesteuertes web-based Training in Verbindung mit individueller Betreuung durch Telecoaches und mit gemeinsamen Workshops zu realisieren versucht. E-Learning bietet hier ganz neue didaktische Möglichkeiten:
    Es erlaubt, - erstens - eine narrative, fiktive Lernlandschaft mit Elementen von Abenteuer und Risiko und mit Aufgabenstellungen zu persönlichen Einstellungen, Entscheidungspraktiken und Handlungsweisen zu konstruieren (z. B. als medial umgesetzte Dschungeldurchquerung, bei der der Teilnehmer für sich und für die anderen Mitglieder der Abenteurergruppe bestimmte, teilweise riskante Entscheidungen treffen muss); zweitens ermöglicht E-Learning es, dass der Telecoach dem einzelnen Teilnehmer ein individuelles Feed-back über seine Entscheidungen und Handlungen geben kann; drittens können die Persönlichkeitsentwicklung und der Fortschritt in bestimmten Zeitabständen erfasst werden und dem Teilnehmer wie dem Telecoach als Gesprächsgrundlage dienen.
    Das web-based Modell des Wissensmanagement zur Entdeckung, Analyse und Weiterentwicklung spezifischer Potenziale bei Erwachsenen, das H. Macha erarbeitet hat, baut sich aus folgenden Schritten auf:

1. Schritt: Potenzialanalyse in Präsenzphasen
2. Schritt: Selbstwahrnehmung und Sensibilisierung für die eigenen Potenziale, Entfaltung in Bezug auf das eigene Handeln
3. Schritt: Kompetenzerweiterung auf der kognitiven Lernebene
4. Schritt: Veränderung von Einstellungen auf der emotional-volitiven Lernebene in langfristiger Zeitperspektive
5. Schritt: Selbst- und Fremdevaluation: Was wurde gelernt?
6. Schritt: Festigung und Überprüfung des Gelernten in Präsenzphasen

Das Projekt beginnt (1. Schritt) mit einem freiwillig und anonymisiert durchgeführten standardisierten Persönlichkeitstest, der eine individuelle Persönlichkeitsanalyse (Stärken-Analyse) und ein Lernstil-Profil für jeden einzelnen Teilnehmer erbringt. Die Lernstil-Diagnose dient der Stellung individuell abgestimmter Aufgaben und Lernsituationen, die Werte aus den Persönlichkeitsdimensionen (z. B. Führungsqualitäten) bilden den Ausgangswert, mit dem alle späteren Wissens- und Verhaltens-Werte verglichen werden, damit Fortschritte festgestellt werden können. Die Auswertung des Persönlichkeitstests erfolgt im Einzelgespräch mit dem Coach/Tutor. Dabei kommen die individuellen Erfahrungen und die Deutungsmuster der einzelnen Teilnehmer zur Sprache, was zu deren Selbsteinschätzung führt. Ressourcen in den herauszubildenden Bereichen können in Gruppenarbeiten erkennbar gemacht werden. Ferner wird die Konzeption des E-Learning-Programmes erklärt. Diese Phase ist eine Präsenzphase, bei der mit Einzelgesprächen und Workshops gearbeitet wird (Differenzierung nach Lernstilen).

Danach setzt die Arbeit mit dem Programm ein (2. Schritt). Jeder Teilnehmer bewegt sich als Akteur durch eine Landschaft, wobei ihm immer wieder neue Abenteuer begegnen, die er für sich selbst und als Führer für seine Begleiter bestehen muss. Die visuellen und metaphorischen Elemente dieser Abenteuergeschichte veranlassen ihn zu einem ganzheitlichen Erfassen von Situationen (mit Kopf, Herz und Hand) und zur Nutzung vieler Wahrnehmungskanäle; sie fordern ihn auch emotional heraus. Die Probleme, die er im Laufe der Geschichte lösen muss, haben hohe spielerische Anteile (Ganzheitlichkeit, Emotion-Kognition-Aktion, Neugier, Spiel, Motivation). Die Lösungen, die der Proband praktiziert, werden mit dem Telecoach besprochen. Dadurch verbessert sich die Selbstwahrnehmung und präzisiert sich die Selbsteinschätzung des Teilnehmers. Die Metaphorik (Abenteuergeschichte) und das Spielerische verhindern, dass die thematisierte Verhaltensdimension allzu leicht durch Kognitionen überlagert wird und dadurch an Ursprünglichkeit und Unmittelbarkeit verliert.

Der dritte Schritt des Programms bringt für die Teilnehmer eine Erweiterung ihres Wissens über die in Frage stehende Verhaltensdimension. Zu der veranschaulichten Lerngeschichte und aus ihr heraus werden durch Hyperlink ergänzende wissenschaftliche Textinformationen, Glossars u. a. als „gesteuertes Wissen" in anschaulicher Aufbereitung angeboten. Soll das Führungsverhalten erfahren und verbessert werden, ging es beispielsweise um Führungsstile, Beobachtungs- und Wahrnehmungsprobleme, Unterschiede zwischen Selbst- und Fremdwahrnehmung usw. (brain-based-learning, Nutzung beider Gehirnhälften beim Lernen). Auch hierbei steht der Telecoach unterstützend zur Seite.
Daran schließt sich im Programm der Transfer auf reale Verwendungssituationen an (4. Schritt). Diese werden wirklichkeitsnah und so konkret wie möglich

präsentiert. Der Teilnehmer muss nun das, was er über sein Verhalten (im trainierten Bereich) und über die verarbeiteten Basisinformationen dazu gelernt hat, in selbst gesteuerten Übungen praktizieren. Im „Schonraum" der Übung kann er neue Verhaltenspotenziale aktivieren und erproben. Beim Beispiel „Führungsverhalten" könnten solche situationsbezogenen Anwendungen sein: Zusammensetzung von Gruppen, Einschätzung der Stärken einzelner Gruppenmitglieder, Lösung eines Konflikts usw. Der Telecoach gibt ihm stets Rückmeldung, so dass er seine Entscheidung noch einmal überdenken und ggf. modifizieren kann. Auf diese Weise entwickelt der einzelne Teilnehmer seine Potenziale weiter.

Aus dem mitlaufenden Feedback, das der Telecoach permanent gegeben hat, das in einer individuellen Datenbank beiden zur Verfügung steht und das jederzeit den Vergleich mit den Ergebnissen des Eingangstests erlaubt, wird nach Durchlaufen des Programms (5. Schritt) eine zusammenfassende Auswertung über die individuelle Potenzialerweiterung formuliert. Dabei wirken der Teilnehmer (Selbstevaluation) und der Telecoach (Fremdevaluation) zusammen.

Das Wissensmanagement zum Persönlichkeits- oder Selbstwissen endet (6. Phase) mit einem Workshop zur Ergebnissicherung. Diese erfolgt auf zweierlei Weise: zum einen durch Austausch der gemachten Selbsterfahrungen und zum anderen durch verhaltensbezogene Rollenspiele. Letzteres könnte durch Supervision noch eine Zeitlang begleitet werden. Die Teilnehmer können aber auch ein Netzwerk zur weiteren gegenseitigen Unterstützung (als so genannte „kritische Freunde") bilden (nach Macha 2002).

Schematisch lässt dieser Prozess, bei dem das für Handlungen erforderliche Selbstwissen des Einzelnen aktiviert und modifiziert wird, folgendermaßen darstellen:

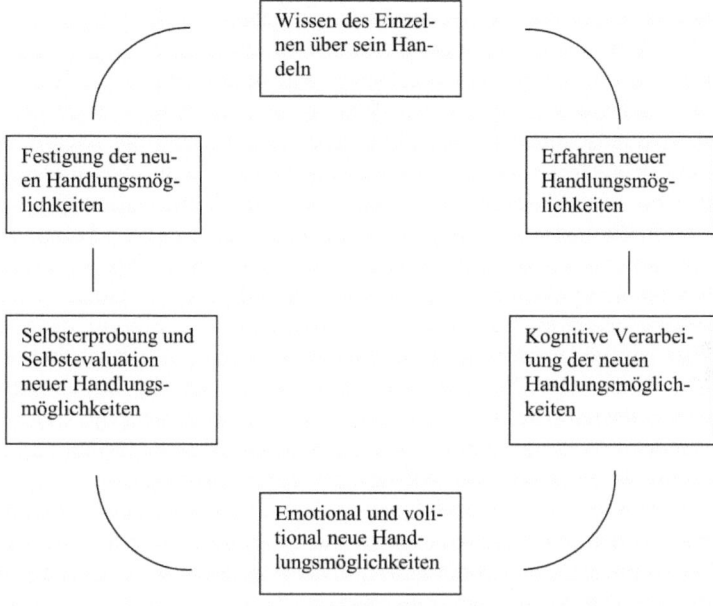

Abbildung 25: Aktivierung und Modifizierung des Selbstwissens

Übungsaufgabe
- In welchen Schritten geht die Potenzialanalyse vor?
- Überlegen Sie sich eine Situation in Ihrem Berufs- oder Alltagsleben, bei der Sie für Ihr Handeln Persönlichkeitswissen benötigen! Würde ein Außenstehender Ihnen dabei „den Spiegel vorhalten", was könnte er sagen? Wie würden Sie reagieren? Was würde Ihnen eine Verhaltensänderung erleichtern?"

5.6 Zusammenfassung

Schule

Wissensmanagement ist von jeher ein Aufgabenfeld der Institution Schule, die mit der Vermittlung von Wissen (zusammen mit Einstellungen und Verhaltensweisen) an die nachwachsende Generation ihrem gesellschaftlichen Bildungsauftrag nachkommt. Fragen der Weitergabe und Aneignung kultureller Wissensbestände gehören in die Allgemeine Didaktik und die Fachdidaktiken, die sich seit dem 16./17. Jh. zu einer wissenschaftlich legitimierten Disziplin entwickelt haben. Erst durch die Diskussionen in den Wirtschaftswissenschaften und speziell in der Betriebswirtschaft wurde die Schule mit dem Thema Wissensmanagement befasst und durch die neue Sichtweise, die in den betriebswirtschaftlichen Modellen präsentiert wurde, herausgefordert. Diese Herausforderung trifft sie zentral, wenn auch nicht unvorbereitet. Denn sie fällt einerseits zeitlich zusammen mit der Forderung nach Schulentwicklung, d. h. nach Innovationen im Bereich Unterricht, Personal und Organisation, für die im übrigen ebenfalls betriebswirtschaftliche Überlegungen einen Anlass gaben (vgl. Corporate Identity/Corporate Culture, Personalmanagement und Mitarbeiterführung, Total Quality Management, Lernende Organisation, Deregulierung usw.)

Andererseits sah sich die Schule schon durch die neuen Medien (Computer, Internet, Hypertext, Notebook usw.) zu Neuerungen in Richtung auf multimediale Lernumgebungen veranlasst. Mit der Forderung nach Wissensmanagement bekommen diese Reformen eine spezifische Zielrichtung, die im Kontext der Entwicklung zur Wissensgesellschaft der Institution Schule in jeder Hinsicht entspricht. Sie soll Jungen und Mädchen auf das Leben in der Gesellschaft vorbereiten, dazu ausrüsten, im beruflichen und privaten Leben möglichst zurecht zu kommen – und das heißt: für ein Leben in der Wissensgesellschaft, für die Wissen Aufgabe und zentrales Element ist. Eine solche Vorbereitung gelingt am besten, wenn sie als subjektive Erfahrung ermöglicht wird.

Aus diesem Grund richtete sich in diesem Kapitel das Augenmerk auf das Wissensmanagement bei den Personen, die Schule und Unterricht ausmachen, die Lehrer und die Schüler. Dabei ist zu bedenken, dass alles Wissen Managen in der Schule unter dem Bildungsvorbehalt steht, d. h. der unterstützten Selbstbildung dienen soll.

Beim Themenaspekt Wissen und *Mensch* ging es auf Lehrerseite um das professionsbezogene Handlungswissen, dessen Aufbau und Weiterentwicklung nicht ohne Selbstreflexion und adaptiertes Expertenwissen gelingen kann, wenn der Lehrer/die Lehrerin keinen Kompetenzverlust erleiden will. Das Schülerwissen, exemplarisch abgehandelt am Aufbau von Fachwissen, lässt sich ebenso wenig weiterentwickeln ohne die Selbstbeteiligung der Schülerinnen und Schüler. Diese betrifft im Beispiel das Artikulieren von inneren Vorstellungsbildern, das bei der Planung Richtschnur sein soll. Beim Faktor „Mensch" ist die Reduktion, die aus der Fokussierung auf spezifische Themenaspekte und Problembereiche der jeweiligen Institution entstanden ist, besonders spürbar. Ausgeblendet wurde völlig die Motivation und das Interesse der Beteiligten für das Wissensmanagement; unberücksichtigt blieben ferner alle personbezogenen und interaktional-kommunikativen Gesichtspunkte, die für den Erfolg dieses Wissensmanagements besonders entscheidend sind. Diese Reduktion ist nur dadurch gerechtfertigt, dass auf solche Aspekte bereits in vorangegangenen Kapiteln aufmerksam gemacht wurde.

Der Themenaspekt Wissen und *Organisation* ist ebenfalls nur aspekthaft angesprochen worden. Lediglich auf die Organisationsformen zur Selbstreflexion, zur Selbstevaluation, zum Reflexion-Theorie-Praxis-Sandwich und zum traditionell geplanten Unterricht wurde eingegangen. Daneben gibt es eine Fülle von anderen Formen, in denen das Wissensmanagement in der Schule organisiert werden kann. Zu denken ist nicht nur an Workshops, Werkstätten, Laboratorien und Wissensmarktplätze, sondern auch an Teamlernen, Tutoring und autodidaktische Formen. Nicht eingegangen wurde auch auf die Frage, ob die organisationalen Rahmenbedingungen für solches Wissensmanagement eigentlich förderlich sind. Veränderungen in der Schulkultur, die der Kompetenzentwicklung der Lehrer und den Wissensaufbau der Schüler mehr Bedeutung schenken, das Einplanen von Lerngelegenheiten von Lehrenden, Foren zur Reflexion über bisherige Erfahrungen, das Vermeiden von Druck und stattdessen die Ermutigung durch die Schulleitung und die Schulaufsicht, Toleranz und Offenheit im Kollegium, die Entwicklung einer Teamkultur, eine Anreizkultur, die Schaffung von schulischen Netzwerken, die Gründung von Innovationszentren und vieles mehr wäre hier anzuführen. Was inhaltlich damit gemeint ist, steht in den vorderen Kapiteln. Für den Wissenserwerb der Schüler lassen sich ebenfalls ganz andere Organisationsformen denken: jahrgangsübergreifende Projekte, Zirkel von Schülern mit Sonderbegabungen, jahrgangsübergreifende Trainingskurse, Wissenswettbewerbe und Olympiaden, Forschungsinitiativen in Kooperation mit Hochschulen, öffentliche Präsentationen und manches andere.

Auch der Themenaspekt Wissen und *Technik* ist nur exemplarisch angesprochen und auf traditionelle Techniken eingeschränkt worden. Hier öffnet sich aber in der Schule ein weiteres Feld sowohl für virtuelle Techniken als auch für traditionelle. Die Nutzung von Datenbanken, weiteren Internetangeboten und blended-learning, der Aufbau eines Intranets in der Schule, der regionale, nationale und internationale Austausch bei Fragen des Wissensmanagements von Lehrern und Schülern schafft hier völlig neue Möglichkeiten, verknüpft mit Videokonferenzen, Einrichten von Chatrooms und Online-Praxisaustausch. Gleichermaßen denkbar sind Communities of practice, die sich aus Lehrern und Schülern zusammensetzen können, Story telling, Qualitätszirkel, systematisches Analogietraining und vieles andere.

Was den Themenaspekt Wissen und *Planung* anbetrifft, so gestaltet er sich in der Schule sowohl selbstgesteuert als auch fremdgesteuert. In jedem Falle aber geht es um Teilfragen wie: Welches Wissen? Wofür? Wie erwerbbar? Wie abrufbar? usw. Gewiss entsteht bei Lehrern und auch bei Schülern die Motivation, sich selbst Ziele für ihren Wissensaufbau und ihre Wissensentwicklung zu setzen und die Wege zu deren Erreichung zu durchdenken; in vielen Fällen wird die Initiative dafür aber von der Schulleitung/Schulaufsicht (bei den Lehrern) bzw. von den Eltern oder Lehrern (bei den Schülern) kommen. Der erstgenannte Fall wird bei der Weiterqualifikation des Lehrers/der Lehrerin für Funktionsstellen, bei persönlichem Interesse an einer Verbesserung der eigenen Schul- und Unterrichtspraxis oder bei Unzufriedenheit mit der eigenen Arbeitssituation gegeben sein; der letztgenannte Fall entsteht bei schlechten Lehrerbeurteilungen, bei fehlendem Qualitätsbewusstsein auf Seiten der Betroffenen und bei Anordnungen der Kultusbehörden, die Fort- und Weiterbildung zur Pflicht erklären. Schüler sind an einer Wissensverbesserung interessiert, wenn sie ihre Position in der Klasse verändern wollen, einen Schulabschluss oder einen höherrangigen Schulwechsel anstreben oder aber aus Neigungen heraus, ihre Expertise in einem schulischen oder außerschulischen Aufgabenbereich vergrößern. Gezwungenermaßen werden sich Schüler dem fremdgesteuerten Wissensmanagement unterwerfen, wenn Lehrer und Schule sie wegen schlechter Leistungen dazu drängen. Zu planen sind der Weg zum präzise definierten Ziel und der dafür notwendige Einsatz von Mitteln. Bei der Planung sollten Alternativen ins Auge gefasst werden.

Der Themenaspekt Wissen und *Entscheidung* betrifft diese Alternativen, aus denen ausgewählt werden muss. Zur Auswahl und für Entscheidungen stehen dem Lehrer das Angebot an Fortbildungen und die Form, in der sie durchgeführt werden soll, zur Verfügung. Bei Schülern geht es um das Angebot, das die Schule oder außerschulische Bildungsinstitutionen präsentieren, das traditionell oder virtuell organisiert werden kann, mit großem oder mit geringem Kostenaufwand verbunden ist. Zu bedenken ist ferner, wie die Wissensgenerierung mit Fragen der Wissensnutzung und der Wissenspräsentation verbunden werden kann.

Wissen und *Umsetzung* rücken in das Blickfeld, wenn die Maßnahmen zum Aufbau von Wissen in der Praxis realisiert werden. Dazu bedarf es nicht nur langandauernder Motivation, sondern auch der Ausdauer und der Zurückstellung anderer Interessen. Bei der Umsetzung der Planung richtet sich der Blick auch auf die erwarteten Aspekte hinsichtlich der Nutzbarkeit des angestrebten Wissenszuwachses, auf die Rolle der Wissenskommunikation und die Bedeutung der Wissenspräsentation.

Der letzte Aspekt Wissen und *Kontrolle* prüft den Erfolg der durchgeführten Aktivitäten zum eigenen Wissensmanagement. Die Nutzung und Nutzbarkeit steht hier zweifellos am häufigsten im Vordergrund; daneben sind aber auch persönliche Befriedigung und erwartete Bereicherung von Bedeutung für den Einzelnen, sowohl für den Lehrer als auch für den Schüler.

Bei keinem Kapitel zum Wissensmanagement ist die Exemplarizität des Dargestellten so groß wie hier. Denn das Managen des Fachwissens durch die Schüler/Schülerinnen umfasst noch viele andere Aspekte, auf die nicht eigens hingewiesen wurde. Dazu zählen z. B.:

- das eigene Nichtwissen zu identifizieren
- durch Fehleranalysen falsches Wissen herauszufinden und zu löschen
- erforderliches Wissen aufzufinden
- verwendbares Wissen auszuwählen
- bei der Wissensflut Wichtiges und Unwichtiges zu bewerten
- Wissen für die jeweils beste Problemlösung auszuwählen
- Wissen so zu nutzen, dass die Personenwürde und die Menschenrechte jedes Einzelnen gewahrt bleiben.

Hinzu kommen noch die gemeinhin Lernstrategien oder Lerntechniken genannten Methodenkompetenzen:

- Enkodierungsstrategien wie Mnemotechniken, Ordnen von Daten und Informationen, Assoziationen herstellen usw.
- Strategien zum Behalten des Wissens wie Wiederholen, Üben, Anwenden, Übertragen, Vermeiden von pro- und retroaktiver Hemmung
- Abrufstrategien zum Erinnern und Wiederfinden gespeicherter Informationen
- Nutzungsstrategien für das Problemlösen, Diskutieren, Argumentieren und das praktische Verwenden des erworbenen Wissens
- Strategien zur eigenen Lernkontrolle wie Planen, Reflektieren, Bewerten, Regulieren der Aufmerksamkeit, Supervisionen

Erwachsenenbildung

Das Wissensmanagement in der Erwachsenenbildung weist, wie gezeigt, die bekannten Faktoren Mensch, Organisation und Technik auf, die unter den Aspekten Planung, Entscheidung, Umsetzung und Kontrolle betrachtet werden können. Der Fokus der Betrachtung lag auf dem Persönlichkeitswissen des Menschen, näherhin seinem Selbstwissen und Selbstkonzept und seinem Handlungskonzept. Dabei erwies sich das Selbstkonzept des Menschen als von zentraler Bedeutung. Diesen Zusammenhang dem Einzelnen bewusst werden zu lassen, ihn sein Wissen über sein Selbst und seine Persönlichkeit erfahrbar und veränderbar werden zu lassen, ist ohne Frage ein wichtiger Teilbereich des Wissensmanagements.

Beim Faktor *Mensch* geht es sowohl um das Informations- als auch um das Handlungswissen in Relevanz für das eigene Selbst. Auf dem Hintergrund eines humanistisch und kognitivistisch profilierten Bilds vom Menschen erfährt der Mensch zum einem sich in Beziehung zu sich selbst, zu den „Selbsten" anderer Menschen und zu Herausforderungen aus der Lebensumwelt, die ihm zusammen mit den Anderen zur Bewältigung aufgetragen sind; er befriedigt dabei zugleich sein Bedürfnis nach Selbstentwicklung. Bezogen auf sein Handlungsrepertoire und seine Wirkung auf Andere in beruflichen Aufgabenfeldern kann Wissensmanagement ihm helfen, vorhandene, bisher nicht erkannte Potenziale der eigenen Persönlichkeit zu entdecken und auszuschöpfen. Auch hier entwickelt sich der Mensch weiter und kommt zu neuen Einsichten und Verhaltensweisen.

Der Faktor *Organisation* spielt auch bei dieser Form des Wissensmanagements eine große Rolle. Er beinhaltet – wie beim Beispiel „Unternehmen" – nicht nur Expertenwissen sondern auch gesellschaftliches Wissen, das in die Struktur Eingang gefunden hat. Das System der Erwachsenenbildung, seine Organisationsformen und –kulturen sowie seine Didaktik zeigen das deutlich. Der erwachsene Lerner, der aus eigenem Antrieb sich über sich selbst sicherer werden will, findet dazu geeignete Organisationsstrukturen vor, die zudem permanent weiterentwickelt und im Sinne der Anforderungen an „lernende Organisationen" reformiert werden.

Die *Technik* besteht – wie im Beispiel des vorigen Kapitels – aus virtuellen und aus traditionellen Elementen. Das blended-learning-Konzept der Potenzialanalyse und –entwicklung mit Phasen des gelenkten Lernens am Comuputer und der Präsenz erweist sich auch hier als zukunftsfähiges Konzept, ohne die klassische Form der Arbeit in Gruppen und in face-to-face-Kommunikation abzulösen. Gerade beim Managen des Persönlichkeitswissens scheint der direkte Austausch von Gedanken und Gefühlen unverzichtbar.

Persönlichkeitswissen zu managen beginnt mit der Zielplanung, bei der es dem Einzelnen um ein gesichertes Wissen über sich selbst und seine Potenziale geht. *Planung* hat hier allerdings zwei Seiten: zum einen die Vornahme des Menschen, sein Selbstwissen vergrößern zu wollen, zum anderen die Planung der Gruppenleiter der Erwachsenenbildung, die den Prozess des Erwerbs von solchem Wissen für die Gruppe und ggf. auch mit der Gruppe in seinen Phasen und Teilzielen vorüberlegen müssen.

Die dabei zu fällenden *Entscheidungen* sind dann aber kein für sich bestehender und einmalig zu treffender Akt, sondern ein zirkuläres Vorgehen mit zahlreichen Vorgriffen, Revisionen und Neujustierungen. Das hängt damit zusammen, dass die Beteiligen als individuelle Subjekte während des gesamten Prozesses involviert sind und bleiben.

Gleiches gilt für die *Umsetzung*; auch ihr fehlt es an Linearität. Da Entscheidungen nicht für den gesamten Prozess des Wissensaufbaus getroffen werden können, haftet auch der Umsetzung eine von der Materie des Selbstwissens bestimmte Unsicherheit an. Die Kontinuität auf dem Weg zur Zielerreichung wird nämlich durch den erwachsenen Lerner selbst festgelegt und ist auch nur für ihn selbst stringent. Differenzierung ist nötig, bis hin zur Individualisierung, was den Umsetzungsprozess für alle Beteiligten, den Tutor/Leiter ebenso wie die Mitlernenden, kompliziert und nur teilweise steuerbar macht.

Die *Kontrolle* des erreichten Zielzustandes, auf den der Management-Prozess zusteuert, ist wiederum nur teilweise als externe Evaluation durchführbar. Wichtiger als die Feststellung des Leiters der Maßnahme ist die interne Evaluation jedes einzelnen Gruppenmitglieds bzw. Teilnehmers der Maßnahme. Zur Natur des Selbstwissens gehört es, dass es nur zu einem kleinen Teil für Außenstehende zugänglich ist und dass selbst dieser Teil noch dem Nebenziel des Einzelnen unterliegt, sich anderen gegenüber in einem vorteilhaften Licht präsentieren zu wollen. Zwar erlaubt die Organisationsstruktur und die Nutzung technischer Hilfsmittel auch hier, zum Teil verlässliche und objektive Daten über den erreichten Zielzustand zu erhalten, letzte Sicherheit geben aber auch diese nicht. Die Kontrolle des Managementprozesses bleibt letztlich der Selbstreflexion und dem Willen des Einzelnen aufgegeben.

6   Technik- und medienbezogenes Wissensmanagement

Der technische Aspekt des Wissensmanagements betrifft die Informations- und Kommunikations-Infrastrukturen, mit deren Hilfe wissensbasierte Organisationen, Wissensarbeiter (Knowledge Workers), einzelne Mitarbeiter in allen Funktionsbereichen und Teams (Praxisgemeinschaften) Verfügung über Daten und Informationen bekommen.

Beim technischen Wissensmanagement richtet sich der Blick vorrangig auf die neuen Informations- und Kommunikationstechnologien, für die am Anfang Multimedia und Internet als Schlüsselbegriff standen. Das Besondere an ihnen sind ihre Möglichkeiten zur Präsentation und Interaktion, zur lokalen und globalen Vernetzung, zur dreidimensionalen und simulierbaren Realitätsdarstellung und zum zeit- und ortsungebundenen Kommunizieren. E-Mail, Computer- und Videokonferenzen, Chat- und Diskussionsforen, Newsgroups sind heute viel genutzte und nutzbare Kommunikationsformen. Hinzu kommen Telearbeit und neue Medienberufe.

Das hat Folgen für das Wissensmanagement. Denn mit den neuen IuK-Techniken sind die Möglichkeiten, Wissen zu verbreiten unbegrenzt, und die Produktion von Wissen wird dadurch nicht nur schneller sondern auch unermesslich umfangreich. Man kann durchaus von einer Wissensflut und von unübersehbaren Informationsmengen sprechen. Für das Wissensmanagement wirkt sich diese Situation erschwerend aus, da Orientierungslosigkeit und ein Verlieren in der Hyperwelt verhindert werden müssen. Nötig ist die Entwicklung einer Nutzungskultur, die einen zielorientierten Umgang mit den durch die Technik so rasant ausgeweiteten Informationsmöglichkeiten sicherstellen. Denn für den Aufbau und die Nutzung von Wissen enthält die neue Technik auch großes innovatives Potenzial in den Bereichen Instruktion und Lernprozess-Organisation. „Die neuen Medien haben das Potential, Lehr-Lerninhalte multimedial, verlinkt und interaktiv darzustellen und damit verschiedene Formen der Wissensaneignung nahe zu legen, die sich von Lernen mit linearen Texten erheblich unterscheiden." (Reinmann-Rothmeier 2003, S. 13)

Vorteile solcher Wissensaneignung durch Lernsoftware als CD-ROM oder durch Online-Kurse, Internet-Informationen oder Web-Based-Trainings (WBT) sind für die Lernenden beispielsweise:

- Lerner können sich ohne Lehrer neues Wissen aneignen
- Lerner können den Ort, die Zeit und die Dauer ihres Lernens selbst bestimmen, sie lernen also flexibel und individuell;
- Lerner sind nicht von den Bildungsangeboten der traditionellen Institution der Erwachsenenbildung oder der Schule allein abhängig
- Lerner können durch informelles Lernen spezifische und individuelle Lerndefizite ausgleichen
- Lerner können allein virtuell (vgl. e-learning-Angebote) oder auch in Kombination mit Präsenzphasen (vgl. „blended learning") lernen
- Lerner können angeleitet oder selbstorganisiert beim virtuellen Lernen mit anderen Lernern kooperieren (vgl. Kooperations-Tools)
- Lerner erwerben eine Routine bei der permanenten Überprüfung und Revision des eigenen Wissens
- Lerner haben einen verbesserten Zugriff auf Informationen.

Daneben gibt es Vorteile von Internet und Intranet für die Organisation:

- Der Trainingsaufwand wird reduziert hinsichtlich Zeit, Personaleinsatz und Sachkosten.
- Vorhandene Informationssysteme können integriert werden (z. B. Dokumentenmanagement, Informationsmanagement).
- Durch den Einsatz von Suchmaschinen wird der Aufwand für Recherchen verringert und die Aktualität benötigter Daten und Informationen sichergestellt.
- Anwendergruppen können automatisch über wichtige Neuerungen oder wichtige Informationen multimedial in Kenntnis gesetzt werden.
- Aktuelle Informationen der Organisation sind überall und jederzeit mittels Laptop verfügbar und durch die Mitarbeiter bearbeitbar.
- Mitarbeiter können sich durch ihr individuelles Wissensportfolio als Informanden und Experten für Auskünfte zur Verfügung stellen und umgekehrt auch bei fehlendem Wissen als Adressaten für Fortbildungsmaßnahmen zu erkennen geben.

Für die Organisation ist es wichtig, dass die richtige Information zum richtigen Zeitpunkt in der richtigen Darstellungsform vom richtigen Mitarbeiter genutzt werden kann. Dazu verhelfen diese Techniken.

6.1 E-Learning

In einem weiten Begriffsverständnis ist E-Learning („electronic learning") der Oberbegriff für alle Formen computerunterstützten Lernens, umfasst also die netzbasierten Lehr-Lern-Formen ebenso wie die Lernsoftware zum Offline-Lernen. Im Einzelnen zählt man dazu (vgl. Stender/Brönner 2003, S. 28ff; Seufert u. a. 2001):

1. Drill-and-Practice Programme zur Einübung und Festigung des bereits vorhandenen Wissens, wobei nach dem Lernstand der Lerner differenzierte Aufgaben gestellt werden;
2. Tutorielle Unterweisungen zum Aufbau neuen Wissens im Dialog mit einem apersonalen Tutor und mit Multiple-Choice-Aufgaben zur Lernkontrolle;
3. Hypermedia in Form einer Multimedia-Datenbank, bestehend aus urschriftlichen Texten, Bildern, Grafiken, Filmen und gesprochenen Texten (Dialoge, Interviews usw.), die der Lerner sich je nach seinem Informationsbedarf selbst auswählt und zusammenstellt;
4. Simulationen von Modellen der Realität in Mathematik, Naturwissenschaften und Gesellschaftswissenschaften sowie
5. alle Formen des internetgestützten Lernens.

In einem engen Begiffsverständnis meint E-Learning nur das internetgestützte Lernen. Das sind die folgenden vier Lehr-Lern-Formen:

1. Teleteaching in der Form der virtuellen Vorlesung, teils live dargeboten, teils als „lecture on demand" zu jeder Zeit und an jedem Ort abrufbar, teils auch kombiniert mit Nachfragemöglichkeiten an den Dozenten
2. Teletutoring als virtuelles Tutorium, das grundsätzlich auch „live" oder „on demand" organisiert werden kann und beim live-tutoring aus den Lehr-Lern-Schritten (Plattformelementen) besteht:
   - selbstständiges Erarbeiten neuer Lerninhalte mit Selbstevaluation
   - virtueller Erfahrungsaustausch mit anderen Lernern unter Moderation des Tutors
   - Überprüfung des Wissens durch Fremdevaluation
   - Anwendung des Wissens in Übungen mit Musterlösungen
   - Austausch von Materialien zwischen den Lernern und mit Unterstützung des Teletutors

- Aufgabenstellungen für Lernteams aus der Gruppe aller Lernenden zur Förderung des kooperativen Lernens und des Erfahrungsaustauschs und mit Unterstützung des Teletutors
- Forum mit häufig gestellten Fragen zum Inhalt, zum Lernen und zur Zusammenarbeit („Schwarzes Brett") mit Antworten und mit Diskussionsbeiträgen
- Chats zur themenspezifischen Unterhaltung zwischen den Lernenden und mit dem Tutor
- E-Mailing mit Lernpartnern und mit dem Teletutor sowie zur Übersendung wöchentlicher Newsletter

Beim Teletutoring hat der Tutor zentrale Funktionen: Er berät, moderiert, korrigiert, gibt Rückmeldungen, erstellt Skripte, koordiniert das Teamlernen der Teilnehmer, stellt Informationen zusammen, hält sich „live" für Rückfragen im Chat und für die Beantwortung der E-Mails bereit. Teletutoren sind Lernbegleiter im ursprünglichen Sinn des Wortes.

3. Telekooperation in der Form eines virtuellen Seminars, bei dem die Teilnehmer ein Problem gestellt bekommen, das sie kooperativ erarbeiten und lösen sollen. Dabei tauschen sich die Lernenden über Diskussionsforen, über Chats, über E-Mails sowie mittels Teamaufgaben und Up-/Downloads von Materialien untereinander aus.

4. Mediengestütztes Selbststudium über eine Multimedia-Plattform, die didaktisch aufbereitete multimediale Lernangebote bereitstellt.

E-Learning leistet also Dreierlei (vgl. Back 2001): die Distribution von Informationen auf elektronischem Wege, die Interaktion zwischen einem Lernenden und einem elektronischen System und die Kollaboration zwischen dem Lernenden und dem Lehrenden (Experte, Tutor) sowie zwischen den Lernenden. Das führt zu unterschiedlichen Anforderungen an die mediale Aufbereitung, an den Lernprozess, die Lernenden und die Lehrenden, wie die folgende Übersicht zeigt.

Leitfunktion Medien zur	e-Learning durch	Anforderungen an den Lernenden	Aufgaben des Entwicklers/ Mediengestalters	Rolle des Lehrenden
Distribution von Informationen	Informationsrezeption + selbstgesteuerte Informationsverarbeitung	Selbststeuerungsfähigkeit; Medienkompetenz; ausreichendes Vorwissen; *insg. hohe Anforderungen*	Lernfreundliche Informationsgestaltung	Keine Personen in der Rolle des Lehrenden erforderlich
Interaktion zw. Nutzer + System	angeleitete Informationsverarbeitung + selbstorganisiertes Üben	Motivation; Fähigkeit zur Selbstorganisation; *insg. eher niedrige Anforderungen*	Lernfreundliche Infogestaltung + Gestaltung von Instruktionen, Übungen, Aufgaben, Feedback + Antworten	Lehrender als Lernberater oder Tele-Tutor möglich
Kollaboration zw. Lernenden	eigenständige Wissenskonstruktion + soziales Problemlösen	Selbststeuerungsfähigkeit; Medienerfahrung; soziale Fähigkeiten *insg. sehr hohe Anforderungen*	Lernfreundliche Info.-gestaltung + Gestaltung von Instruktionen, Aufgaben sowie inhaltlichen + sozialen Kontexten	Lehrender als Initiator und Moderator/Coach notwendig

Tabelle 10: (Reinmann-Rothmeier 2003, S. 35)

Zu den unbestrittenen *Vorteilen* eines E-Learning-Angebots beim Wissensmanagement zählen die bereits mehrfach erwähnte Multimedialität, die jedem Buch-Lernen an Effizienz überlegen ist und durch die Ansprache vieler Sinne das Gelernte besser im Gedächtnis speichern hilft, die Möglichkeit zur Verbindung von Arbeiten und Lernen auf Grund der Zeit-, Orts- und Personen-Ungebundenheit, die Individualisierung beim Lernen durch adaptiv gestaltete, differenziert aufbereitete Lerninhalte, die Interaktivität mit einem Tutor und/oder mit anderen Lernenden sowie ein Austausch von Know-How über Materialien und in Dialogen. „Träges Wissen" kann so auch besser verhindert werden. All das gilt aber nur, wenn der Lerner zu einer solchen Form des Wissenserwerbs positiv eingestellt ist und wenn er in der Lage ist, selbstständig und selbstgesteuert zu lernen. Institutionen und Organisationen sehen im E-Learning ökonomische Vorteile, da das Wissensmanagement bei vielen Mitarbeitern zeitgleich und flexibel erfolgen kann und weil Expertennetzwerke zum Erfahrungsaustausch genutzt werden können.

Das E-Learning weist auch einige *Nachteile* auf. Deren Liste beginnt mit der fehlenden Motivation der Teilnehmer. Beklagt wird, dass es den Teilnehmern an Lernzeit fehlt – vor allem, wenn der Wissenserwerb zusätzlich zur üblichen Berufstätigkeit absolviert wird, dass Verständnisprobleme nicht schnell genug behoben werden können, dass die Lernenden erheblich mehr Zeit für das selbstständige Erarbeiten der Lerninhalte benötigen, dass der Erfahrungsaustausch unter den Mitlernenden virtuell schwieriger ist als face-to-face sowie dass die Lernumgebung didaktisch sehr gut arrangiert sein muss, damit die Teilnehmer nicht gedruckten Informationsmaterialien den Vorzug geben. (Stender/Brönner 2003, S. 116ff)

6.2 Blended Learning

Blended Learning ist eine Form des Präsenz-Distanz-Lernens unter Nutzung aller Möglichkeiten des E-Learnings; Präsenz- und Distanzphasen werden dabei zu einer hybriden Lernumgebung integriert, d. h. zu einem Methoden-, Medien- und Konzeptmix. Aus unterschiedlichen Blickwinkeln wird dieser Mix verschieden akzentuiert.

„Vom Standpunkt des Präsenzlehrens und –lernens ... aus betrachtet ist Blended Learning eine Bezeichnung dafür, dass man traditionelle Methoden und Medien mit Möglichkeiten des e-Learning kombiniert. Im Vordergrund steht nach wie vor die Präsenzlehre. Vom Standpunkt des virtuellen Lernens und Lehrens ... aus betrachtet, beschreibt Blended Learning einen Ansatz, der e-Learning mit dem klassischen Lehr-Lernrepertoire ohne Technikeinsatz ‚mischt'. Im Fokus steht weiter das Lernen mit neuen Medien." (Reinmann-Rothmeier 2003, S. 30)

Integrativ ist der Ansatz des Blended Learning in mehrfacher Hinsicht:

1. Blended Learning verbindet Lernen durch lehrergesteuerte Instruktion mit Lernen durch selbstgesteuerte Konstruktion. (s. Kap. 5.1 und 5.2)
2. Blended Learning verknüpft unterschiedliche Lernformen wie angeleitetes und eigenverantwortliches Lernen, rezeptives und exploratives Lernen, individuelles und kooperatives Lernen.
3. Blended Learning bringt Face-to-Face-Learning und Online-Offline-Learning zusammen.

Blended Learning

| Normative Ebene (Theorie) |

Integrative Auffassung von Lernen und Lehren, Balance zwischen Instruktion (Lehrerzentrierung) und Konstruktion (Lernerzentrierung) gemäßigt-konstruktivistische Grundhaltung

| Strategische Ebene (Methoden) |

Kombination von selbstgesteuertem und angeleitetem, von rezeptiv-übendem und aktiv-explorierendem, von individuellem und kooperativem Lernen

| Operative Ebenen (Medien) |

Hybride Lernarrangements mit Face-to-Face, Online- und Offline-Elementen, Beachtung und Nutzung der methodischen Implikationen verschiedener Medien

---

Abbildung 26: Integration durch Blended Learning

Präsenzphasen sollten vor Beginn des Kurses, während und nach dem Kurs vorgesehen werden und mindestens einen ganzen Tag dauern. (vgl. Bates 1995)

Der Präsenztag vor dem Online-Kurs hat die Aufgabe,
- die Teilnehmer in den Kurs und dessen Organisation einzuführen,
- die Teilnehmer den Umgang mit den Plattformelementen üben zu lassen,
- die Teilnehmer sich untereinander kennenlernen zu lassen, damit sie leichter Lerngruppen bilden können und damit sie sich über ihre Netzerfahrungen austauschen können,
- die Lernvoraussetzungen der Teilnehmer angesichts des Kursthemas zu ermitteln (fachliche Kenntnisse, Fähigkeiten der Teilnehmer, IT-Praxis), um sie während des Kurses berücksichtigen zu können.

Präsenzstage während des Kurses dienen dann
- der Klärung von Verständnisproblemen der Teilnehmer
- der Einrichtung einer festen, komprimierten Lernphase, die frei von anderen Beschäftigungen oder Verpflichtungen ist,
- der nochmaligen Ermittlung von Lernvoraussetzungen für den nächsten Teil des Kurses
- dem Erfahrungsaustausch und der Erledigung von Gruppenarbeiten.

Der Präsenztag nach dem Kurs sollte dazu genutzt werden
- ein direktes Feedback zum Kurs zu erhalten
- das im Online-Kurs erworbene Wissen anzuwenden
- noch vorhandene Verständnisprobleme aufzuarbeiten
- die Lernergebnisse zu sichern.

Grundsätzlich soll das Online-Angebot auf die Fähigkeiten und Interessen der Nutzer ausgerichtet sein. Um das sicherzustellen, wurde von Stender/Brönner (2003, S. 143) der folgende Katalog an Reflexionsfragen zur Auswahl geeigneter Grundformen für die Distanz-Phasen erarbeitet, der die Grundformen von der den Teilnehmern zur Verfügung stehenden Zeit, den im Kurs verfolgten Lernzielen, den Lernvoraussetzungen auf Teilnehmerseite, dem notwendigen Orientierungswissen und den zu vermittelnden Informationen abhängig macht.

Reflexionsfragen zur Auswahl geeigneter Grundformen
- Haben die Teilnehmer genügend Zeit, um die Plattformelemente zu nutzen?
- Stellen die Plattformelemente Inhalte bereit, die die inhaltlichen Erwartungen der Teilnehmer treffen?
- Lassen sich die Lernziele oder Erwartungen mit Hilfe der bereitgestellten Plattformelemente fördern?
- Können die Elemente des E-Learnings das angestrebte Verhalten fördern (Es ist ein Unterschied, ob Wissen nur vermittelt oder angewendet werden soll)?
- Ist für die Bearbeitung der Inhalte Orientierungswissen notwendig oder soll es durch den E-Learning-Kurs vermittelt werden?
- Wendet sich der Kurs an Anfänger oder an Fortgeschrittene?
- Entsprechen die Plattformelemente dem Grad der Erfahrung mit selbstgesteuertem Lernen, den die Mehrzahl der Teilnehmer aufweist?
- Entsprechen die Plattformelemente dem Lernstil (rezeptiv oder explorativ) der Teilnehmer?
- Können die Teilnehmer mit den Plattformelementen umgehen?
- Wie wichtig ist die Informationsbereitstellung und –aufbereitung?

Zu den Qualitätskriterien des Blended-Learnings zählen – wie beim E-Learning insgesamt – die Benutzerfreundlichkeit des Lernservers, eine gute Navigation, eine sinnvolle Aufteilung des Bildschirms mit Texten und Bildern, die Motivationsstärke der Lernumgebung, Verständlichkeit, Klarheit und sachliche Richtigkeit bei der Darstellung und Sequenzierung der Inhalte, ein Abwechseln zwischen vermittlungsorientierter und problemlösungsorientierter Aufbereitung der Inhalte sowie eine ansprechende, aber inhaltsangepasste Visualisierung.

Die „Technik" des Blended Learning weist gegenüber anderen Formen des Wissensmanagements einige *Vorteile* auf. In der Fachliteratur (Bates 1995; Kerres 2002; Reinmann-Rothmeier 2003; Stender/Brönner 2003) werden genannt:

1. Blended Learning lässt sich besonders gut an die Wissensinhalte, die Lernausgangslagen der Lernenden, deren Rahmenbedingungen und deren Lernstile anpassen, was die Motivation und den Lernerfolg steigert.
2. Blended Learning kombiniert verschiedene Lehr-Lernformen in Form hybrider Lernarrangements, was der Nachhaltigkeit des Lernens nützt.

3. Blended Learning weist finanziell betrachtet ein vergleichsweise günstiges Kosten-Nutzen-Verhältnis auf.
4. Blended Learning lässt sich ohne großen organisatorischen Aufwand implementieren, was für Organisationen ein wichtiger Aspekt ist.
5. Blended Learning setzt keine besonderen technischen Kompetenzen bei den Lernenden voraus, was die Hemmschwelle gegenüber E-Learning-Angeboten herabsetzt.

Schwierigkeiten können sich beim Blended Learning dadurch ergeben, dass

- die Zeitpunkte für die Präsenzphasen wegen der individuellen Lernweise und den individuellen Lernproblemen der Teilnehmer terminlich nicht leicht abzustimmen sind,
- es nicht immer gelingt, klare praxisbezogene Prüfungsfragen für die doch recht heterogenen Nutzer zu formulieren,
- die Lernzeiten nicht realistisch eingeschätzt werden,
- die das Lernen begleitenden Tutoren über viele Kompetenzen verfügen müssen, nämlich fachwissenschaftliche Kompetenz, fachdidaktische Kompetenz, sozial-kommunikative Kompetenz, lerndiagnostische Kompetenz, Kenntnisse über die Arbeitssituation der Teilnehmer, Bereitschaft und Fähigkeit zur Beratung und Unterstützung der Lernenden.

6.3 Projektgruppen und Praxisgemeinschaften

Versteht man „Technik" und „technisch" von der Grundbedeutung her, dann meinen die Begriffe nicht nur die mehr oder weniger ingenieurwissenschaftlich genutzten Naturgesetzlichkeiten, sondern auch allgemein die Erkenntnis und Beherrschung von Mitteln, ein anvisiertes Ziel zu erreichen, also Arbeitsweisen und methodische Verfahren. In diesem Sinne soll hier nicht nur von den neuen technischen Grundlagen und Voraussetzungen für das Wissensmanagement im engeren Sinne (als Hard- und Software) die Rede sein, sondern auch von Lehrtechniken, die teilweise schon eine lange Tradition aufweisen. Allerdings sind solche Lehrtechniken zum Teil auch in E-Learning-Angeboten anzutreffen.

6.3.1 Projektgruppen

Möglichkeiten zur Umsetzung des Wissensmanagements in Organisationen und Institutionen bieten Projektgruppen, die die Wissensbasierung vor Ort kritisch beleuchten und neue Konzepte dafür erarbeiten können. Solche Projektgruppen, die sich jeweils einen Projektleiter wählen, sollten sich an mehreren Organisationen/Institutionen formieren, so dass sie mit- und voneinander lernen können. Ziel ist es, dass die Teilnehmer (1) ihr Erfahrungswissen austauschen, (2) durch praxis- und problemorientierte Workshops neue Formen des Wissensmanagements kennen lernen und (3) diese für ihre berufliche Praxis reflektieren und experimentell auf sie transferieren. Gegenseitiges (d. h. kooperatives und partizipatives) Lernen und situiertes (d. h. implementierendes und anwendungsorientiertes) Lernen werden dabei verknüpft. An Hand von ausgewählten repräsentativen Fallbeispielen aus der Praxis wird in den Projektgruppen ermittelt, welches Wissen zu deren optimaler Bewältigung erforderlich ist und wie bzw. wo dieses Wissen zu erhalten ist. Ein Abgleich zwischen dem erforderlichen Wissen und dem bei den Teilnehmern und in der Organisation/Institution tatsächlich vorhandenen Wissen führt zur präzisen Feststellung des Wissensbedarfs und veranlasst zu Recherchen in der Literatur, im Internet, bei Beratern und bei Experten. Daraufhin arbeiten die Projektgruppen Maßnahmenpläne aus, wie die Wissensbasis der Organisation verbessert werden kann, und geben Evaluationskriterien an, mit deren Hilfe der Umsetzungsprozess der vorgeschlagenen Maßnahmen und deren Ergebnis überprüft werden können.

Winkler u. a. (1999, S. 36) bringen dazu unter anderem das folgende Beispiel: *Firma A* ist ein metallverarbeitendes Dienstleistungsunternehmen und äußerte in den vorbereitenden Sitzungen vor allen Dingen Fragen bezüglich der Identifikation, Bewahrung und Verteilung von Wissen im Betrieb ("Wie komme ich an das Wissen der Mitarbeiter?", "Wie kann man Wissen speichern?", "Wie kommt das Wissen von Vorgesetzten und Basis zusammen?"). Als erstes Teilziel im Rahmen des Projekts kristallisierte sich letztlich das Vorhaben heraus, durch eine gezielte Implementation von Wissensmanagement die Kapazitätsverfügbarkeit zu verbessern und die hohe Liefertreue zu halten. Da der kritische Prozess in der Abkanterei zu finden ist, entwickelte sich der Projektauftrag "Aufbau und Verbesserung der Wartungsplanung an den Maschinen der Abkanterei" .

Projektgruppen dieser Art können organisationsspezifische Maßnahmen und Instrumente des Wissensmanagements erarbeiten. Dazu zählen beispielsweise:

- der Aufbau von internen Datenbanken, in denen das Wissen der Mitglieder der Organisation geordnet abgelegt und klassifiziert werden kann,
- die Einrichtung eines Vorschlagswesens für innovative und kreative Mitarbeiter/Mitarbeiterinnen, verbunden mit einer Bestandsaufnahme des Wissens der „Mitarbeiter" in der Organisation
- das Einrichten von „Kaffee-Ecken" (Besprechungsecken) als Kommunikationsforen
- das Durchführen von Planspielen, Szenarien, Systemmodellierungen u. ä., um Lösungsmöglichkeiten für aktuelle und zukünftige Probleme zu entwickeln,
- das Anfertigen von Mind-Maps und Clustern, um Wissensprozesse, Wissensträger und Wissensverteiler grafisch als Netzwerke transparent zu machen,
- das Erstellen von Wissenslandkarten, Expertenverzeichnissen und so genannten Gelben Seiten - ggf. auch als Ergänzung zu einer Datenbank - zur Bestandsaufnahme und zur Offenlegung des in der Organisation vorhandenen Wissens
- die Durchführung einer Prozessanalyse zu Vorgängen und Abläufen in der Organisation, unter besonderer Berücksichtigung des verteilten oder nichtverteilten Wissens
- die Umorganisation der Organisationsabläufe im Sinne eines LeanManagements.

Damit die Arbeit in den Projektgruppen tatsächlich für das Wissensmanagement von Belang ist, muss die Kooperation der Gruppenmitglieder zu einer wirklichen Kollaboration weiterentwickelt werden.

„Bei der Kooperation teilen sich die Gruppenmitglieder die zu erledigende Arbeit auf, lösen für sich Teilaufgaben und verbinden die individuellen Ergebnisse dann zu einem gemeinsamen Resultat [...] . Bei der Kollaboration dagegen arbeiten die Gruppenmitglieder nicht arbeitsteilig, sondern von Anfang an zusammen, wobei einzelne Funktionen im Rahmen des Gruppengeschehens nur spontan und in geringem Ausmaß auf verschiedene Gruppenmitglieder verteilt werden [...] . Mit anderen Worten: Beim kollaborativen Lernen steht - anders als beim kooperativen Lernen - die soziale Wissenskonstruktion bzw. die Ko- Konstruktion von Wissen im Mittelpunkt des Interesses" (Reinmann-Rothmeier/Mandl 1999, S. 9).

Bei einer gelingenden Kollaboration kommt es zum Austausch von bisher ungeteiltem Wissen („distributed knowledge") und zum Entstehen von geteiltem Wissen („shared knowledge"), da ganz unterschiedliche kognitive Ressourcen und individuelle Expertisen sich gegenseitig befruchten. Allerdings setzt das den Willen der Gruppenmitglieder voraus, ihr individuelles Wissen einzubringen, „bei der Sache" zu bleiben und die Sprachanteile gleichmäßig zu verteilen; ferner sind die Menge des Vorwissens und die Dauer der Kollaboration wichtig. Kollaboratives Lernen kann im übrigen face-to-face und auch netzbasiert organisiert werden. Sind die situativen Bedingungen (wie die Gruppenzusammensetzung, die Aufgabenstellung, die Individualität der Teilnehmer, der Kontext der gemeinsamen Arbeit) und die interaktiven Bedingungen (wie das Kommunikationsverhalten, das Einigungsstreben, die Emotionalität, die Motivation, die Koordination mit oder ohne Moderator) günstig, führt das kollaborative Lernen zu beachtenswerten Ergebnissen.

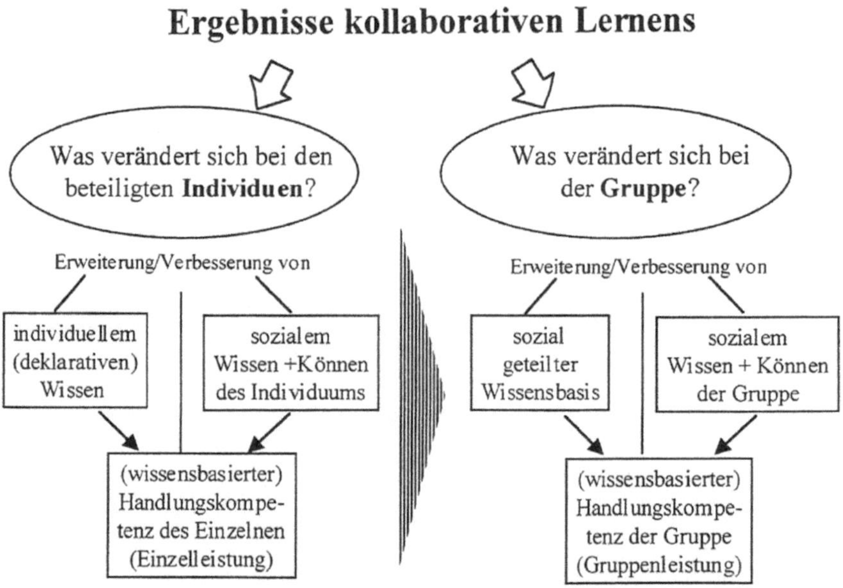

Ergebnisse kollaborativen Lernens

Was verändert sich bei den beteiligten **Individuen**?

Was verändert sich bei der **Gruppe**?

Erweiterung/Verbesserung von

Erweiterung/Verbesserung von

individuellem (deklarativen) Wissen	sozialem Wissen +Können des Individuums	sozial geteilter Wissensbasis	sozialem Wissen + Können der Gruppe

(wissensbasierter) Handlungskompetenz des Einzelnen (Einzelleistung)

(wissensbasierter) Handlungskompetenz der Gruppe (Gruppenleistung)

Abbildung 27: Kollaboratives Lernen (Reinmann-Rothmeier/Mandl 1999, S. 18)

6.3.2 Learning Communities und Communities of Practice

Eine der neuen Methoden (Techniken) des Wissensmanagements sind Learning Communities und Communities of Practice, bei denen personale Netzwerke und technische Netzwerke zusammenspielen. Dieser Ansatz, der vor einigen Jahren in den USA entwickelt wurde, greift Gedanken des „situierten Lernens" auf wie den Cognitive-Apprenticeship-Ansatz, bei dem ein Experte Lernende bei der Lösung authentischer Problemstellungen coacht, oder der Anchored-Instruction-Ansatz, der Lernende ebenfalls mit realistischen Problemen befasst, diese videobasiert, abenteuermäßig und mit verteilten Lösungsinformationen versehen präsentiert, oder der Random-Access-Instruction-Ansatz, dem es darauf ankommt, dass die Lernenden Probleme aus unterschiedlichen Perspektiven betrachten und Gelerntes flexibel in ganz verschiedene Kontexte übertragen können.

> „Unter einer Learning Community versteht man eine Gruppe von Lernenden, die durch kooperative Arbeits- und Lernprozesse im Rahmen bestimmter (interessanter) Wissensgebiete neues Wissen erwerben und dieses auch tiefgreifend durchdringen [...] . Ziel einer Learning Community ist es, das kollektive Wissen der Gruppe auf einem Gebiet zu erhöhen und zu optimieren und damit gleichzeitig auch die Entwicklung individuellen Wissens zu fördern [...] . In der Community wird eine besondere Kultur des Lernens praktiziert, in der die Vielfalt an Expertise der Teilnehmer und Teilnehmerinnen aktiv unterstützt wird. Wichtig ist sowohl der persönliche als auch der gemeinsame Lernprozess, durch den kontinuierlich Wissen und Fähigkeiten erworben werden." (Winkler u. a. 2000, S.4)

Learning Communities können sich in einer Organisation/Institution selbst bilden („bottom-up") oder vom Management zusammengestellt werden („top down"). Sie können sich als Präsenzgruppen regelmäßig an einem festgelegten Ort zu einer festgelegten Zeit treffen, sich über einen längeren Zeitraum mit einem einzigen Problem auf immer schwierigeren Niveaustufen beschäftigen oder auch computerunterstützt in virtuellen Gruppen zusammenarbeiten. Gemeinsam ist all diesen Organisationsformen die Zielsetzung der Learning Communities, die sich in folgenden Punkten zusammenfassen lässt:

1. Durch aktives Zuhören und Fragenstellen sollen die Mitglieder individuell und kollektiv dazulernen; sie lernen auf Grund der Erfahrungen anderer Community-Mitglieder („verteilte Expertise", „Teilen von Wissen") und auch aus den eigenen Fehlern.

2. Die Community-Mitglieder sollen Einblick in ihre eigenen Lernprozesse

bekommen, diese kritisch reflektieren und metakognitive Kompetenzen im Zusammenhang mit den Gruppenprozessen beim Festlegen von Zielen, Aushandeln von Wissen, Entscheiden über Vorgehensweisen usw. erwerben.

3. Sie sollen das Teamlernen als eine persönliche Herausforderung betrachten, Vorbehalte, eigenes Wissen mitzuteilen, überwinden, eine kooperative Lernkultur schätzen und respektvollen Umgang untereinander kennen lernen.

4. Die Community soll personell so zusammengesetzt sein, dass alle Mitglieder („Lehrlinge", „Gesellen", „Meister") voneinander profitieren, Expertise erreichen und das Ergebnis gemeinsam verantworten können.

5. Eine Learning Community kann aus Mitgliedern einer einzigen Organisation/Institution bestehen oder aus Mitgliedern mehrerer Institutionen/Organisationen derselben oder verschiedener Bereiche bzw. Sparten.

Learning Communities können sich weiterentwickeln, indem sie sich als Gemeinschaft von Experten unterschiedlicher Bereiche verstehen, die zur Lösung eines Problems über einen bestimmten Zeitraum kooperieren. Sie werden dann zu einer „Community of Practice", einer informellen Expertengruppe auf Zeit, zu einem „Kommunikationsknoten" (Wenger 1999a) für Informationen, Wissen und Innovationen.

„Eine Community of Practice als Fortsetzung einer Learning Community bietet den Mitgliedern die Möglichkeit, weiterzulernen und die erworbene Expertise weiter zu vertiefen. Hinzu kommt einer der grundlegenden Aspekte einer Community of Practice, der die Gemeinschaft am Leben erhält und neue Impulse gibt. Dieser Aspekt betrifft das Hineinwachsen, die Enkulturation von Novizen in die Community of Practice [...]. Novizen lernen von Experten lautet somit das Motto einer Community of Practice [...]. Neben der Eingliederung von [...]. Novizen in die Gemeinschaft steht auch der Anstoß zu Innovationen und die Schaffung neuen Wissens bei einer Community of Practice im Vordergrund, wohingegen bei einer Learning Community der Fokus auf dem gemeinsamen Lernprozess und der Teilung von Wissen liegt [...]. Wie beim Ansatz der Learning Communities spielen zwar individuelle Kompetenzen und Erfahrungen für die Community of Practice eine wichtige Rolle, entscheidend aber sind die erzielten Synergieeffekte und das Potential, neben der Wissensteilung auch die Wissensentwicklung voranzutreiben" (Winkler 2000, S. 19f).

E. Wenger (1999b) sieht in den Communities of Practice eine Reihe von *Vorteilen*:

- Communities of Practice lassen sich zwischen verschiedenen Abteilungen einer Organisation/Institution ebenso einrichten wie zwischen Organisationen/Institutionen derselben Branche oder auch unterschiedlicher Branchen.
- Communities of Practice lassen sich als Informationsplattformen einrichten, bei denen Beispiele für „Best Practices" (d .h. Erfahrungswissen, das man bei vorbildhaft gelungenen Problemlösungen in der Vergangenheit erworben hat) und „Lessons Learned" (d. h. Erfahrungswissen, das man aus Fehlern bei früheren Problemlösungen gewonnen hat) nutzbringend thematisiert werden können.
- Communities of Practice erlauben es, das implizite Wissen der Mitglieder einer Organisation/Institution zu explizieren und dauerhaft für die Organisation/Institution verfügbar zu machen (auch über das Ausscheiden wichtiger Mitarbeiter hinaus).
- Communities of Practice signalisieren den Mitgliedern einer Organisation/Institution, dass ihr Wissen wichtig und gefragt ist und dass der Erfolg von ihrem Weiterlernen abhängt.
- Communities of Practice schaffen eine bessere Kommunikations- und Kooperationskultur in einer Organisation/Institution.

6.4 Story Telling und Analogietraining

Mit den Praxisgemeinschaften zu kombinieren sind noch zwei andere „Techniken" des Wissensmanagements, nämlich das Story Telling und das Analogietraining.

6.4.1 Story Telling

Mit Story Telling ist gemeint, dass jemand wichtige Begebenheiten aus einer Organisation/Institution erzählt, die dann analysiert und von anderen Personen des gleichen Arbeitsbereichs kommentiert werden. Die Vorgehensweise ist die folgende (vgl. Reinmann-Rothmeier u. a. 2000, S. 3ff):

1. Zusammenstellen eines Teams aus organisations-internen und -externen Personen, die über Erfahrungen in dem zu beschreibenden Bereich verfügen
2. Festlegen des Fokus d.h. der Kernereignisse, die aus dem Untersuchungsbereich erfasst und analysiert werden sollen
3. Durchführen narrativer Interviews mit Personen, die bei den zu untersu-

chenden Sachverhalten oder Problemen direkt beteiligt und/oder davon indirekt betroffen waren; der Schwerpunkt der Interviews liegt auf der genauen Darstellung der damaligen Sachverhalte/Probleme aus der Sicht der Interviewten, wobei eine Zeitachse für die Kernereignisse und die Vorgabe von Problemfeldern mit ihren Vernetzungen hilfreich ist; die Interviews werden wörtlich aufgezeichnet, transkribiert und von den Teilnehmern anschließend autorisiert

4. Extrahieren entscheidender Aussagen aus den Interviews (Fakten, erlebnishafte Sichtweise, viele Perspektiven) durch die Teammitglieder

5. Schreiben einer emotionsbetonten, aber beweiskräftigen Geschichte durch das Team, nach Teilthemen strukturiert und in Spaltenform (rechte Spalte: Originalbewertung der Interviewten, linke Spalte: Kommentare der Teammitglieder)

6. Validieren dieser zusammengeschriebenen Story (Erfahrungsgeschichte) erneut durch die Interviewten, um die Gültigkeit der Story und die Fairness in der Darstellung sicherzustellen, durch Workshops

7. Verbreiten der Story auf Diskussionen und Workshops innerhalb der Organisation/Institution, um Reflexionen und Gespräche angesichts eigener ähnlicher Problemstellungen zu initiieren.

Eine solche Story als Erfahrungsdokument, das verbreitet werden kann, umfasst in der Regel mindestens 20 und höchstens 100 Textseiten. Sie ist mit einem Titel überschrieben, enthält eine kurze, aus wenigen Sätzen bestehende, motivierende Einleitung, Prolog genannt, und enthält dann die spaltenmäßige Darstellung, die allenfalls noch durch kurze Überleitungen unterbrochen ist. Bei der rechten Spalte wird zu den Interviewten eine kurze biografische Notiz vorangestellt und deren Geschichte möglichst mit Hilfe von Originalzitaten wiedergegeben. Die linke Spalte verhilft dem Leser durch Notizen in der Art von kurzen Analysen, Kommentaren, Fragen, Einsichten und Hinweisen dazu, die Bedeutung der Stellungnahmen zu den ausgewählten Vorkommnissen besser verstehen zu können. Insgesamt soll die gesamte Erfahrungsgeschichte eine angeregte Diskussion in Gang setzen.

6.4.2 Analogietraining

Mit der Methode des Analogietrainings soll analoges Denken und Sprechen gefördert werden, damit schwierige Sachverhalte besser verstanden und kreative, innovative Problemlösungsvorschläge leichter formuliert werden können.

„Analogien sind offensichtlich sehr wirkungsvoll für gegenseitige Verständigung und wechselseitigen Wissensaustausch, für Überzeugen und Wissensweitergabe sowie für kreative Ideenfindung und gemeinsames Schaffen neuen Wissens" (Vohle/Reinmann-Rothmeier 2000, S. 2).

Analogien ermöglichen es, Neues, sprachlich noch nicht Ausdrückbares durch eine Art Intuition zu verstehen, sie sind eine Brücke zwischen der Imagination und dem logischen Denken und Sprechen. Dabei kann sich eine Analogie auf die inhaltliche Dimension eines Sachverhalts (es wird etwas mit Hilfe einer Metapher umschrieben) oder auf die strukturelle Dimension des Sachverhalts beziehen (es wird etwas mit einer bekannten Vorstellung aus einem völlig anderen Wissens- oder Lebensbereich verglichen). Die besondere Leistung von Analogien für das Wissensmanagement liegt daran, dass sie es erlauben,

1. implizites Wissen in explizites Wissen zu überführen
2. als mentale Heuristik zu fungieren, indem ein bekanntes Muster auf etwas bisher nicht Explizites angewandt wird
3. holistisch zu wirken, also fehlende, nicht so wichtige Informationen wegzulassen ermöglicht
4. neue Ideen zu produzieren, Verbindungen zwischen bisher isolierten Elementen zu entdecken, Unbewusstes bewusst werden zu lassen,
5. die Verständigung über komplizierte Probleme zu fördern
6. Informationen besser zu behalten wegen der Bildhaftigkeit der Analogien
7. neue Erkenntnisse zu gewinnen.

Wegen solcher besonderen Möglichkeiten erscheint es angeraten, für das Wissensmanagement das Kreieren und Verwenden von Analogien in Organisationen/Institutionen zu trainieren. „Dabei meint ´trainieren` den Versuch, Mitarbeiter/Innen und Führungskräfte eines Unternehmens für das Denken in Analogien zu sensibilisieren, sie beim Sprechen in Analogien aktiv zu fördern und generell den zielgerichteten Einsatz von Analogien insbesondere in wissensintensiven Prozessen zu unterstützen." (Vohle/Reinmann-Rothmeier 2000, S. 15) Dazu bieten sich unterschiedliche Möglichkeiten an:

- Redewendungen, die aus Analogien bestehen, didaktisch aufbereiten
- Bilder und Sprachfiguren analysieren
- den sprachlichen Umgang mit Metaphern einüben
- Situationen aus dem Beruf, der Wissenschaft, dem Alltag und der Freizeit in Analogien ausdrücken

- mit CBT-Angeboten zum Analogietraining arbeiten und dabei Mindmaps erstellen, Lückentexte ausfüllen, Bilder und Redewendungen zuordnen, Sachverhalte und Situationen zu vorgegebenen Metaphern/Analogien herausfinden
- in Workshops und Face-to-Face-Trainings konkrete Fragen und Probleme des eigenen Arbeitsbereichs identifizieren und als Fallbeispiele mit Hilfe von Analogien verständlich machen
- mittels Transfer-Coaching in Communities of Practice Analogien anwendungsnah einsetzen.

In allen Fällen geht es darum, die Teilnehmer sprachlich und logisch für den verständnisfördernden Einsatz von Analogien zu sensibilisieren, dadurch ihr Wissen zu vermehren und zu strukturieren sowie die Verwendung von Analogien einzuüben.

Übungsaufgabe
Formulieren Sie in einer Liste Argumente, die für technische (E-Learning, Blended-Learning) und gemeinschaftsorientierte Verfahren (Projektgruppen, Praxisgemeinschaften, Story Telling, Analogietraining) beim Wissensmanagement sprechen.

7 Fehlannahmen zum Wissensmanagement

Das Buch sollte einen Einstieg in ein Themenfeld geben, das seit einigen Jahren in die wissenschaftliche Diskussion gekommen ist, das Wissensmanagement. Ursprünglich ausschließlich für die Betriebswirtschaft erarbeitet, wurden die Unternehmens-Konzepte des Wissensmanagements bald auch von anderen gesellschaftlichen Institutionen adaptiert.

Diese Entwicklung sollte exemplarisch für die Pädagogik dargestellt werden. Dabei wurden Aspekte des Wissensmanagements abgehandelt, die hier von besonderer Bedeutung und für pädagogische Institutionen profilierend sind. Was Wissensmanagement ist und will, rundet sich erst zu einem Gesamtbild, wenn man diese Aspekte wie Mosaiksteine zusammensetzt.

Vorhandenes Wissen zugänglich machen und koordinieren, neues Wissen entwickeln und erwerben, dabei die Möglichkeiten jeweils aktueller Technik nutzen und dieses Wissen als Ressource erfolgreich und verantwortlich verwenden – das sind die zentralen Anliegen des Wissensmanagements. So klar und selbstverständlich das ist, so kompliziert ist es– wie gezeigt – in der praktischen Umsetzung. Hier können Fehler passieren, vor denen U. Schneider in ihrem Buch „Die 7 Todsünden im Wissensmanagement" (2001) warnt. Im Einzelnen will sie auf die folgenden Gefahren hinweisen.

1.   Todsünde: Wissen als ein Produkt betrachten
Jede Idee, die ausgedrückt wird, gewinnt eine dauerhafte Struktur, die sie konserviert. Erfolgreiches zukunftsorientiertes Agieren braucht aber „Ideen und Wissen im Fluss" und kann nicht abwarten, bis alles notwendige Wissen fertig vorliegt. Die Praxis kommt ohne eine vorgängige Theorie von Wissen aus. Implizites Wissen wird anders gebildet, übertragen und gesichert als explizites Wissen, und Menschen speichern auch viel unbrauchbares Wissen. Sich nur darauf zu konzentrieren, bewährtes Wissen oder Gewissheiten zu managen und hypothetisches Wissen oder Irrtümer völlig unbeachtet zu lassen, verkennt die Herausforderung der Zeit.

2.   Todsünde: Wissen von den Köpfen der Menschen zu trennen
Wissen wird bei Weitergabe nicht einfach von anderen Menschen kopiert. Es

gibt keinen Wissenstransfer im eigentlichen Sinne, keine Übertragung von einem Menschen in einen anderen, keinen „Nürnberger Trichter". Vielmehr handelt es sich um eine Wissensinduktion, bei der der lebensgeschichtliche, kulturelle und situative Kontext des Einzelnen eine entscheidende Rolle spielt. Um verstehen zu können, muss der Mensch einen höchst individuellen, durch Erfahrungen, Wissen und Können vorstrukturierten Prozess der Erkenntnisgewinnung durchlaufen, den er selbst nicht nur kognitiv, sondern vor allem auch emotional und volitional bewusst und unbewusst steuert. Wissensmanagement muss dies bedenken und als Aufgabe einbeziehen.

3. Todsünde: Spezialisten für Wissen und Spezialisten für Handeln unterscheiden

Wissensmanagement muss in der Verantwortung aller liegen und darf nicht an die Führungskräfte oder an einige wenige Spezialisten delegiert werden. Solche Taylorisierung des Wissensmanagements schafft sogenannte Schnittstellenprobleme, d. h. Probleme der Kommunikation und der Kooperation sowie solche der Gesamtverantwortung, da Spezialisten und Praktiker in der Regel additiv nebeneinander agieren, statt sich gegenseitig zuzuarbeiten. Ferner muss das von Spezialisten durchgeführte Wissensmanagement als „Vorgedachtes" von allen anderen (nur) verstanden und nachvollzogen werden, während Wissen doch über ganzheitliche und interaktive Lernprozesse erworben wird und kumulativ wirkt.

4. Todsünde: Wissensmanagement delegieren oder „einkaufen"

Weder top-down- noch bottom-up-Zugänge zum Wissensmanagement haben sich als erfolgreich herausgestellt. Da das Wissensmanagement alle Bereiche und alle Funktionen einer Person/Organisation/Institution betrifft, müssen diese alle auch eigene Visionen auf diesem Gebiet entwickeln. Weil ohne Vorgaben und Richtlinien der Leitung die Basis vor Ort aber „wildwüchsig" eigene Projekte und Initiativen beginnt, besteht die Gefahr, dass diese letztendlich untereinander nicht kompatibel sind und Fortschritte für das gesamte „Unternehmen" ausbleiben. Ebensowenig erfolgversprechend ist es, Berater „einzukaufen"; denn die Qualität vieler „Wissensprodukte" zeigt sich erst bei der praktischen Umsetzung. Zumindest müssten die Berater zu einer Prozessbegleitung zur Verfügung stehen, bei der die „Kunden" zu Gehör kommen müssen. Ansonsten scheint die Bildung von „communities of practice" erfolgversprechend.

5. Todsünde: Quantität statt Qualität des Wissen

Eine Idealvorstellung im Wissensmanagement ist der vollständig informierte Mensch, der nicht mehr wirklich entscheidet, sondern aus bekannten möglichen

Handlungen unter bekannten möglichen Bedingungen die beste Alternative „errechnet". In Wirklichkeit ist das kein Entscheiden mehr, denn entscheiden kann nur, wer in unentscheidbaren Situationen Stellung bezieht. Datenfülle und Informationsmengen überlasten die Menschen in Wirklichkeit und machen ihre Entscheidungen schlechter d. h. undifferenzierter, drastischer, beliebiger und inhumaner. Deshalb scheint ein personorientierter Zugang zum Wissensmanagement, der mit Kommunikation, Kooperation, Vernetzen und Teamtreffen arbeitet, erfolgreicher als ein dokumentenorientierter Zugang, der auf das Identifizieren, Extrahieren und Visualisieren von Internet, Intranet, Extranet, Datenbanken und Suchmaschinen setzt. Allerdings sind personorientierte Verfahren flüchtig und kapazitätsmäßig begrenzt.

6.   Todsünde: Messen statt entwickeln
Zum Wissensmanagement gehört das Monitoring des intellektuellen Kapitals. Allerdings reicht dazu die Verwendung herkömmlicher Messinstrumente (noch) nicht aus. Denn das intellektuelle Kapital setzt sich aus dem Humankapital (als Kernkategorie) in Verbindung mit dem Strukturkapital (Wissen, das in Strukturen, Verfahren und Kulturen eingebettet ist) und mit dem Beziehungskapital (Kunden, Behörden, Partner, Lieferanten etc.) zusammen. Dazu Daten zu erheben, reicht nicht aus. Diese müssen interpretiert werden, was wiederum schwierig ist, da das Human-, Struktur- und Beziehungskapital kombiniert betrachtet werden müssen. Messergebnisse, die im übrigen sehr aufwändig zu ermitteln sind, müssen dann noch in Handlungsanweisungen umgewandelt werden, was ebenfalls schwer zu realisieren ist.

7.   Todsünde: Wissensmanagement ohne Rückkoppelung mit den Beteiligten
Wissensmanagement wie ein technisches Problem zu planen und dann zu implementieren, muss scheitern, weil die kulturellen Aspekte der Menschen, die es ausführen sollen, nicht berücksichtigt sind. Es müssen vielmehr Anreize für wissensinteressiertes Verhalten gegeben werden, womit das Horten von Wissen zugunsten von Wissenteilen überwunden werden kann (z. B. durch Anreizsysteme).

Aus dem Gesagten leitet U. Schneider einige Forderungen ab, nämlich:

■   Wissensmanagement sollte nach dem soziotechnischen Systemansatz gleich an real existierenden Menschen in real existierenden Organisationen für real gegebene Entscheidungen ausgerichtet werden.

- Wissensmanagement sollte zuerst Wissen entwickeln, dann Wissen nutzen und dann erst den Erfolg messen.
- Wissensmanagement-Ergebnisse zu messen, sollte dem Lernen der Person und der Organisation dienen und nicht, um Geld, Chancen oder Positionen zuzuteilen.
- Wissensmanagement sollte darauf achten, dass in der Organisation eine Kultur der Wissensschaffung, der Wissensteilung und der Wissensnutzung lebendig ist.
- Wissensmanagement sollte mehr auf die Selbstkontrolle der Beteiligten als auf detaillierte Fremdkontrolle setzen (a.a.O., 124 f.)

8 Literatur

Aebli, H. (1978/1981): Denken: Das Ordnen des Tuns. Bd. 1 u. 2. Stuttgart

Allport, G. W. (1949): Persönlichkeit. Stuttgart

Apel, H. J./Sacher, W. (Hrsg.) (2005): Studienbuch Schulpädagogik. Bad Heilbrunn

Altrichter, H./Posch, P. (1998): Lehrer erforschen ihren Unterricht. Bad Heilbrunn

Anderson, M. (1992): Intelligence and devolopment. A cognitive theory. Oxford

Arnold, M. (2002): Aspekte einer modernen Neurodidaktik. München

Asanger, R./Wenninger, G. (Hrsg.) (1999): Handwörterbuch Psychologie. Weinheim

Aurin, K. (Hrsg.) (1990): Gute Schulen – worauf beruht ihre Wirksamkeit? Bad Heilbrunn

Back, A. u.a. (2001): E-Learning im Unternehmen. Grundlagen – Strategien – Methoden - Technologien. Zürich

Baecker, D. (1999): Organisation als System. Frankfurt/M.

Bates, A. W. (1995): Technology, open learning and distance education. London

Belardi, N. (1996): Supervision. Eine Einführung für soziale Berufe. Freiburg/Br.

Belardi, N. (2000): Praxisbericht: Selbstevaluation als Lernprozess. In: Sozialmagazin 6, S. 23 – 25

Belardi, N. (2002): Supervision. Grundlage, Techniken, Perspektiven. München

Bell, D. (1975): Die nachindustrielle Gesellschaft. Frankfurt/M.

Belz, H. (1992): Kooperative Haltung in Arbeitsgruppen durch individuelles Selbstbewusstsein und Reflexion auf der Grundlage der Themenzentrierten Interaktion (TZI). Mainz

Benner, D. (1978): Hauptströmungen der Erziehungswissenschaft. München

Bennis, W. G./Nanus, B. (1995): Führungskräfte. Die vier Schlüsselstrategien erfolgreichen Führens. Übers a. d. Engl., Frankfurt/New York

Bildungskommission NRW (Hrsg.) (1995): Zukunft der Bildung - Schule der Zukunft. Neuwied

Bleicher, K./Berthel, J. (Hrsg.) (2002): Auf dem Weg in die Wissensgesellschft. Frankfurt/M.

Bloom, B.S. et al. (ed) (1956): Taxonomy of Educational Objectives. Handbook I. Cognitive Domain. New York, dtsch.: Bloom, B.S. u.a. (Hrsg.) (1973): Taxonomie von Lernzielen im kognitiven Bereich. Weinheim

Boch, D./Echtes, D./Haidvogel, G. A. (1997): Wissen – die strategische Ressource. Wie sich die Lernende Organisation verwirklichen lässt. Weinheim

Böhle, F. u. a. (2002): Umbrüche im gesellschaftlichen Umgang mit Erfahrungswissen. München

Böhle, F. (2003): Der Beruf des Lehrers als Arbeit. (Manuskript) Augsburg

253

Böhle, F. (2000): Erfahrungswissen – eine neue Herausforderung an die berufliche Bildung. In: Hendrichs, W. u. a. (Hrsg.): Die heimlichen Qualifikationen. Opladen

Böhle, F. (2003a): Subjektivierung von Arbeit – Vom Objekt zum gespaltenen Subjekt. In: Moldaschl, M./Voß, G. G. (Hrsg.): Subjektivierung von Arbeit. München, S. 115 – 147

Böhm, W. (2005): Wörterbuch der Pädagogik. Stuttgart

Bolz, N. (1998): Qualitätsanforderungen der Wissensgesellschaft. In: BMBF (Hrsg.): Zukunft Deutschlands in der Wissensgesellschaft. Bonn, S. 40 – 65

Bornemann, M./Leitner, K.-H. (2002): Entwicklung und Realisierung einer Wissensbilanz für eine Forschungsorganisation. Manuskript. Krems

Bower, G. H./Hilgard, E. R. (2000): Theorien des Lernens. Stuttgart

Brinkmann, W./Petersen, J. (Hrsg.) (1998): Theorien und Modelle der Allgemeinen Pädagogik. Donauwörth

Bromme, R. (1992): Der Lehrer als Experte. Bern

Bromme, R. (1985): Was sind Routinen im Lehrerhandeln? Eine Begriffserklärung auf der Grundlage neuerer Ergebnisse der Problemlöseforschung. In: Unterrichtswissenschaft 2, S. 182 – 192

Bullinger, H.J./Wörner, K./Pietro, J. (1998): Wissensmanagement – Modelle und Strategien für die Praxis. In: Bürgl, H. D. (Hrsg.): Wissensmanagement. Berlin, S. 21 – 39

Bürgel, H. D. (Hrsg.) (1998): Wissensmanagement. Schritte zum intelligenten Unternehmen. Berlin

Burkard, Chr./Eikenbusch, G. (2000): Praxishandbuch Evaluation in der Schule. Berlin

Burow, A.-O. (1994): Was ist Gestaltpädagogik? In: Burow, A.-O./Gudjons, H. (Hrsg.): Gestaltpädagogik in der Schule. Hamburg, S. 8 – 23

Chott, P. (2001): Lernen lernen, Lernen lehren. Weiden

Cohn, R./Matzdorf, P. (1993): Das Konzept der Themenzentrierten Interaktion. In: Löhmer, C./Standhart, R. (Hrsg.): TZI. Pädagogisch-therapeutische Gruppenarbeit nach Ruth C. Cohn. Stuttgart

Cohn, R. (1975): Pädagogisch-therapeutische Intervention (Bausteine) In: Cohn, R. (Hrsg.): Von der Psychoanalyse zur themenzentrierten Interaktion. Von der Behandlung einzelner zu einer Pädagogik für alle. Stuttgart

Cohn, R. (1979): Themenzentrierte Interaktion, Ein Ansatz zum Sich-Selbst-und Gruppenleiten. In: Heigel-Evers, A./Streeck, U. (Hrsg.): Die Psychologie des 20. Jahrhunderts. Bd. 5. Zürich

Crainer, S. (1999): Managementtheorien, die die Welt verändert haben. Düsseldorf

Cranach, M. v./Bangerten, A. (2000): Wissen und Handeln in systemischer Perspektive: Ein komplexes Problem. In: Mandl, H./Gerstmaier, J. (Hrsg.): Die Kluft zwischen Wissen und Handlen. Göttingen, S. 221 – 252

Czerwanski, A. (2000): Wie wachsen Netzwerke? Erfahrungen aus einem überregionalen Schul-Netzwerk. In: Journal für Schulentwicklung 3, S. 7 – 43

Deutscher Ausschuß für das Erziehungs- und Bildungswesen. (Hrsg.) (1966): Zur Situation und Aufgabe der deutschen Erwachsenenbildung. In: Empfehlungen und Gutachten des Deutschen Ausschusses für das Erziehungs- und Bildungssystem 1953 - 1965. (Gesamtausgabe). Stuttgart, S. 857 – 928

Dewe, B. (2004): Artikel „Erwachsenenbildung/Weiterbildung. In: Krüger, H.-H./Grunert, C. (Hrsg.): Wörterbuch der Erziehungswissenschaft. Wiesbaden, S. 122 – 129

Dohmen, G. (1998): Zur Zukunft der Weiterbildung in Europa. Lebenslanges Lernen für alle in veränderten Lernumwelten

Dreitzel, H.-P. (1992): Reflexive Sinnlichkeit. Mensch, Umwelt, Gestalttherapie. Köln

Drucker, P. F. (1969): The Age of Discontinuity. London

Dubs, R.(1995): Lehrerverhalten. Zürich

Edelmann, W. (1994): Lernpsychologie. Eine Einführung. Weinheim

Edvinson, L./Sullivan, P. (1996): Developing a Model for Managing Intellectual Capital. In: European Management Journal 14, S. 356 – 364

Entzioni, A. (1968): The Active Society. New York

Eysenck, H.-J. (1953): Die Struktur der menschlichen Persönlichkeit. Stuttgart

Fatzer, G. (1998): Ganzheitliches Lernen. Humanistische Pädagogik, Schul- und Organisationsentwicklung. Paderborn

Faulstich, P. u.a. (1992): Weiterbildung für die 90er Jahre. Gutachten über zukunftsorientierte Angebote, Organisationsformen und Institutionen. Weinheim

Fauser, P. (2003): Lernen als innere Wirklichkeit. In: Rentschler, J. u.a. (Hrsg.): Bilder im Kopf. Texte zum immaginativen Lernen. Seelze-Velber, S. 242 – 289

Fend, H. (1998): Qualität im Bildungswesen. Weinheim

Fischer, A./Vogel, Th. (Hrsg.) (2000): Nachhaltigkeit, Wissensgesellschaft und lebenslanges Lernen. Bielefeld

Friedlmeier, M./Holodynski, M. (Hrsg.) (1999): Emotionale Entwicklung: Funktion, Regulation und soziokultureller Kontext von Emotionen. Heidelberg

Friehs, B. (2003): Wissensmanagement im schulischen Kontext. Frankfurt/M.

Fuhr, R. u.a. (Hrsg.) (1999): Handbuch der Gestalttherapie. Göttingen

Fuhr, R./Gremmler-Fuhr, M. (1995): Gestalt-Ansatz. Grundkonzepte und –modelle aus neuer Perspektive. Köln

Fuhr, R. (1995): Das Selbst – Illusion und wahrer Kern. In: Gestalttherapie, 8/H.1.

Fuhr, R. (1994): Gestaltpädagogik. Ein Zugang zu personalem Wissen. In: Burow, O.-A./Gudjons, H. (Hrsg.): Gestaltpädagogik in der Schule. Hamburg

Gairing, F. (1996): Organisationsentwicklung als Lernprozess von Menschen und Systemen.Weinheim

Glötzl, H. (2001): Prinzipien effektiven Unterrichts. Bd. 1 und 2. Stuttgart

Graf, H. G. (2001): Von der Industrie- zur Wissensgesellschaft. In: Graf, H. G. (Hrsg.): ... und in Zukunft die Wissensgesellschaft? Chur/Zürich, S. 11 – 21

Gruber, H./Mandl, H./Renkl, A. (2000): Was lernen wir in Schule und Hochschule: Träges Wissen? In: Mandl, H./ Gerstmaier, J. (Hrsg.): Die Kluft zwischen Wissen uns Handeln. Göttingen, S. 139 – 156

Gudjons, H. (1994): Handlungsorientiert lehren und lernen. Bad Heilbronn

Guilford. J. P. (1964): Persönlichkeit. Weinheim

Güldenberg, S. (2001): Wissensmanagement und Wissenscontrolling in lernenden Organisationen. Ein systemtheoretischer Ansatz. Wiesbaden

Hameyer, U./Strittmatter, A. (2001): Wissensmanagement – die neue Selbstverständlichkeit: In Journal für Schulentwicklung 1, S. 4 – 5

Hameyer, U. (2001): Landkarte des Wissens. In: Journal für Schulentwicklung 1, S. 26 – 34

Hameyer, U. (2001): Wissensmanagement im Netz. Was Innovationszentren leisten können. In: Journal für Schulentwicklung 3, S. 57 – 67

Hasselhorn, M./Grube, D. (1997): Entwicklung der Intelligenz und des Denkens: Literaturüberblick. In: Weinert, F./Helmke, A.: Entwicklung im Grundschulalter. Weinheim, S. 15 – 26

Heidenreich, M. (2002): Merkmale der Wissensgesellschaft. In: BLK f. Bildungsplanung und Forschungsförderung (Hrsg.): Lernen in der Wissensgesellschaft. Innsbruck, S. 334-363

Heinze, Th. (2001): KulturManagement. Eine Einführung. Hagen

Herbst, D. (2000): Erfolgsfaktor Wissensmanagement. Berlin.

Herbart, J. F. (1984): Umriss pädagogischer Vorlesungen (1835 – 1841). Bd. 1.(Hrsg.: v. J. Esterhues) Paderborn

Hierdeis, H. (1999): Selbstreflexion in der LehrerInnenbildung. In: Wallnöfer, G. (Hrsg.): Unterricht als Herausforderung. Meran, S. 155 – 166

Hierdeis, H. (1983): Erziehungsinstitutionen. Donauwörth

Hierdeis, H./Hug, Th. (Hrsg.) (1996): Taschenbuch der Pädagogik. Bd. 1-4. Hohengehren

Höll-Stüber, E./Dachroth, S. (1997): Gesundheit – Krankheit. Ein Balanceakt. Hamburg

Hohenstein, A./Wilbers, K. (Hrsg.) (2002): Handbuch E-Learning. Köln

Howaldt, J.: Lernen in Netzwerken. In: Heinz, W. R./Kotthoff, H./Peter, G. (Hrsg.) (2002): Lernen in der Wissensgesellschaft. Münster, S. 45 – 63

Hubig, C. (Hrsg.) (2000): Unterwegs zur Wissensgesellschaft. Berlin

Hug, Th./Heinze, Th. (2003): Wissen – Kommunikation - Medien. Eine Skizze ausgewählter Wissensformen in der westlichen Medien- und Kommunikationskultur. In: Heinze, Th. (Hrsg.): Wissen und Kommunikation in Bildung, Kultur und Tourismus. Wiesbaden, S. 35 – 65

Huschke-Rhein, R. (1992): Systemisch-Ökologische Pädagogik. Systemtheorie für die Pädagogik. Bd. 3. Köln

IFF-Schule und gesellschaftliches Lernen/Pädagogisches Institut des Bundes in Kärnten (Hrsg.) (1998): Qualitätsevaluation und Qualitätsentwicklung an Schulen. (Manuskript)

Janke, B. (2002): Entwicklung des Emotionswissens bei Kindern. Göttingen

Johnson-Laird, P. N. (1983): Mental models. Cambridge

Karmann, G. (1987): Humanistische Psychologie und Pädagogik. Psychotherapeutische und therapieverwandte Ansätze. Perspektiven für eine Integrative Agogik. Bad Heilbrunn

Keck, R. W. (1983): Unterricht gliedern - zielorientiert Lehren. Bad Heilbrunn

Keck, R. W./Sandfuchs, B./Feige, B. (Hrsg.) (2004): Wörterbuch Schulpädagogik. Bad Heilbrunn

Kerres, M. (2002): Online- und Präsenzelemente in hybriden Lernarrangements kombinieren. In: Hohenstein, A./Wilbers, K. (Hrsg.): Handbuch E-Learning. Köln, Kap. 4.5, S. 1 – 19

Kerres, M (2001): Multimediale Lernumgebungen. Konzeption und Entwicklung. München

Klafki, W. (1996): Neue Studien zur Bildungstheorie und Didaktik. Weinheim

Klein, G. (2001): Wissensgesellschaft – Ein Schlagwort aus ungewöhnlichen Perspektiven beleuchtet. In: Graf, H. G. (Hrsg.): ... und in Zukunft die Wissensgesellschaft? Chur, S. 81 – 88

Klein, G. (2001a): Wissensmanagement und das Management von Nichtwissen – Entscheiden und Handeln mit unscharfem Wissen. In: Graf, H. G. (Hrsg.) (2001): ... und in Zukunft die Wissensgesellschaft? Chur, S. 73 – 80

Klimecki, R. G./Thomae, M. (2002): Wissensmanagement: Neue Herausforderungen für das Personalmanagement. In: Bleicher, K./Berthel, J. (Hrsg.): Auf dem Weg in die Wissensgesellschaft. Frankfurt/M., S. 263 – 278

Klix, F./Spada, H. (Hrsg.) (1998): Wissen (Enzyklopädie der Psychologie: C, II, Kognition, Bd. 6) Göttingen

Knüppel, H./Wilhelm, J. (1987): Die Entwicklung selbstreflexiver Kompetenz in sozialwissenschaftlichen Studiengängen. Weinheim

Krainz-Dürr H. (2001): Wie entstehen Netzwerke. In: Journal für Schulentwicklung 3, S. 20 – 25

Krapp, A./Weidenmann, B. (Hrsg.) (2001): Pädagogische Psychologie. Ein Lehrbuch. Weinheim

Krathwohl, D. R. (2002): A Revision of Bloom's Taxonomy: An Overview. In: Theory into Practice 41/4, Ohio, S. 212 – 218

Kratzer, N. (2003): Arbeitskraft in Entgrenzung. Berlin

Kretz, P. (1999): Das Menschenbild der Lernenden Organisation. In: Ruep, M. (Hrsg.): Innere Schulentwicklung. Donauwörth, S. 82 – 108

Kroeger, M.: Modell der Selbstsupervision. In: Themenzentrierte Interaktion, 3/H. 2

Kruse, W. (2002): Selbstmanagement versus Beruflichkeit – spannungsreiche europäische Lernperspektiven. In: Heinz, W. R./Kotthoff, H./Peter, G. (Hrsg.): Lernen in der Wissensgesellschaft. Münster, S. 22 – 44

Krüger, H.-H./Grunert, C. (Hrsg.) (2004): Wörterbuch Erziehungswissenschaft. Wiesbaden

Krüger, H.-H. (2004): Artikel „Erziehungswissenschaft, Allgemeine". In: Krüger, H.-H./Grunert, C. (Hrsg.): Wörterbuch Erziehungswissenschaft. Wiesbaden, S. 159 – 166

Kubicek, H. u. a. (Hrsg.) (1999): Multimedia Verwaltung. Heidelberg

Kullmann, J. (2000): Selbst-Supervision in der Schule. Neuwied

Künzel, K. (1991): Erwachsenenpädagoge und Erwachsenenpädagogin - Pädagogische Mitarbeiter im Weiterbildungswesen. In: Roth, L. (Hrsg.): Pädagogik. München, S. 1062 – 1072

Landesinstitut für Schule und Weiterbildung (Hrsg.) (1996): Evaluation und Schulentwicklung. Soest

Lemnitzer, K./Wiater, W. (Hrsg.) (2000): Lernen in einer sich wandelnden Gesellschaft. Seelze-Velber

Lenzen, D. (1997): Erziehungswissenschaft. Ein Grundkurs. Hamburg

Löffling, S./Mandl, H. (Hrsg.) (1997): Lernen für die Zukunft - Lernen in der Zukunft. München

Luhmann, N. (1984): Soziale Systeme. Frankfurt/M.

Lüthy, W./Voit, E./Wehner, Th. (Hrsg.) (2002): Wissensmanagement – Praxis. Zürich

Macha, H. (1996): Die Fortschreibung des personalen Menschenbildes durch die systemische Erziehungstheorie. In: Macha, H./Solzbacher, C.: Zur Aktualität des personalen Menschenbildes. Frankfurt/M., S. 74 – 96

Macha, H. (2000): E-Learning-Programm für Führungskräfte der Wirtschaft „The Traveller's Progress" (Manuskript). Augsburg

Macha, H. (2001): Lernstile diagnostizieren und individuelle Potenziale fördern. In: Hohenstein, A./Wilbers, K. (Hrsg.): Handbuch E-Learning. Grundwerk. Weinheim, Kap. 4

Macha, H. (1989): Pädagogisch-anthropologische Theorie des Ich. Bad Heilbrunn

Mächler, S. (Hrsg.) (2000): Qualität in multikulturellen Schulen. Zürich

Maier, H. (1994): Bildungsökonomie. Die Interdependenzen von Bildungs- und Beschäftigungssystem. Stuttgart

Maisch, J. (2006): Wissensmanagement am Gymnasium. Wiesbaden

Mandl, H./Reinmann-Rothmeier, G. (1995): Unterrichten und Lernumgebungen gestalten. (Forschungsbericht) München

Mandl, H./Reinmann-Rothmeier, G. (1999): Wissensmanagement im Internet – Herausforderung für das Lernen in der Zukunft. In: Beck, U./Sommer, W. (Hrsg.): Learntec 98 (Tagungsband). München, S. 43 – 53

Mandl, H./Gerstenmeier, J. (Hrsg.) (2000): Die Kluft zwischen Wissen und Handeln. Göttingen

Markowitsch, H. J. (1997): Neuropsychologie des menschlichen Gedächtnisses. In: Spektrum der Wissenschaft 4, S. 24 – 33

Mattl, W. (1991): Institutionen der Erwachsenenbildung. In: Roth, L (Hrsg.): Pädagogik. München, S. 528 – 535

Matzdorf, P. (1995): Das „TZI-Haus". Zur praxisnahen Grundlegung eines pädagogischen Handlungssystems. In: Cohn, R./ Terfurth, C. (Hrsg.): Lebendiges Lehren und Lernen. TZI macht Schule. Stuttgart

Matzdorf, P. (1992): Die „Problemformulierende Methode" Paulo Freires und Ruth C. Cohns „Themenzentrierte Interaktion. In: Themenzentrierte Interaktion (1992), 6/H. 1

Matzdorf, P. (1992): Integrative Autonomie - ein zentraler Begriff im systemischen Handlungskonzept der Themenzentrierten Interaktion. In: Huschke-Rein, R. (Hrsg.): Systemisch-Ökologische Pädagogik. Bd. 5. Köln

Meer, E.v.d. (1996): Gesetzmäßigkeiten und Steuerungsmöglichkeiten des Wissenserwerbs. In: Weinert, F. E. (Hrsg.): Psychologie des Lernens und der Instruktion. Göttingen, S. 209 – 248

Meidinger, H. (2000): Stärke durch Offenheit. Ein Trainingsprogramm zur Verbesserung der Kommunikations- und Konfliktfähigkeit von Lehrern. Berlin

Meyer, H. (1997): Schulpädagogik. Bd. 1 u. 2. Berlin

Miller, F. (1995): Fraktale Fabrik: Neue Vitalität im Unternehmen – mehr Spielraum im Team. In: Der Frauenhofer 2

Mingers, S. (1999): Wissensmanagement praktisch – Handlungsfelder rund um die Grundpfeiler des Unternehmens. In: Hernsteiner 3, S. 2 – 4

Moldaschl, M./Voß, G. G. (Hrsg.) (2003): Subjektivierung von Arbeit. München

Morel, J. (1986): Ordnung und Freiheit. Die soziologische Perspektive. Innsbruck

Nipkow, K.-E. (1994): Lebensbegleitende Bildung. Zur biographischen Wende in der Erwachsenenbildung im Überschneidungsbereich von Pädagogik, Anthropologie und Theologie. In: Wiater, W. (Hrsg.): Erwachsenenbildung und Lebenslauf. München, S. 1 – 38

Nonaka, I./Takeuchi, H. (1997): Die Organisation des Wissens: wie japanische Unternehmen eine brachliegende Ressource nutzbar machen. Frankfurt a. M., New York

Orthey, F.-M. (1999).: Artikel „Weiterbildung". In: Reinhold, G./Pollak, G./Heim, H. (Hrsg.): Pädagogik-Lexikon. München, S. 543 – 548

Piaget, J. (1983): Meine Theorie der geistigen Entwicklung. (Hrsg. v. R. Fatke). Frankfurt

Piaget, J. (1972): Psychologie der Intelligenz. Olten

Picot, A./Reihwald, R./Wigand, R. T. (1996): Die grenzenlosen Unternehmen. Information, Organisation und Management. Wiesbaden

Pinel, J.P. (1997): Biopsychologie. Heidelberg

Posch, P./Altrichter, H. (1997): Möglichkeiten und Grenzen der Qualitätsevaluation und Qualitätsentwicklung im Schulwesen. Innsbruck

Posch, P. (1998): Rahmenbedingungen für Innovationen an der Schule: In: Altrichter, H./Posch, P. (Hrsg.): Mikropolitik der Schulentwicklung. Innsbruck, S. 170 – 206

Probst, G./Raub, St./Romhardt, K. (1998): Wissen managen. Wie Unternehmen ihre wertvollste Ressource optimal nutzen. Frankfurt/M.

Rademacher, F. J. (1999): Wissensmanagement in Superorganismen. Ulm

Rehäuser, J./Kremer, H. (1996): Wissensmanagement im Unternehmen. In: Schreyögg, G./Conrad, P. (Hrsg.): Managementforschung 6. Berlin, S. 1 – 40

Reinmann, G. (2005): Blended Learning in der Lehrerbildung. Lengerich

Reinmann-Rothmeier, G. u.a. (2000): Erfahrungsgeschichten durch Story-Telling- eine multifunktionale Wissensmanagement-Methode. (Forschungsberichte der LMU München 127). München

Reinmann-Rothmeier, G./Mandl, H./Erlach, Ch./Neubauer, A. (2001): Wissensmanagement lernen. Weinheim

Reinmann-Rothmeier, G./Mandl, H. (2001): Virtuelle Seminare in Hochschule und Weiterbildung. Bern

Reinmann-Rothmeier, G. (2002): Der Wandel der Bedingungen des Lehrens und Lernens. Wissensmanagement. München

Reinmann-Rothmeier, G. (2003): Didaktische Innovation durch Blended Learning. Bern

Reinmann-Rothmeier, G. (2001): Wissen managen. Das Münchener Modell. (Forschungsberichte der LMU 131). München

Reinmann-Rothmeier G./Mandl, H. (1999): Teamlüge oder Individualisierungsfalle? Eine Analyse kollaborativen Lernens und deren Bedeutung für die Förderung von Lernprozessen in virtuellen Gruppen (Forschungsberichte der LMU 115). München

Reiserer, M./Mandl, H. (2001): Individuelle Bedingungen lebensbegleitenden Lernens (Forschungsberichte der LMU 136). München

Roehl, H./Romhardt, K. (2000): Wissensmanagement – Ein Dialog über Totes und Lebendiges. In: Zeitschrift für Organisationsentwicklung 4, S. 50 – 57

Roehl, H. (2000): Instrumente der Wissensorganisation. Wiesbaden

Rosenstiel, L. v. (Hrsg.) (1999): Führung von Mitarbeitern. Handbuch für erfolgreiches Personalmanagement. Stuttgart

Roth, H. (1968/1971): Pädagogische Anthropologie. Bd. 1 u. 2. Hannover

Roth, L. (1994): Die zunehmende Pädagogisierung des Lebens – oder: Wir lernen uns zu Tode. In: Seibert, H./ Serve, H. J. (Hrsg.): Bildung und Erziehung an der Schwelle zum dritten Jahrtausend. München, S. 300 – 335

Sacher, W. (2001): Die Verantwortung des Lehrers für Lernprozesse in modernen medienbasierten Lernumgebungen. In: Lemnitzer, K./Wiater, W. (Hrsg.) (2001): Die Entwicklung einer Lehr- und Lernkultur. Seelze-Velber, S. 61 – 84

Sacher, W. (2000): Schulische Medienarbeit im Computerzeitalter. Bad Heilbrunn

Scheidgen, H. u.a. (Hrsg.) (1990): Information ist noch kein Wissen. Weinheim

Scheler, M. (1929): Die Formen des Wissens und die Bildung. Leipzig

Schiek, G. (1997): Artikel „Selbsterfahrung". In: Hierdeis. H./Hug, Th. (Hrsg.): Taschenbuch der Pädagogik. Bd. 4. Baltmannsweiler, S. 1304 – 1311

Schiek, G. (1997): Artikel „Selbstreflexion". In: Hierdeis, H./Hug, Th. (Hrsg.) (1997): Taschenbuch der Pädagogik. Bd. 4. Baltmannsweiler, S. 1311 – 1319

Schmelzer, D. (1997): Verhaltenstherapeutische Supervision. Göttingen

Schneck, O. (Hrsg.) (2003): Lexikon der Betriebswirtschaft. München

Schneider, Ch. (2001): Persönlichkeit und Selbst. Hamburg

Schneider, U. (2001): Die 7 Todsünden im Wissensmanagement. Frankfurt/M.

Schneider, U. (1996): Wissensmanagement in der wissensbasierten Unternehmung. Das Wissensnetz in und zwischen Unternehmen knüpfen. In: Schneider, U. (Hrsg.): Wissensmanagement. Die Aktivierung des intellektuellen Kapitals. Frankfurt, S. 13 – 49

Schratz, M./Steiner-Löffler, U. (Hrsg.) (1999): Gut sein, besser werden – und verstehen warum, evaluieren: In: Lernende Schule H. 5, Seelze, S. 4 – 9

Schreyögg, G. (2000): Funktionswandel im Management: Problemaufriss und Thesen. In: Schreyögg, G. (Hrsg.): Funktionswandel im Management: Wege jenseits der Ordnung. Berlin, S. 15 – 30

Schreyögg, G. (1993): Normensysteme der Managementpraxis. In: Fuchs, M. (Hrsg.): Zur Theorie des Kulturmanagements. Remscheid

Schreyögg, G. (1996): Organisation. Grundlagen moderner Organisationsgestaltung; mit Fallstudien. Wiesbaden

Schröder, H. (2001): Didaktisches Wörterbuch. München

Schultz, V. (2002): Basiswissen Betriebswirtschaft. München

Schulz, H.-P. (2001): Von persönlicher Selbstentdeckung zu ästhetischer Gestaltung. (Diss. Universität Augsburg). Augsburg

Schütt, P. (2000): Wissensmanagement. Niedernhausen

Schwanke, U. (1988): Der Beruf des Lehrers. Weinheim

Seiler, T. B. (2004): Der Wissensbegriff im Wissensmanagement: Eine strukturgenetische Sicht. In: Reinmann, G./Mandl, H. (Hrsg.): Psychologie des Wissensmanagements. Göttingen, S. 11 – 23

Seiler, T. B. (2004): Wissen und Wissensverarbeitung aus humanwissenschaftlicher Perspektive. In: Jüttemann, G. (Hrsg.): Psychologie als Humanwissenschaft. Göttingen, S. 302 – 317

Senge, P./Kleinert, A./Roberts, Ch./Ross, R./Smith, B. (1996): Das Fieldbook zur Fünften Disziplin. Stuttgart

Senge, P. (1995): Die fünfte Disziplin – Theorie und Kunst der Lernenden Organisation. Stuttgart

Senge, P. (1996): Die fünfte Disziplin. Stuttgart

Senge, P. (1990): The Fifth Discipline: The art and practice of the learning organization. New York

Seufert, S. u.a. (2001): E-Learning – Formen des E-Learning – Weiterbildung im Internet. Kilchberg

Seufert, S./Mayr. P. (2002): Fachlexikon e-learning. Bonn

Siebert, H. (1991): Erwachsenenbildung und Weiterbildung. In: Roth, L. (Hrsg.): Pädagogik. München, S. 629 – 639

Siebert, H. (1985): Lernen im Lebenslauf. Zur biographischen Orientierung in der Erwachsenenbildung. Frankfurt/M.

Sigel, R. (2001): Qualität in Grundschulen. Bad Heilbrunn

Sodian, B. (1998): Die Entwicklung bereichsspezifischen Wissens. In: Oerter, R./Montada, L.: (Hrsg.): Entwicklungspsychologie. Weinheim, S. 622 – 653

Speck, O. (1996): Die Ökonomisierung sozialer Qualität. München

Staehle, W. H. (1999): Management. München

Stammen, T. (2000): Eine, zwei oder viele Kulturen des Wissens? In: Stammen, T. (Hrsg.): Eine, zwei oder viele Kulturen des Wissens? Würzburg, S. 11 – 29

Stanke, A. (1994): Marktphantasie, gepaart mit Kundennähe, führt aus dem Dilemma der Innovationskrise. In: Office Management 11, S. 30 – 34

Stehr, N. (1992): Practical Knowledge. Applying the Social Sciences. London

Stehr, N. (1994): Arbeit, Eigentum und Wissen – Zur Theorie der Wissensgesellschaft. Frankfurt

Stender, J./Brönner, A. (2003): Leitfaden E-Learning. München

Stern, D. (1994): Die Lebenserfahrung des Säuglings. Stuttgart

Steyrer, J. (1999): Charisma in Organisationen – zum Stand der Theoriebildung und empirischen Forschung. In: Schreyögg, G./Sydow, J. (Hrsg.): Managementforschung 9: Führung neu gesehen. Berlin/New York, S. 143 – 197

Stierlin, H. (1994): Ich und die anderen. Psychotherapie in einer sich wandelnden Gesellschaft. Stuttgart

Stock, J. u. a./Prognos AC/Infratest (1998): Integrierter Abschlussbericht zum Wissens- und Bildungs-Delphi. (Hrsg. v. BMBF). Bonn

Tippelt, R. (2004): Artikel „Institutionen der Erwachsenenbildung/Weiterbildung". In: Krüger, H.-H./Grunert, C. (Hrsg.): Wörterbuch Erziehungswissenschaft. Wiesbaden, S. 129 – 134

Uhl, S. (1996): Die Mittel der Moralerziehung und ihre Wirksamkeit. Bad Heilbrunn

Ulich, K. (1996): Beruf Lehrer/in. Weinheim

Vester, F. (1999): Denken, Lernen, Vergessen. München

Vohle, F./Reinmann-Rothmeier, G. (2000): Analogietraining zur Förderung von Kommunikation und Innovation im Rahmen des Wissensmanagements. (Forschungsberichte der LMU 128). München

Vopel, K. W. (2000): Ein Uptdate für die TZI. In: Themenzentrierte Interaktion, 14/H. 2.

Vötter, M. (Hrsg.) (1999): Spiegel aufstellen. Zur Praxisreflexion und Selbstevaluation an Schulen. Bozen

Wahl, D. (1991): Handeln unter Druck. Weinheim

Wahl, D. (2001): Nachhaltige Wege vom Wissen zum Handeln. In: Beiträge zur Lehrerbildung 19, H.2, S. 157 – 174

Weber, E. (1995): Pädagogik. Grundfragen und Grundbegriffe. Bd. 1. T. 1. Donauwörth

Weber, E. (1999): Pädagogik. Bd. 1. Grundfragen und Grundbegriffe. Teil 3. Donauwörth

Weinert, F. (Hrsg.) (1996): Psychologie des Lernens und der Instruktion. Göttingen

Weinert, F. (Hrsg.) (1997): Psychologie des Unterrichts und der Schule. Göttingen

Weinert, F. (1996): Lerntheorien und Institutionsmodelle. In: Weinert, F. E. (Hrsg.): Psychologie des Lernens und der Instruktion. Göttingen, S. 1 – 48

Weinert, F. (1998): Neue Unterrichtskonzepte zwischen gesellschaftlichen Notwendigkeiten, pädagogischen Visionen und psychologischen Möglichkeiten. In: Bayerisches Staatsministerium für Unterricht, Kultus, Wissenschaft und Kunst (Hrsg.): Wissen und Werte für die Welt von morgen. München, S. 101 – 125

Weinert, F./Helmke, A. (1997): Entwicklung im Grundschulalter. Weinheim

Wenger, E. (1999a): Communities of practice. Learning, meaning and identity. Cambridge

Wenger, E. (1999b): Communities of practice: Stewarding Knowledge. San Juan

Wiater, W. (2000): Lernen in einer sich wandelnden Gesellschaft. In: Lemnitzer, K./Wiater, W. (Hrsg.): Lernen in einer sich wandelnden Gesellschaft. Seelze-Velber, S. 14 –36

Wiater, W. (2006): Theorie der Schule. Donauwörth

Wiater, W. (2005): Bildung und Erziehung als Aufgaben der Schule. In: Apel, H. J./Sacher, W. (Hrsg.): Studienbuch Schulpädagogik. Bad Heilbrunn, S. 301 – 326

Wielens, H. (1995): Lean-Management greift häufig zu kurz – auf die Geisteshaltung kommt es an. In: Die Bank 3, S. 132 – 136

Wilkesmann, U. (1999): Lernen in Organisationen Die Inszenierung von kollektiven Lernprozessen. Frankfurt/M.

Willke, H. (1996): Dimensionen des Wissensmanagements. Zum Zusammenhang von gesellschaftlicher und organisationaler Wissensbasierung. In: Schreyögg, G./Conrad, P. (Hrsg.): Managementforschung. Bd. 6. Berlin, S. 263 – 304

Willke, H. (2001): Systemisches Wissensmanagement. Stuttgart

Winkler, K. u.a. (2000): Learning Communities und Wissensmanagement. (Forschungsberichte der LMU 126). München

Winkler, K. u.a. (1999): Wissenschaftliche Begleitung eines Pilotprojekts zum Wissensmanagement in kleinen und mittleren Unternehmen – ein Zwischenbericht. (LMU-Praxisberichte 18), München

Winkler, K./Reinmann-Rothmeier, G./Mandl, H. (2000): Learning Communities und Wissensmanagement. (Forschungsberichte der LMU 126). München

Wolf, A. (1997): Selbstverwirklichung: Zur Diskussion um Verständnis und Missverständnis einer anthropologischen Leitvorstellung. In: ibw-journal, S. 11 – 20

Wolff, H. (1999): Potentiale und Dimensionen der Wissensgesellschaft – Ergebnisse aus dem „Wissens-Delphi". In: Rosenblatt, B. v. (Hrsg.): Bildung in der Wissensgesellschaft. Münster, S. 11 – 18

Zimbardo, Ph. G./Gerrig, R. (2004): Psychologie. München

Lehrbücher
Erziehungswissenschaft

Bernd Dollinger
Klassiker der Pädagogik
Die Bildung der modernen Gesellschaft
2006. ca. 300 S. Br. ca. EUR 19,90
ISBN 3-531-14873-7

Detlef Garz
Sozialpsychologische
Entwicklungstheorien
Von Mead, Piaget und Kohlberg
bis zur Gegenwart.
3., erw. Aufl. 2006. 189 S. Br. EUR 19,90
ISBN 3-531-23158-8

Heinz Moser
Einführung in die
Medienpädagogik
Aufwachsen im Medienzeitalter
4., überarb. und akt. Aufl. 2006.
313 S. Br. EUR 22,90
ISBN 3-531-32724-0

Jürgen Raithel / Bernd Dollinger /
Georg Hörmann
Einführung Pädagogik
Begriffe, Strömungen, Leitfiguren
und Fachschwerpunkte
2005. 330 S. Br. EUR 16,90
ISBN 3-531-14702-1

Jürgen Raithel
Quantitative Forschung
Ein Praxiskurs.
2006. 209 S. Br. EUR 16,90
ISBN 3-531-14702-1

Friedrich Rost
Lern- und Arbeitstechniken
für das Studium
2004. 333 S. Br. EUR 19,90
ISBN 3-5311-14454-5

Bernhard Schlag
Lern- und Leistungsmotivation
2., überarb. Aufl. 2006. 191 S.
Br. EUR 14,90
ISBN 3-8100-3608-0

Peter Zimmermann
Grundwissen Sozialisation
Einführung zur Sozialisation
im Kindes- und Jugendalter
3., überarb. und erw. Aufl. 2006.
ca. 250 S. Br. ca. EUR 16,90
ISBN 3-531-15151-7

Erhältlich im Buchhandel oder beim Verlag.
Änderungen vorbehalten. Stand: Juli 2006.

www.vs-verlag.de

VS VERLAG FÜR SOZIALWISSENSCHAFTEN

Abraham-Lincoln-Straße 46
65189 Wiesbaden
Tel. 0611.7878-722
Fax 0611.7878-400

MIX
Papier aus verantwortungsvollen Quellen
Paper from responsible sources
FSC® C105338

If you have any concerns about our products,
you can contact us on
ProductSafety@springernature.com

In case Publisher is established outside the EU,
the EU authorized representative is:
**Springer Nature Customer Service Center GmbH
Europaplatz 3, 69115 Heidelberg, Germany**

Printed by Libri Plureos GmbH
in Hamburg, Germany